Jean Genet
Journal du voleur

folio

Jean Genet

Journal
du voleur

Gallimard

Le Journal du Voleur est l'ouvrage le plus célèbre de Jean Genet.
Il a inspiré à Jean-Paul Sartre le texte que voici :

« N'est pas Narcisse qui veut. Combien se penchent sur l'eau qui
n'y voient qu'une vague apparence d'homme. Genet se voit partout ; les
surfaces les plus mates lui renvoient son image ; même chez les autres, il
s'aperçoit et met au jour du même coup leur plus profond secret. Le
thème inquiétant du double, image, sosie, frère ennemi, se retrouve en
toutes ses œuvres. Chacune d'elles a cette étrange propriété d'être elle-
même et le reflet d'elle-même. Genet fait apparaître une foule
grouillante et touffue qui nous intrigue, nous transporte, et se change en
Genet sous le regard de Genet.

« Dans le Journal du Voleur, le mythe du double a pris sa forme
la plus rassurante, la plus commune, la plus naturelle : Genet y parle
de Genet sans intermédiaire ; il raconte sa vie, sa misère et sa gloire, ses
amours ; il fait l'histoire de ses pensées, on pourrait croire qu'il a,
comme Montaigne, le projet bonhomme et familier de se peindre. Mais
Genet n'est jamais familier, même avec soi. Bien sûr il dit tout. Toute
la vérité, rien que la vérité : mais c'est la vérité sacrée. Son
autobiographie n'est pas une autobiographie, elle n'en a que
l'apparence : c'est une cosmogonie sacrée. Ses histoires ne sont pas des
histoires : elles vous passionnent et vous fascinent mais vous croyiez
qu'il vous racontait des faits et vous vous apercevez soudain qu'il vous
décrit des rites ; s'il parle des mendiants pouilleux du « Barrio
Chino » c'est pour agiter somptueusement des questions de préséance et

d'étiquette : il est le Saint-Simon de cette Cour des Miracles.
souvenirs ne sont pas des souvenirs : ils sont exacts mais sacrés ; il pa[rle]
de sa vie comme un évangéliste, en témoin émerveillé... Si pourtant [vous]
savez voir, à la jointure, la ligne mince qui sépare le m[ythe]
enveloppant du mythe enveloppé, vous découvrirez la vérité, qu[i est]
terrible. »

Le vêtement des forçats est rayé rose et blanc. Si, commandé par mon cœur l'univers où je me complais, je l'élus, ai-je le pouvoir au moins d'y découvrir les nombreux sens que je veux : *il existe donc un étroit rapport entre les fleurs et les bagnards.* La fragilité, la délicatesse des premières sont de même nature que la brutale insensibilité des autres [1]. Que j'aie à représenter un forçat — ou un criminel — je le parerai de tant de fleurs que lui-même disparaissant sous elles en deviendra une autre, géante, nouvelle. Vers ce qu'on nomme le mal, par amour j'ai poursuivi une aventure qui me conduisit en prison. S'ils ne sont pas toujours beaux, les hommes voués au mal possèdent les vertus viriles. D'eux-mêmes, ou par le choix fait pour eux d'un accident, ils s'enfoncent avec lucidité et sans plaintes dans un élément réprobateur, ignominieux, pareil à celui où, s'il est profond, l'amour précipite les êtres [2]. Les jeux érotiques

1. Mon émoi c'est l'oscillation des unes aux autres.
2. Je parle de l'idéal forçat, de l'homme chez qui se rencontrent toutes les *qualités* de puni.

9

découvrent un monde innommable que révèle le langage nocturne des amants. Un tel langage ne s'écrit pas. On le chuchote la nuit à l'oreille, d'une voix rauque. A l'aube on l'oublie. Niant les vertus de votre monde, les criminels désespérément acceptent d'organiser un univers interdit. Ils acceptent d'y vivre. L'air y est nauséabond : ils savent le respirer. Mais — les criminels sont loin de vous — comme dans l'amour ils s'écartent et m'écartent du monde et de ses lois. Le leur sent la sueur, le sperme et le sang. Enfin, à mon âme assoiffée et à mon corps il propose le dévouement. C'est parce qu'il possède ces conditions d'érotisme que je m'acharnai dans le mal. Mon aventure, par la révolte ni la revendication jamais commandée, jusqu'à ce jour ne sera qu'une longue pariade, chargée, compliquée d'un lourd cérémonial érotique (cérémonies figuratives menant au bagne et l'annonçant). S'il est la sanction, à mes yeux aussi la justification, du crime le plus immonde, il sera le signe du plus extrême avilissement. Ce point définitif où conduit la réprobation des hommes me devait apparaître comme l'idéal endroit du plus pur accord amoureux, c'est-à-dire le plus trouble où sont célébrées d'illustres noces de cendres. Les désirant chanter j'utilise ce que m'offre la forme de la plus exquise sensibilité naturelle, que suscite déjà le costume des forçats. Outre ses teintes, par sa rugosité, l'étoffe évoque certaines fleurs dont les pétales sont légèrement velus, détail suffisant pour qu'à l'idée de force et de honte j'associe le plus naturellement précieux et fragile. Ce rapprochement, qui me renseigne sur moi, à un autre esprit ne s'imposerait pas, le mien ne peut l'éviter. J'offris donc aux bagnards ma tendresse, je les voulus nommer de noms charmants, désigner leurs crimes avec, par pudeur, la plus subtile métaphore (sous le voile de quoi je n'eusse ignoré la somptueuse musculature du meurtrier, la violence de son sexe). N'est-ce par cette image que je préfère me les représenter à la Guyane : les plus forts, qui bandent, les plus « durs », voilés par le tulle de la moustiquaire? Et chaque fleur en moi dépose une si grave tristesse que toutes doivent signifier le chagrin, la mort. C'est donc en fonction du bagne que je recherchai l'amour. Chacune de mes passions me le fit espérer, entrevoir, m'offre des criminels, m'offre à eux ou m'invite au crime. Cependant que j'écris ce livre les derniers forçats rentrent en France. Les journaux nous l'annoncent. L'héritier des rois éprouve un vide pareil si la république le prive du sacre. La fin du bagne nous empêche d'accéder avec notre conscience vive dans les régions mythiques souterraines. On nous a coupé le plus dramatique mouvement : notre exode, l'embarquement, la procession sur la mer, qui s'accomplissait tête basse. Le retour, cette même procession à rebours n'ont plus de sens. En moi-même la destruction du bagne correspond à une sorte de châtiment du châtiment : on me châtre, on m'opère de l'infamie. Sans souci de décapiter nos rêves de leurs gloires on nous réveille avant terme. Les prisons centrales ont leur pouvoir : ce n'est pas le même. Il est mineur. La grâce élégante, un peu fléchie, en est bannie. L'atmosphère y est si lourde qu'on doit s'y traîner. On y rampe. Les centrales bandent plus roide, plus noir et sévère, la grave et lente agonie du bagne était, de l'abjection, un épanouissement plus parfait [1]. Enfin, maintenant gonflées de mâles méchants, les centrales en sont noires comme d'un sang chargé de gaz carbonique. (J'écris « noir ». Le costume des détenus — captifs, captivité, prisonniers même, mots trop nobles pour nous nommer — me l'impose : il est de bure brune.) C'est vers elles qu'ira mon désir. Je sais qu'une burlesque apparence souvent se manifeste au bagne ou en prison. Sur le socle massif et sonore des sabots la stature des punis est toujours un peu grêle. Bêtement leur silhouette se casse devant une brouette. En face d'un gâfe ils baissent la tête et tiennent dans la main la grande capeline de paille — qu'ornent les plus jeunes, je le voudrais, d'une rose volée accordée par le gâfe — ou un béret de bure brune. Ils gardent une pose de misérable humilité. (Si on les bat, quelque chose en eux pourtant doit s'ériger : le lâche, le fourbe, la lâcheté, la fourberie sont — maintenus à l'état de plus dure, plus pure lâcheté et fourberie — durcis par une « trempe » comme le fer doux est durci par la trempe.) Ils s'obstinent dans la servilité, n'importe. Sans négliger ceux qui sont contrefaits, disloqués, c'est les plus beaux criminels qu'orne ma tendresse.

— Il a bien fallu, me dis-je, que le crime hésite

---

1. Son abolition me prive à ce point qu'en moi-même et pour moi seul, secrètement, je recompose un bagne, plus méchant que celui de la Guyane. J'ajoute que des centrales on peut dire « à l'ombre ». Le bagne est au soleil. C'est dans une lumière cruelle que tout se passe, et je ne puis m'empêcher de la choisir comme signe de la lucidité.

longtemps avant que d'obtenir la parfaite réussite qu'est Pilorge ou Ange Soleil. Pour les achever (le terme est cruel!) le concours de coïncidences nombreuses fut nécessaire : à la beauté de leur visage, à la force et à l'élégance de leur corps devaient s'ajouter leur goût du crime, les circonstances qui font le criminel, la vigueur morale capable d'accepter un tel destin, enfin le châtiment, la cruauté de celui-ci, la qualité intrinsèque qui permet au criminel d'y resplendir, et sur tout cela d'obscures régions. Si le héros combat la nuit et la vainc, qu'il en reste sur lui des lambeaux. La même hésitation, la même cristallisation de bonheurs préside à la réussite d'un pur policier. Les uns et les autres je les chéris. Mais si j'aime leur crime c'est pour ce qu'il contient de châtiment, « de peine » (car je ne puis supposer qu'ils ne l'ont pas entrevue. L'un d'eux, l'ancien boxeur Ledoux, répondit en souriant aux inspecteurs : « Mes crimes c'est avant de les commettre que j'aurais pu les regretter ») où je veux les accompagner afin que, de toutes façons, soient comblées mes amours.

Dans ce journal je ne veux pas dissimuler les autres raisons qui me firent voleur, la plus simple étant la nécessité de manger, toutefois dans mon choix n'entrèrent jamais la révolte, l'amertume, la colère ou quelque sentiment pareil. Avec un soin maniaque, « un soin jaloux », je préparai mon aventure comme on dispose une couche, une chambre pour l'amour : j'ai bandé pour le crime.

Je nomme violence une audace au repos amoureuse des périls. On la distingue dans un regard, une démarche, un sourire, et c'est en vous qu'elle produit les remous. Elle vous démonte. Cette violence est un calme qui vous agite. On dit quelquefois : « Un gars qui a de la gueule. » Les traits délicats de Pilorge étaient d'une violence extrême. Leur délicatesse surtout était violente. Violence du dessin de la main unique de Stilitano, immobile, simplement posée sur la table, et qui rendait inquiétant et dangereux le repos. J'ai travaillé avec des voleurs et des barbeaux dont l'autorité m'entraînait, mais peu se montrèrent vraiment audacieux quand celui qui le fut le plus — Guy — était sans violence. Stilitano, Pilorge, Michaelis étaient lâches. Et Java. D'eux, demeurassent-ils au repos, immobiles et souriants, s'échappait par les yeux, les naseaux, la bouche, le creux de la main, la braguette gonflée, sous le drap ou la toile ce brutal monticule du mollet, une colère radieuse et sombre, visible sous forme de buée.

Mais rien presque toujours ne la signale que l'absence des signes habituels. Le visage de René est d'abord charmant. La courbe en creux de son nez lui donne un air mutin, sauf qu'inquiète la pâleur plombée de sa figure inquiète. Ses yeux sont durs, ses gestes calmes et sûrs. Dans les tasses, il frappe avec tranquillité les pédés, il les fouille, les dévalise, quelquefois il leur donne, comme un coup de grâce, un coup de talon sur la gueule. Je ne l'aime pas mais son calme me dompte. Il opère, dans la nuit la plus troublante, au bord des pissotières, des pelouses, des bosquets, sous les arbres des Champs-Élysées, près des gares, à la porte Maillot, au Bois de Boulogne (toujours la nuit) avec un sérieux d'où le romantisme est exclu. Quand il rentre, à deux heures ou à trois heures du matin, je le sens approvisionné d'aventures. Chaque endroit de son corps, nocturne, y participa : ses mains, ses bras, ses jambes, sa nuque. Mais lui, ignorant ces merveilles, il me les raconte dans un langage précis. De sa poche il sort les bagues, les alliances, les montres, butin de la soirée. Il les met dans un grand verre qui sera bientôt plein. Les pédés ne l'étonnent pas ni leurs habitudes : elles ne sont qu'afin de faciliter ses coups durs. Dans sa conversation, quand il est assis sur mon lit, mon oreille saisit des lambeaux d'aventures : « Un officier en caleçon à qui il dérobe le portefeuille [1] et qui, l'index pointé, lui intime : Sortez! » « La réponse de René moqueur : « Tu te crois dans l'armée. » « Un coup de poing qu'il donna trop fort, sur le crâne d'un

1. Il dit : « Je lui ai fait le feuille! »

vieux. » « Celui qui s'évanouit quand René, brûlant, ouvre un tiroir qui contient une réserve d'ampoules de morphine. » « Le pédé fauché qu'il oblige à s'agenouiller devant lui. » Je suis attentif à ces récits. Ma vie d'Anvers se fortifie, se continuant dans un corps plus ferme, selon des méthodes brutales. J'encourage René, je le conseille, il m'écoute. Je lui dis que jamais il ne parle le premier.

— Laisse venir le gars, laisse-le tourner autour de toi. Sois un peu étonné qu'il te propose l'amour. Sache avec qui feindre l'ignorance.

Chaque nuit, quelques mots me renseignent. Mon imagination ne s'égare pas sur eux. Mon trouble semble naître de ce qu'en moi j'assume à la fois le rôle de victime et de criminel. En fait même, j'émets, je projette la nuit la victime et le criminel issus de moi, je les fais se rejoindre quelque part, et vers le matin mon émotion est grande en apprenant qu'il s'en fallut de peu que la victime reçoive la mort et le criminel le bagne ou la guillotine. Ainsi mon trouble se prolonge-t-il jusqu'à cette région de moi-même : la Guyane.

Sans qu'ils le veulent les gestes de ces gosses, leurs destins, sont tumultueux. Leur âme supporte une violence qu'elle n'avait pas désirée. Elle la domestiquait. Ceux dont la violence est l'habituel climat sont simples en face d'eux-mêmes. Des mouvements qui composent cette vie rapide et dévastatrice chacun est simple, droit, net comme le trait d'un grand dessinateur — mais dans la rencontre de ces traits en mouvement éclate alors l'orage, la foudre qui les tue ou me tue. Cependant, qu'est leur violence à côté de la mienne qui fut d'accepter la leur, de la faire mienne, de la vouloir pour moi, de la capter, de l'utiliser, de me l'imposer, de la connaître, de la préméditer, d'en discerner et d'en assumer les périls? Mais qu'était la mienne, voulue et nécessaire à ma défense, à ma dureté, à ma rigueur, à côté de la violence qu'ils subissent comme une malédiction, montée d'un feu intérieur en même temps qu'une lumière extérieure qui les embrase et qui nous illumine? Nous savons que leurs aventures sont puériles. Eux-mêmes sont sots. Ils acceptent de tuer ou d'être tués pour une partie de cartes où l'adversaire — ou eux-mêmes — trichaient. Pourtant, grâce à des gars pareils sont possibles les tragédies.

Une telle définition — par tant d'exemples contraires — de la violence vous montre-t-elle que j'utiliserai les mots non afin qu'ils dépeignent mieux un événement ou son héros mais qu'ils vous instruisent sur moi-même. Pour me comprendre une complicité du lecteur sera nécessaire. Toutefois je l'avertirai dès que me fera mon lyrisme perdre pied.

Stilitano était grand et fort. Il marchait d'un pas à la fois souple et lourd, vif et lent, onduleux. Il était leste. Une grande partie de sa puissance sur moi — et sur les filles du Barrio Chino — résidait dans ce crachat que Stilitano faisait aller d'une joue dans l'autre, et qu'il étirait quelquefois comme un voile devant sa bouche. « Mais où prend-il ce crachat, me disais-je, d'où le fait-il remonter, si lourd et blanc? Jamais les miens n'auront l'onctuosité ni la couleur du sien. Ils ne seront qu'une verrerie filée, transparente et fragile. » Il est donc naturel que j'imagine ce que sera sa verge s'il l'enduit à mon intention d'une si belle matière, de cette toile d'araignée précieuse, tissu qu'en secret je nommais le voile du palais. Il portait une vieille casquette grise dont la visière était cassée. Qu'il la jette sur le plancher de notre chambre elle était soudain le cadavre d'une pauvre perdrix à l'aile rognée, mais quand il s'en coiffait, un peu sur l'oreille, le bord opposé de la visière se relevait pour découvrir la plus glorieuse des mèches blondes. Parlerai-je de ses beaux yeux si clairs, modestement baissés — de Stilitano pourtant on pouvait dire : « Son maintien est immodeste » — sur quoi se refermaient des cils et des sourcils si blonds, si lumineux et si épais qu'ils établissaient l'ombre non du soir mais l'ombre du mal. Enfin que signifierait ce qui me bouleverse quand je vois dans le port par saccades, à petits coups, se développer et monter une voile avec peine au mât d'un bateau, en hésitant d'abord, puis résolument, si ces mouvements n'étaient le signe des mouvements mêmes de mon amour vers Stilitano? Je l'ai connu à Barcelone. Il vivait parmi les mendiants, les voleurs, les tapettes et les filles. Il était beau, mais il reste à établir si tant de beauté il la dut à ma déchéance. Mes vêtements étaient sales et pitoyables. J'avais faim et froid. Voici l'époque de ma vie la plus misérable.

1932. L'Espagne alors était couverte de vermine, ses mendiants. Ils allaient de village en village, en Andalousie parce qu'elle est chaude, en Catalogne parce qu'elle est riche, mais tout le pays nous était favorable. Je fus donc un pou, avec la conscience de l'être. A Barcelone nous fréquentions surtout la calle Médioda et la calle Carmen. Nous couchions quelquefois six sur un lit sans draps et dès l'aube nous allions mendier sur les marchés. Nous quittions en bande le Barrio Chino et sur le Parallelo nous nous égrenions, un cabas au bras, car les ménagères nous donnaient plutôt un poireau ou un navet qu'un sou. A midi nous rentrions et avec la récolte nous faisions notre soupe. C'est les mœurs de la vermine que je vais décrire. A Barcelone je vis ces couples d'hommes où le plus amoureux disait à l'autre :

— Ce matin je prends le panier.

Il prenait le cabas et sortait. Un jour Salvador m'arracha des mains doucement le panier et me dit :

— Je vais mendier pour toi.

Il neigeait. Il sortit dans la rue glacée, couvert d'un veston déchiré, en loques — les poches étaient décousues et pendaient — d'une chemise sale et rigide. Son visage était pauvre et malheureux, sournois, pâle, et crasseux car nous n'osions nous débarbouiller tant il faisait froid. Vers midi il revint avec les légumes et un peu de graisse. Ici je signale déjà l'une de ces déchirures, terribles car je les provoquerai malgré le danger — qui m'ont révélé la beauté. Un immense amour — et fraternel — gonfla mon corps et m'emporta vers Salvador. Sorti un peu après lui de l'hôtel, je le voyais de loin qui implorait les femmes. Pour d'autres ou pour moi-même ayant mendié déjà, je connaissais la formule : elle mêle la religion chrétienne à la charité; elle confond le pauvre avec Dieu; du cœur c'est une émanation si humble que je crois qu'elle parfume à la violette la buée légère et droite du mendiant qui la prononce. Dans toute l'Espagne on disait alors :

— « Por Dios ».

Sans l'entendre j'imaginais Salvador la murmurer devant tous les éventaires, à toutes les ménagères. Je le surveillais comme le mac sa putain mais avec au cœur quelle tendresse. Ainsi l'Espagne et ma vie de mendiant m'auront fait connaître les fastes de l'abjection, car il fallait beaucoup d'orgueil (c'est-à-dire d'amour) pour embellir ces personnages crasseux et méprisés. Il me fallut beaucoup de talent. Il m'en vint peu à peu. S'il m'est impossible de vous en décrire le mécanisme au moins puis-je dire que lentement je me forçai à considérer cette vie misérable comme une nécessité voulue. Jamais je ne cherchai à faire d'elle autre chose que ce qu'elle était, je ne cherchai pas à la parer, à la masquer, mais au contraire je la voulus affirmer dans sa sordidité exacte, et les signes les plus sordides me devinrent signes de grandeur.

Ce fut une consternation quand, en me fouillant après une rafle — je parle d'une scène qui précéda celle par quoi débute ce livre — un soir, le policier étonné retira de ma poche, entre autres choses, un tube de vaseline. Sur lui on osa plaisanter puisqu'il contenait une vaseline gomenolée. Tout le greffe pouvait, et moi-même parfois — douloureusement — rire aux éclats et se tordre à entendre ceci :

— « Tu les prends par les narines ? »

— « Risque pas de t'enrhumer, à ton homme tu lui foutrais la coqueluche. »

Dans un langage de gouape je traduis mal l'ironie méchante des formules espagnoles, éclatantes ou empoisonnées. Il s'agissait d'un tube de vaseline dont l'une des extrémités était plusieurs fois retournée. C'est dire qu'il avait servi. Au milieu des objets élégants retirés de la poche des hommes pris dans cette rafle, il était le signe de l'abjection même, de celle qui se dissimule avec le plus grand soin, mais le signe encore d'une grâce secrète qui allait bientôt me sauver du mépris. Quand je fus enfermé en cellule, et dès que j'eus repris assez d'esprits pour surmonter le malheur de mon arrestation, l'image de ce tube de vaseline ne me quitta plus. Les policiers me l'avaient victorieusement montré puisqu'ils pouvaient par lui brandir leur vengeance, leur haine, leur mépris. Or voici que ce misérable objet sale, dont la destination paraissait au monde — à cette délégation concentrée du monde qu'est la police et d'abord cette particulière réunion de policiers espagnols, sentant l'ail, la sueur et l'huile mais cossus d'apparence, forts dans leur musculature et dans leur assurance morale — des plus viles, me devint extrêmement précieux. Contrairement à beaucoup d'objets que ma tendresse distingue, celui-ci ne fut point auréolé; il demeura sur la table un petit tube de vaseline, en plomb gris, terne, brisé, livide, dont l'étonnante discrétion, et sa correspondance essentielle avec toutes les choses banales d'un greffe de prison (le banc, l'encrier, les règlements, la toise, l'odeur) m'eussent, par l'indifférence générale, désolé, si le contenu même de ce tube, à cause peut-être de son caractère onctueux, en évoquant une lampe à huile ne m'eût fait songer à une veilleuse funéraire.

(En le décrivant, je recrée ce petit objet, mais voici

qu'intervient une image : sous un réverbère, dans une rue de la ville où j'écris, le visage blafard d'une petite vieille, un visage plat et rond comme la lune, très pâle, dont je ne saurais dire s'il était triste ou hypocrite. Elle m'aborda, me dit qu'elle était très pauvre et me demanda un peu d'argent. La douceur de ce visage de poisson-lune me renseigna tout de suite : la vieille sortait de prison.

— C'est une voleuse, me dis-je. En m'éloignant d'elle une sorte de rêverie aiguë, vivant à l'intérieur de moi et non au bord de mon esprit, m'entraîna à penser que c'était peut-être ma mère que je venais de rencontrer. Je ne sais rien d'elle qui m'abandonna au berceau, mais j'espérai que c'était cette vieille voleuse qui mendiait la nuit.

— Si c'était elle? me dis-je en m'éloignant de la vieille. Ah! Si c'était elle, j'irais la couvrir de fleurs, de glaïeuls et de roses, et de baisers! J'irais pleurer de tendresse sur les yeux de ce poisson-lune, sur cette face ronde et sotte! Et pourquoi, me disais-je encore, pourquoi y pleurer? Il fallut peu de temps à mon esprit pour qu'il remplaçât ces marques habituelles de la tendresse par n'importe quel geste et même par les plus décriés, par les plus vils, que je chargeais de signifier autant que les baisers, ou les larmes, ou les fleurs.

— Je me contenterais de baver sur elle, pensais-je, débordant d'amour. (Le mot glaïeul prononcé plus haut appela-t-il le mot glaviaux?) De baver sur ses cheveux ou de vomir dans ses mains. Mais je l'adorerais cette voleuse qui est ma mère.)

Le tube de vaseline, dont la destination vous est

assez connue, aura fait surgir le visage de celle qui durant une rêverie se poursuivant le long des ruelles noires de la ville, fut la mère la plus chérie. Il m'avait servi à la préparation de tant de joies secrètes, dans des lieux dignes de sa discrète banalité, qu'il était devenu la condition de mon bonheur, comme mon mouchoir taché en était la preuve. Sur cette table c'était le pavillon qui disait aux légions invisibles mon triomphe sur les policiers. J'étais en cellule. Je savais que toute la nuit mon tube de vaseline serait exposé au mépris — l'inverse d'une Adoration Perpétuelle — d'un groupe de policiers beaux, forts, solides. Si forts que le plus faible en serrant à peine l'un contre l'autre les doigts pourrait en faire surgir, avec d'abord un léger pet, bref et sale, un lacet de gomme qui continuerait à sortir dans un silence ridicule. Cependant j'étais sûr que ce chétif objet si humble leur tiendrait tête, par sa seule présence il saurait mettre dans tous ses états toute la police du monde, il attirerait sur soi les mépris, les haines, les rages blanches et muettes, un peu narquois peut-être — comme un héros de tragédie amusé d'attiser la colère des dieux — comme lui indestructible, fidèle à mon bonheur et fier. Je voudrais retrouver les mots les plus neufs de la langue française afin de le chanter. Mais j'eusse voulu aussi me battre pour lui, organiser des massacres en son honneur et pavoiser de rouge une campagne au crépuscule [1].

De la beauté de son expression dépend la beauté

[1]. Je me fusse en effet battu jusqu'au sang plutôt que renier ce ridicule ustensile.

d'un acte moral. Dire qu'il est beau décide déjà qu'il le sera. Reste à le prouver. S'en chargent les images, c'est-à-dire les correspondances avec les magnificences du monde physique. L'acte est beau s'il provoque, et dans notre gorge fait découvrir, le chant. Quelquefois la conscience avec laquelle nous aurons pensé un acte réputé vil, la puissance d'expression qui doit le signifier, nous forcent au chant. C'est qu'elle est belle si la trahison nous fait chanter. Trahir les voleurs ne serait pas seulement me retrouver dans le monde moral, pensais-je, mais encore me retrouver dans la pédérastie. Devenant fort, je suis mon propre dieu. Je dicte. Appliqué aux hommes le mot de beauté m'indique la qualité harmonieuse d'un visage et d'un corps à quoi s'ajoute parfois la grâce virile. La beauté alors s'accompagne de mouvements magnifiques, dominateurs, souverains. Nous imaginons que des attitudes morales très particulières les déterminent, et par la culture en nous-mêmes de telles vertus nous espérons à nos pauvres visages, à nos corps malades accorder cette vigueur que naturellement possèdent nos amants. Hélas, ces vertus qu'eux-mêmes ne possèdent jamais sont notre faiblesse.

Maintenant que j'écris je songe à mes amants. Je les voudrais enduits de ma vaseline, de cette douce matière, un peu menthée; je voudrais que baignent leurs muscles dans cette délicate transparence sans quoi leurs plus chers attributs sont moins beaux.

Quand un membre est enlevé, m'apprend-on, celui qui reste devient plus fort. Dans le sexe de Stilitano j'espérais que la vigueur de son bras coupé s'était ramassée. J'imaginai longtemps un membre solide, matraqueur, capable du pire toupet, encore que d'abord m'intriguât ce que Stilitano me permettait d'en connaître : le seul pli, mais curieusement précis sur la jambe gauche, de son pantalon de toile bleue. Peut-être ce détail eût-il moins hanté mes rêves si, à tous moments, Stilitano n'y eût porté sa main gauche, et s'il n'eût, à la manière des dames qui font la révérence, indiquant le pli, avec les ongles délicatement pincé l'étoffe. Je ne crois pas qu'il perdît jamais son sang-froid, mais en face de moi il était particulièrement calme. Avec un léger sourire impertinent, mais négligemment, il me regardait l'adorer. Je sais qu'il m'aimera.

Avant qu'il ne franchît, son panier à la main, la porte de notre hôtel, j'étais si ému que dans la rue j'embrassai Salvador, mais il m'écarta :

— Tu es fou! On va nous prendre pour des mariconas!

Il parlait assez bien le français qu'il avait appris dans la campagne de Perpignan où il allait faire les vendanges. Blessé, je m'écartai de lui. Son visage était violet. Il avait la teinte des choux qu'on arrache l'hiver. Salvador ne sourit pas. Il était choqué. — « C'est bien la peine, dut-il penser, que je me sois levé tôt pour mendier dans la neige. Jean ne sait pas se tenir. » Ses cheveux étaient hirsutes et mouillés. Derrière la vitre, des visages nous regardaient, car le bas de l'hôtel était occupé par la grande salle d'un café donnant sur la rue, et qu'il fallait traverser pour monter aux chambres. Salvador torcha de sa manche son visage et entra. J'hésitai. J'entrai à mon tour. J'avais vingt ans. Si elle possède la limpidité d'une larme pourquoi la goutte hésitant au bord d'une narine ne la boirais-je pas avec la même ferveur? J'étais pour cela assez entraîné dans la réhabilitation de l'ignoble. Sans la crainte de révolter Salvador je l'eusse fait dans le café. Lui, cependant, il renifla, et je devinai qu'il avalait sa morve. Le panier au bras, traversant les mendiants et les frappes, il se dirigea vers la cuisine. Il me précédait.

— Qu'est-ce que t'as? dis- je.

— Tu te fais remarquer.

— Qu'est-ce qu'il y a de mal?

— On s'embrasse pas comme ça, sur les trottoirs. Ce soir, si tu veux...

Il dit tout cela avec une moue sans grâce et le même dédain. Je n'avais voulu que lui témoigner ma gratitude, le réchauffer avec ma pauvre tendresse.

— Mais qu'est-ce que t'as cru?

Quelqu'un le bouscula sans s'excuser, me séparant de lui. Je ne le suivis pas à la cuisine. Je m'approchai d'un banc où, près du poêle, une place était vide. Je m'inquiétais peu de savoir par quelle méthode, encore qu'éperdu de beauté vigoureuse, je saurais me rendre amoureux de ce mendiant pouilleux et laid, malmené des moins hardis, m'éprendre de ses fesses anguleuses... et si par malheur il avait un sexe magnifique?

Le Barrio Chino était alors une sorte de repaire peuplé moins d'Espagnols que d'étrangers qui tous étaient des voyous pouilleux. Nous étions quelquefois vêtus de chemises de soie vert amande ou jonquille, chaussés d'espadrilles usées, et notre chevelure plaquée paraissait vernie à craquer. Nous n'avions pas de chefs mais plutôt des directeurs. Je suis incapable d'expliquer comment ils le devenaient. Probablement était-ce par une suite d'opérations heureuses dans la vente de nos tristes butins. Ils s'occupaient de nos affaires et nous indiquaient les coups, sur quoi ils prélevaient une part raisonnable. Nous ne formions pas des bandes plus ou moins bien organisées, mais dans ce vaste désordre sale, au milieu d'un quartier puant l'huile, l'urine et la merde, quelques hommes perdus s'en remettaient à un autre plus habile. Tant de pouillerie scintillait de la jeunesse de beaucoup d'entre nous, et de cet éclat plus mystérieux de quelques-uns qui étincelaient vraiment, ces gosses dont le corps, le regard et les gestes sont chargés d'un magnétisme qui fait de nous leur objet. C'est ainsi que je fus par l'un d'eux foudroyé. Pour mieux parler de Stilitano, le manchot, j'attendrai quelques pages. Que l'on sache d'abord qu'il n'était orné d'aucune vertu chrétienne. Tout son éclat, sa puissance, avaient leur source entre ses jambes. Sa verge, et ce qui la complète, tout l'appareil était si beau que je le ne puis nommer qu'organe générateur. Il était mort, croyiez-vous, car il s'émouvait rarement, et lentement : il veillait. Il élaborait dans la nuit d'une braguette bien boutonnée, encore qu'elle le fût par une seule main, cette luminosité dont resplendira son porteur.

Mes amours avec Salvador durèrent six mois. Elles ne furent pas les plus grisantes mais les plus fécondes. J'avais réussi à aimer le corps malingre, le visage gris, la barbe rare et ridiculement plantée. Salvador prenait soin de moi, mais la nuit, à la bougie, je recherchais dans les coutures de son pantalon les poux, nos familiers. Les poux nous habitaient. A nos vêtements ils donnaient une animation, une présence qui, disparues, font qu'ils sont morts. Nous aimions savoir — et sentir — pulluler les bêtes translucides qui, sans être apprivoisées, étaient si bien à nous que le pou d'un autre que de nous deux nous dégoûtait. Nous les chassions mais avec l'espoir que dans la journée les lentes auraient éclos. Avec nos ongles nous les écrasions sans dégoût et sans haine. Nous n'en jetions pas le cadavre — ou dépouille — à la voirie, nous le laissions choir, sanglant de notre sang, dans notre linge débraillé. Les poux étaient le seul signe de notre prospérité, de l'envers même de la prospérité, mais il était logique qu'en faisant à notre état opérer un rétablissement qui le justifiât, nous justifiions du même coup le signe de cet état. Devenus aussi utiles pour la connaissance de notre amenuisement que les bijoux pour la connaissance de ce qu'on nomme le triomphe, les poux étaient précieux. Nous en avions à la fois honte et gloire. J'ai longtemps vécu dans une chambre sans fenêtres qu'un vasistas donnant sur le corridor, où le soir cinq petits visages, cruels et tendres, souriants ou crispés par l'ankylose d'une posture difficile, mouillés de sueurs, recherchaient ces insectes de la vertu de qui nous participions. Il était bien que je fusse l'amant du plus pauvre et du plus laid au fond de tant de misère. Pour cela je connus un état privilégié. J'eus du mal, mais chaque victoire obtenue — mes mains crasseuses orgueilleusement exposées m'aidaient à exposer orgueilleusement ma barbe et mes cheveux longs — me donnait de la force — ou de la faiblesse, et c'est ici la même chose — pour la victoire suivante qui dans votre langage prendrait naturellement le nom de déchéance. Toutefois l'éclat, la lumière étant nécessaires à notre vie, avions-nous dans cette ombre un rayon de soleil traversant la vitre et sa crasse, nous avions le verglas, le givre, car ces éléments, s'ils indiquent les calamités, évoquent des joies dont le signe, détaché dans notre chambre, nous suffisait : de Noël et des fêtes du Réveillon nous ne connaissions que ce qui les accompagne toujours et qui les rend plus douces aux fêteurs : le gel.

La culture des plaies, par les mendiants, c'est aussi le moyen pour eux d'avoir un peu d'argent — de quoi vivre — mais s'ils y furent amenés par une veulerie dans la misère, l'orgueil qu'il y faut pour se soutenir hors du mépris est une vertu virile : comme un roc un fleuve, l'orgueil perce et divise le mépris, le crève. Entrant davantage dans l'abjection, l'orgueil sera plus fort (si ce mendiant c'est moi-même) quand j'aurai la science — force ou faiblesse — de profiter d'un tel destin. Il faut, à mesure que cette lèpre me gagne, que je la gagne et que je gagne. Deviendrai-je donc de plus en plus ignoble, de plus en plus un objet de dégoût, jusqu'au point final qui est je ne sais quoi encore mais qui doit être commandé par une recherche esthétique autant que morale. La lèpre, à quoi je compare notre état, provoquerait, dit-on, une irritation des tissus, le malade se gratte : il bande. Dans un érotisme solitaire la lèpre se console et chante son mal. La misère nous érigeait. A travers l'Espagne nous promenions une magnificence secrète, voilée, sans arrogance. Nos gestes étaient de plus en plus humbles, de plus en plus éteints à mesure que plus intense la braise d'humilité qui nous faisait vivre. Ainsi mon talent se développait de donner un sens sublime à une apparence aussi pauvre. (Je ne parle pas encore de talent littéraire.) Ce m'aura été une très utile discipline, et qui me permet de tendrement sourire encore aux plus humbles parmi les détritus, qu'ils soient humains ou matériels, et jusqu'aux vomissures, jusqu'à la salive que je laisse baver sur le visage de ma mère, jusqu'à vos excréments. Je conserverai en moi-même l'idée de moi-même mendiant.

Je me voulus semblable à cette femme qui, à l'abri des gens, chez elle conserva sa fille, une sorte de monstre hideux, difforme, grognant et marchant à quatre pattes, stupide et blanc. En accouchant, son désespoir fut tel sans doute qu'il devint l'essence même de sa vie. Elle décida d'aimer ce monstre, d'aimer la laideur sortie de son ventre où elle s'était élaborée, et de l'ériger dévotieusement. C'est en elle-même qu'elle ordonna un reposoir où elle conservait l'idée de monstre. Avec des soins dévots, des mains douces malgré le cal des besognes quotidiennes, avec l'acharnement volontaire des désespérés elle s'opposa au monde, au monde elle opposa le monstre qui prit les proportions du monde et sa puissance. C'est à partir de lui que s'ordonnèrent de nouveaux principes, sans cesse combattus par les forces du monde qui venaient se heurter à elle mais s'arrêtaient aux murs de sa demeure où sa fille était enfermée [1].

1. Par les journaux j'appris qu'après quarante ans de dévouement cette mère arrosa d'essence — ou de pétrole — sa fille endormie, puis toute la maison et mit le feu.

Mais, car il fallait voler quelquefois, nous connaissions aussi les beautés claires, terrestres, de l'audace. Avant qu'on ne s'endormît, le chef, le cavalier nous conseillait. Avec de faux papiers, par exemple, nous allions à différents consulats afin d'être rapatriés. Le consul, attendri ou agacé par nos plaintes et notre misère, notre crasse, nous donnait un billet de chemin de fer pour un poste frontière. Notre chef le revendait à la gare de Barcelone. Il nous indiquait aussi les vols à commettre dans les églises — ce que n'osaient les Espagnols — ou dans les villas élégantes, enfin c'est lui-même qui nous amenait les matelots anglais ou hollandais à qui nous devions nous prostituer pour quelques pesetas.

Ainsi parfois nous volions et chaque cambriolage nous faisait un instant respirer à la surface. Une veille d'armes précède chaque expédition nocturne. La nervosité que provoquent la peur, l'angoisse quelquefois, facilite un état voisin des dispositions religieuses. Alors j'ai tendance à interpréter le moindre accident. Les choses deviennent signe de chance. Je veux charmer les puissances inconnues de qui me semble dépendre la réussite de l'aventure. Or je cherche à les charmer par des actes moraux, par la charité d'abord : je donne mieux et plus aux mendiants, je cède aux vieillards ma place, je m'efface devant eux, j'aide les aveugles à traverser les rues, etc. Ainsi ai-je l'air de reconnaître au vol présider un dieu à qui

Le monstre (la fille) succomba. Des flammes on retira la vieille (75 ans) et elle fut sauvée, c'est-à-dire qu'elle comparut en cour d'assises.

sont agréables les actions morales. Ces tentatives pour lancer un filet hasardeux où se laissera capturer le dieu dont je ne sais rien m'épuisent, m'énervent, favorisent encore cet état religieux. A l'acte de voler elles communiquent la gravité d'un acte rituel. Il s'accomplira vraiment au cœur des ténèbres auxquelles s'ajoute qu'il le soit plutôt la nuit, durant le sommeil des gens, dans un endroit clos, et soi-même peut-être masqué de noir. La marche sur la pointe des pieds, le silence, l'invisibilité dont nous avons besoin même en plein jour, les mains à tâtons organisant dans l'ombre des gestes d'une compli-cation, d'une précaution insolite — tourner la simple poignée d'une porte nécessite une multitude de mou-vements dont chacun a l'éclat d'une facette de bijou — (découvrant de l'or il me semble l'avoir déterré : j'ai fouillé des continents, des îles océaniennes; les nègres m'entourent, de leurs piques empoisonnées ils menacent mon corps sans défense, mais, la vertu de l'or agissant, une grande vigueur me terrasse ou m'exalte, les piques s'abaissent, les nègres me recon-naissent et je suis de la tribu) — la prudence, la voix chuchotée, l'oreille dressée, la présence invisible et nerveuse du complice et la compréhension du moindre signe de lui, tout nous ramasse en nous-mêmes, nous tasse, fait de nous une boule de présence que décrit si bien le mot de Guy :

— « On se sent vivre. »

Mais en moi-même cette présence totale qui se transforme en une bombe d'une puissance que je crois terrible, donne à l'acte une gravité, une unicité terminale — le cambriolage au moment qu'on le fait est toujours le dernier, non que l'on pense n'en plus faire après celui-là, on ne pense pas, mais qu'un tel rassemblement de soi ne peut avoir lieu (non dans la vie, il nous conduirait, poussé davantage, hors d'elle) — et cette unicité d'un acte qui se développe (la rose sa corolle) en gestes conscients, sûrs de leur efficacité, de leur fragilité et pourtant de la violence qu'ils donnent à cet acte, lui accorde encore ici la valeur d'un rite religieux. Souvent même je le dédie à quelqu'un. Le premier Stilitano eut le bénéfice d'un tel hommage. Je crois que c'est par lui que je fus initié, c'est-à-dire que la hantise de son corps m'empêcha de flancher. A sa beauté, à son impudeur tranquille, je dédiai mes premiers vols. A la singularité aussi de ce manchot magnifique dont la main, coupée au ras du poignet, pourrissait quelque part, sous un marronnier, me dit-il, dans une forêt d'Europe centrale. Pendant le vol mon corps est exposé. Je le sais de tous mes gestes scintiller. Le monde est attentif à ma réussite s'il désire ma culbute. Je paierai cher une erreur, mais que l'erreur je la rattrape il me semble qu'il y aura de la joie dans la demeure du Père. Ou bien je tombe, et de malheurs en malheurs c'est le bagne. Mais alors les sauvages, inévitablement le bagnard qui risquait « la Belle » les rencontrera par le procédé que, plus haut, décrit en raccourci mon aventure intime. Traversant la forêt vierge, s'il trouve un placer que gardent d'anciennes tribus, il sera tué par elles ou sauvé. C'est par un chemin bien long que je choisis de rejoindre la vie primitive. Il me faut d'abord la condamnation de ma race.

Salvador ne me valut aucune fierté. S'il dérobait,

c'étaient de menus objets à une devanture. Le soir, dans les cafés où nous nous entassions, entre les plus beaux, il se glissait tristement. Cette vie l'épuisait. Quand je rentrais j'avais la honte de le trouver accroupi, tassé sur lui-même, sur un banc, serrant autour de ses épaules la couverture de coton vert et jaune avec laquelle les jours de bise il sortait mendier. Il avait aussi un vieux châle de laine noire que je refusais de mettre. En effet, si mon esprit supportait, désirait même l'humilité, jeune et violent mon corps refusait l'humiliation. Salvador parlait d'une voix brève et triste :

— Tu veux qu'on rentre en France? On travaillera à la campagne.

Je disais non. Il ne comprenait pas mon dégoût — non ma haine — de la France, ni que mon aventure si, géographiquement elle s'arrêtait à Barcelone s'y devait poursuivre profondément, de plus en plus profondément, dans les régions de moi-même les plus reculées.

— Mais je travaillerai tout seul. Tu te promèneras.

— Non.

Je le laissais à son banc, à sa morne pauvreté. Près du poêle ou du comptoir j'allais fumer les mégots que j'avais glanés dans la journée, auprès d'un jeune Andalou méprisant dont le chandail de laine blanche et sale exagérait le torse et les biceps. Après s'être frotté les mains l'une contre l'autre, comme le font les vieillards, Salvador quittait son banc. Il allait à la cuisine commune préparer une soupe et mettre un poisson sur le gril. Une fois il me proposa de descendre à Huelva pour y faire la cueillette des

oranges. C'est un soir qu'il avait reçu tant d'humiliations, tant de rebuffades en mendiant pour moi,
qu'il osa me reprocher de réussir si mal à la Criolla.

— Ma parole, quand tu lèves un client, c'est toi
qui dois le payer, me dit-il.

Nous nous disputâmes devant le patron qui voulut
nous mettre à la porte de l'hôtel. Salvador et moi,
nous décidâmes donc de voler le lendemain deux
couvertures et de nous cacher dans un train de marchandises allant vers le sud. Mais je fus si habile que
le soir même je rapportai la pèlerine d'un carabinier.
En passant près des docks où ils montent la garde,
l'un d'eux m'avait appelé. Je fis ce qu'il exigeait,
dans la guérite. Peut-être, sans oser me le dire,
voulut-il ensuite se laver à une borne-fontaine; il
me laissa seul un instant et je me sauvai avec sa grande
pèlerine de drap noir. Je m'en enveloppai pour
revenir à l'hôtel, et je connus le bonheur de l'équivoque, non encore la joie de la trahison, mais déjà
la confusion s'établissait, insidieuse, qui me ferait
nier les oppositions fondamentales. En ouvrant la
porte du café je vis Salvador. C'était le plus triste
des mendiants. Son visage avait la qualité de la sciure
de bois et presque sa matière, dont le plancher du
café était recouvert. Immédiatement je reconnus
Stilitano, debout au milieu des joueurs de ronda.
Nos regards se rencontrèrent. Le sien s'attarda sur
moi qui rougis. J'enlevai la pèlerine noire et tout de
suite on la marchanda. Sans y prendre part encore,
Stilitano regardait le marché lamentable.

— Faites vite, si vous la voulez. Décidez-vous. Le
carabinier va sûrement me chercher, dis-je.

35

Les joueurs se pressèrent un peu. On était habitué à de telles raisons. Quand une bousculade m'eut rapproché de lui, Stilitano me dit en français :

— Tu es Parisien?

— Oui. Pourquoi?

— Pour rien.

Encore que ce fût lui qui m'ait interpellé, je connus, en répondant, la nature presque désespérée du geste qu'ose l'inverti s'il aborde un jeune homme. Pour masquer mon trouble j'avais le prétexte d'être essoufflé, j'avais la précipitation de l'instant. Il dit :

— Tu t'es bien défendu.

Je savais que cet éloge était un adroit calcul, mais au milieu des mendiants que Stilitano (j'ignorais encore son nom) était beau! L'un de ses bras, dont l'extrémité avait un énorme pansement, était replié sur sa poitrine, comme s'il l'eût porté en écharpe, mais je savais que la main y manquait. Stilitano n'était un habitué ni du café de l'hôtel ni même de la calle.

— Et à moi, la pèlerine, tu me la fais combien?

— Tu me la paieras?

— Pourquoi pas?

— Avec quoi?

— Tu as peur?

— D'où tu es?

— Serbe. Je reviens de la Légion. Je suis déserteur.

Je fus allégé. Détruit. L'émotion fit en moi un vide que vint combler le souvenir d'une scène nuptiale. Dans un bal où les soldats dansaient entre eux, je regardais leur valse. Il me parut alors que l'invisibilité de deux légionnaires devint totale. Par l'émoi ils furent escamotés. Si dès le début de « Ramona » leur danse fut chaste, le demeura-t-elle quand ils s'épousèrent en échangeant sous nos yeux un sourire comme on échange une bague... A toutes les injonctions d'un invisible clergé la Légion répondait oui. Chacun d'eux était à la fois le couple voilé de tulle et revêtu d'un uniforme de parade (buffleterie blanche, fourragère écarlate et verte). Ils échangeaient en hésitant leur mâle tendresse et leur modestie d'épouse. Pour maintenir l'émoi sur une extrême pointe ils firent plus légère leur danse et plus lente, cependant que leurs virilités, engourdies par la fatigue d'une longue marche, derrière une barricade de toile rugueuse se menaçaient, se défiaient sans prudence. Les visières de cuir verni de leur képi s'entrecognèrent à petits coups. Je me savais dominé par Stilitano. Je voulus ruser :

— Ça ne prouve pas que tu peux payer.
— Fais-moi confiance.

Un visage si dur, un corps si bien découplé me demandaient de leur faire confiance! Salvador nous regardait. Il savait notre accord et que déjà nous avions décidé sa perte, son abandon. Féroce et pur j'étais le lieu d'une féerie qui se renouvelait. La valse cessant les deux soldats se désenlacèrent. Et chacune de ces deux moitiés d'un bloc solennel et étourdi, hésita, se mit en marche, heureuse d'échapper à l'invisibilité, et chagrine, vers quelque fille pour la valse suivante.

— Je te donne deux jours pour me la payer, dis-je. J'ai besoin de fric. Moi aussi j'étais à la Légion. Et j'ai déserté. Comme toi.

— Ça sera fait.

Je lui tendis la pèlerine. Il la prit de sa main unique et me la rendit. Souriant mais impérieux il dit :

— Roule-la. Et narquois il ajouta : « En attendant de m'en rouler un. »

On connaît l'expression : « Rouler un patin. » Je ne bronchai pas et fis ce qu'il me disait. La pèlerine disparut aussitôt dans une des cachettes du patron. Peut-être ce simple vol avait-il donné à mon visage un peu d'éclat, ou simplement Stilitano voulut-il se montrer gentil, il me dit encore :

— Tu me payes un verre? A un ancien de Bel-Abbès?

Un verre de vin coûtait deux sous. J'en avais quatre dans la poche mais je les devais à Salvador qui nous regardait.

— Je suis fauché, dit Stilitano, fièrement.

Les joueurs de cartes formaient de nouveaux groupes qui un instant nous séparèrent de Salvador. Je murmurai entre les dents :

— J'ai quatre sous et je vais te les passer en douce, mais c'est toi qui vas payer.

Stilitano sourit. J'étais perdu. Nous nous assîmes à une table. Déjà il avait commencé à parler de la Légion quand, me fixant, il s'interrompit.

— Mais, j'ai l'impression de t'avoir déjà vu.

Moi, j'en avais gardé le souvenir.

Je dus me retenir à d'invisibles agrès, j'aurais roucoulé. Les mots n'eussent pas seulement, ni le ton de ma voix, exprimé ma ferveur, je n'eusse pas seulement chanté, c'est vraiment l'appel du plus amoureux des gibiers que ma gorge eût lancé. Peut-être mon cou se fût-il hérissé de plumes blanches. Une catastrophe est toujours possible. La métamorphose nous guette. La panique me protégea.

J'ai vécu dans la peur des métamorphoses. C'est afin de rendre sensible au lecteur en reconnaissant l'amour sur moi fondre — ce n'est pas la seule rhétorique qui exige la comparaison : comme un gerfaut — la plus exquise des frayeurs que j'emploie l'idée de la tourterelle. Ce qu'alors j'éprouvai je l'ignore, mais il me suffit d'évoquer l'apparition de Stilitano pour que ma détresse aussitôt se traduise aujourd'hui par un rapport d'oiseau cruel à victime. (Si je ne sentais mon cou se gonfler d'une tendre roucoulade j'eusse plutôt parlé d'un rouge-gorge.)

Une curieuse bête apparaîtrait si chacune de mes émotions devenait l'animal qu'elle suscite : la colère gronde sous mon col de cobra, le même cobra gonfle ce que je n'ose nommer, ma cavalerie, mes carrousels naissent de mon insolence... D'une tourterelle je ne conservai qu'un enrouement que remarqua Stilitano. Je toussai.

Derrière le Parallelo il y avait un terrain vague où les voyous jouaient aux cartes. (Le Parallelo est une avenue de Barcelone parallèle aux célèbres Ramblas. Entre ces deux voies, très larges, une multitude de rues étroites, obscures et sales forment le Barrio Chino.) Accroupis ils organisaient des jeux, disposaient les cartes sur un carré d'étoffe ou dans la poussière. Un jeune gitan tenait l'une des parties et j'y vins risquer les quelques sous que j'avais dans la poche. Je ne suis pas joueur. Les riches casinos ne m'attirent pas. L'atmosphère éclairée par les lustres électriques m'ennuie. La désinvolture affectée des joueurs élégants me soulève le cœur, enfin l'impossibilité d'agir sur ces machines : boules, roulettes, petits chevaux, me décourage, mais j'aimais la poussière, la crasse, la précipitation des voyous. Terrassé par ma colère ou mon désir, en me penchant sur lui, de Java je vois le profil écrasé dans l'oreiller. La douleur, la crispation de ses traits mais aussi leur radieuse angoisse, je les ai souvent épiées sur la petite gueule dépeignée des gamins accroupis. Toute cette population était tendue vers le gain ou la perte. Chaque cuisse était frémissante de la fatigue ou de l'inquiétude. Ce jour-là le temps était orageux. J'étais pris dans l'impatience si jeune de ces jeunes Espagnols. Je jouai et je gagnai. Je gagnai à tous les coups. Durant la partie je n'avais pas dit un mot. Le gitan m'était d'ailleurs inconnu. La coutume permettait que j'empochasse mon argent, et que je partisse. Le garçon avait si bonne mine que j'eus le sentiment, en le quittant ainsi, de manquer de respect à la beauté, soudain triste, de son visage accablé par la chaleur et l'ennui. Je lui rendis gentiment son argent. Un peu étonné, il le prit et simplement me remercia.

— Salut, Pépé, lança en passant un boiteux crépu et basané.

— Pépé, me dis-je, il se nomme Pépé. Et je m'en fus, car je venais de remarquer sa main petite, délicate, presque féminine. Mais à peine avais-je fait quelques pas dans cette foule de voleurs, de filles, de mendiants, de tapettes, que je me sentis touché à l'épaule. C'était Pépé. Il venait d'abandonner le jeu. En espagnol il me parla :

— Je m'appelle Pépé, et il tendit sa main.

— Moi, Juan.

— Viens. On va boire.

Il n'était pas plus grand que moi. Son visage que j'avais vu de haut quand il était accroupi me parut moins écrasé. Les traits étaient plus fins.

— C'est une fille, pensai-je en évoquant sa main gracile et je crus que sa compagnie m'ennuierait. Il venait de décider que l'argent que j'avais gagné nous le boirions. Nous allâmes d'une taverne à l'autre et tout le temps que nous fûmes ensemble il se montra charmant. Il n'avait pas de chemise mais un maillot bleu, très échancré. De l'ouverture sortait son cou solide, aussi large que la tête. Quand il la tournait sans bouger le buste, un tendon énorme bandait. J'essayai d'imaginer son corps, et en dépit des mains presque frêles je le supposai solide car les cuisses emplissaient l'étoffe légère du pantalon. Il faisait chaud. L'orage n'éclatait pas. La nervosité des joueurs autour de nous augmentait. Les filles paraissaient plus lourdes. La poussière et le soleil nous écrasaient. Nous ne bûmes guère d'alcools mais plutôt des limonades. Assis près des marchands ambulants, nous échangeâmes de rares paroles. Il souriait toujours, avec un peu de lassitude. Il me paraissait indulgent. Soupçonna-t-il que j'aimais sa frimousse, je ne sais, mais il n'en montra rien. D'ailleurs j'avais la même allure que lui, un peu sournoise, je paraissais prêt à tout contre le promeneur bien vêtu, j'avais sa jeunesse et sa crasse, et j'étais Français. Vers le soir il voulut jouer, mais il était trop tard pour installer une partie, toutes les places étant prises.

Nous nous promenâmes un peu parmi les joueurs. Quand il frôlait les filles, Pépé se moquait d'elles. Parfois il les pinçait. La chaleur était plus lourde. Le ciel était au ras du sol. La nervosité de la foule devenait irritante. L'impatience gagnait le gitan qui ne se décidait pas à choisir une partie. Dans la poche il tripotait sa monnaie. Tout à coup il me prit par le bras.

— Venga!

Il m'emmena à deux pas de là vers le seul chalet de nécessité du Parallelo tenu par une vieille femme. La soudaineté de sa décision m'étonnant je l'interrogeai :

— Qu'est-ce que tu vas faire?

— Tu vas m'attendre.

— Pourquoi?

Il me répondit un mot espagnol que je ne compris pas. Je le lui dis et il fit, en éclatant de rire, devant la vieille qui attendait ses deux sous, le geste de se branler. Quand il sortit, son visage était un peu coloré. Il souriait toujours.

— Ça va maintenant. Je suis prêt.

J'apprenais ainsi les précautions que prennent ici certains joueurs dans les grandes occasions afin d'être plus calmes. Nous revînmes au terrain vague. Pépé choisit un groupe. Il perdit. Il perdit tout ce qui lui restait. J'essayai de le retenir, c'était trop tard. Comme l'usage l'y autorisait, à l'homme qui tenait la banque il demanda que lui fût accordée sur la cagnotte une mise pour la partie suivante. L'homme refusa. Il me parut alors que cela même qui composait la gentillesse du gitan tournât, comme tourne le lait, à l'aigre, et devînt la rage la plus féroce que j'aie pu reconnaître. Vif il vola la banque. L'homme se releva d'un bond et voulut lui envoyer un coup de pied. Pépé l'esquiva. Il me tendit l'argent mais à peine l'avais-je empoché, son couteau était ouvert. Il le planta dans le cœur de l'Espagnol, un grand garçon hâlé, qui tomba sur le sol et qui, malgré son hâle, blêmit, se crispa, se tordit, et expira dans la poussière. Pour la première fois je voyais quelqu'un rendre l'âme. Pépé avait disparu, mais quand, quittant des yeux le mort, je levai la tête, je vis, qui le regardait avec un léger sourire, Stilitano. Le soleil allait se coucher. Le mort et le plus beau des humains m'apparaissaient confondus dans la même poussière d'or, au milieu d'une foule de marins, de soldats, de voyous, de voleurs de tous les pays du monde. Elle ne tournait pas : de porter Stilitano, autour du soleil la Terre tremblait. Je faisais connaissance au même instant avec la mort et avec l'amour. Cette vision cependant fut très brève car je ne pouvais rester là, de crainte qu'on ne m'ait vu avec Pépé et qu'un ami du mort ne m'arrachât l'argent que je gardais dans la poche, mais en m'éloignant de ce lieu ma mémoire entretenait et commentait cette scène qui me paraissait grandiose : « Par un enfant qui fut charmant le meurtre d'un homme mûr dont le hâle pouvait blêmir, prendre la teinte de la mort, et cela surveillé ironiquement par un grand garçon blond à qui, en secret, je venais de me fiancer. » Aussi rapide que fût sur lui mon coup d'œil, j'avais eu le temps de comprendre la magnifique musculature de Stilitano et de voir, roulant dans sa bouche entrebâillée, un crachat blanc, lourd, épais comme un ver blanc, et qu'il faisait jouer, en l'étirant de haut en bas jusqu'à voiler sa bouche, entre ses lèvres. Il était pieds nus dans la poussière. Ses jambes étaient enfermées dans un pantalon de toile bleue délavée, usée et déchirée. Les manches de sa chemise verte étaient retroussées, et l'une d'elles au-dessus d'un poignet sectionné, légèrement amenuisé, où la peau recousue montrait encore une douce et pâle cicatrice rose.

*

Stilitano sourit et se moqua de moi.

— Tu te fous de moi?

— Un peu, dit-il.

— Profites-en.

Il sourit encore en écarquillant les yeux.

— Pourquoi?

— Tu le sais que tu es beau gosse. Et tu crois que tu peux te foutre de tout le monde.

— J'ai le droit, j'suis sympa.

— Tu es sûr?

Il éclata de rire.

— Sûr. Y a pas à s'y tromper. J'suis même tellement sympathique que des fois les gens deviennent collants. Pour qu'ils se détachent de moi il faut que je leur fasse des crasses.

— Lesquelles?

— Tu voudrais savoir? Attends, tu me verras à l'œuvre. Tu auras le temps de te rendre compte. Où tu couches?

— Ici.

— Faut pas. La police va chercher. Elle va d'abord y venir. Viens avec moi.

Je dis à Salvador que je ne pouvais rester à l'hôtel cette nuit mais qu'un ancien de la Légion m'offrait sa chambre. Il pâlit. L'humilité de sa peine me fit honte. Afin de le quitter sans remords je l'insultai. Je pouvais le faire puisqu'il m'aimait jusqu'à la dévotion. A son regard désolé mais chargé d'une haine de pauvre débile je répondis par le mot : « Tapette. » Je rejoignis Stilitano qui m'attendait dehors. Son hôtel était dans l'impasse la plus obscure du quartier. Il l'habitait depuis quelques jours. Du corridor ouvert sur le trottoir, un escalier conduisait aux chambres. Durant le parcours il me dit :

— Tu veux qu'on reste ensemble?

— Si on veut.

— T'as raison. On se démerdera mieux.

Devant la porte du couloir il dit encore :

— Passe-moi la boîte.

Déjà pour nous deux nous n'avions qu'une boîte d'allumettes.

— Elle est vide, dis-je.

Il jura. Stilitano me prit par la main, la sienne passée derrière mon dos car j'étais à sa droite.

— Suis-moi, dit-il. Et fais silence, l'escalier est bavard.

Doucement il me conduisit, de marche en marche. Je ne savais plus où nous allions. Un athlète étonnamment souple me promenait dans la nuit. Une Antigone plus antique et plus grecque me faisait escalader un calvaire abrupt et ténébreux. Ma main était confiante et j'avais honte de buter quelquefois contre une roche, une racine, ou de perdre pied.

Sous un ciel tragique, les plus beaux paysages du monde je les aurai parcourus quand Stilitano la nuit prenait ma main. De quelle sorte était ce fluide qui de lui passait en moi, me donnait une décharge? J'ai marché au bord de rivages dangereux, débouché sur des plaines lugubres, entendu la mer. A peine l'avais-je touché, l'escalier changeait : il était le maître du monde. Le souvenir de ces brefs instants me permettrait de vous décrire des promenades, des fuites haletantes, des poursuites dans les contrées du monde où je n'irai jamais.

Mon ravisseur m'emportait.

— Il va me trouver empoté, pensais-je.

Pourtant il m'aidait gentiment, patiemment, et le silence qu'il me recommandait, le secret dont il entourait ce soir notre première nuit, me firent un instant croire à son amour pour moi. La maison ne sentait ni plus ni moins mauvais que toutes les autres du Barrio Chino, mais de celle-ci l'odeur épouvantable demeure à jamais pour moi celle même non seulement de l'amour mais de la tendresse et de la confiance. L'odeur de Stilitano, l'odeur de ses aisselles, l'odeur de sa bouche, quand mon odorat s'en souvient, s'il les retrouve tout à coup avec une vérité inquiétante, je les crois capables de me donner les plus folles audaces. (Parfois, je rencontre quelque gosse, le soir, et je l'accompagne jusqu'à sa chambre. Au pied de l'escalier, car mes voyous habitent des hôtels borgnes, il me prend par la main. Avec la même adresse que Stilitano il me guide.)

— Prends garde.

Il murmurait cette expression trop douce pour moi. A cause de la position de nos bras j'étais collé à son corps. Un instant je sentis le mouvement de ses fesses mobiles. Par respect je m'écartai un peu. Nous montions, limités étroitement par une paroi fragile qui devait contenir le sommeil des putains, des voleurs, des souteneurs et des mendiants de cet hôtel. J'étais un enfant que son père conduit avec prudence. (Aujourd'hui je suis un père que son enfant conduit à l'amour.)

Au quatrième palier j'entrai dans sa misérable petite chambre. Tout mon rythme respiratoire fut bouleversé. J'aimais. Dans les bars du Parallelo, Stilitano me présenta à ses copains. Aucun d'eux ne sembla remarquer que j'aimais les hommes tant le peuple du Barrio Chino contient de mariconas. Nous fîmes ensemble, lui et moi, quelques coups sans danger qui nous procuraient ce qu'il faut pour vivre. Je logeais avec lui, je couchais dans son lit mais ce grand gars avait une pudeur si exquise que jamais je ne pus le voir en entier. En obtenant ce que je désirais de lui si fort, Stilitano à mes yeux fût resté le maître charmant et solide mais dont la force ni le charme n'eussent comblé mon désir de toutes les virilités : le soldat, le marin, l'aventurier, le voleur, le criminel. En demeurant inaccessible il devint le signe essentiel de ceux que j'ai nommés et qui me terrassent. J'étais donc chaste. Parfois il avait la cruauté d'exiger que je boutonnasse sa ceinture et ma main tremblait. Il feignait de ne rien voir et s'amusait. (Je parlerai plus loin du caractère de mes mains et du sens de ce tremblement. Ce n'est pas sans raison qu'on dit aux Indes que les personnes et les objets sacrés ou immondes sont des Intouchables.) Stilitano était heureux de m'avoir sous ses ordres et à ses amis il me présentait comme son bras droit. Or c'est de la main droite qu'il était amputé, je me redisais avec ravissement que certes j'étais son bras droit, j'étais celui qui tient lieu du membre le plus fort. S'il avait quelque maîtresse parmi les filles de la calle Carmen je n'en connaissais pas. Il exagérait son mépris des tapettes. Nous vécûmes ainsi quelques jours.

Un soir que j'étais à la Criolla, une des putains me dit de partir. Un carabinier, me dit-elle, était venu. Il me recherchait. C'était sûrement celui que j'avais satisfait d'abord, puis détroussé. Je rentrai à l'hôtel. Je prévins Stilitano qui me dit qu'il se chargeait d'arranger l'affaire et il sortit.

Je suis né à Paris le 19 décembre 1910. Pupille de l'Assistance Publique, il me fut impossible de connaître autre chose de mon état civil. Quand j'eus vingt et un ans, j'obtins un acte de naissance. Ma mère s'appelait Gabrielle Genet. Mon père reste inconnu. J'étais venu au monde au 22 de la rue d'Assas.

— Je saurai donc quelques renseignements sur mon origine, me dis-je, et je me rendis rue d'Assas. Le 22 était occupé par la Maternité. On refusa de me renseigner. Je fus élevé dans le Morvan par des paysans. Quand je rencontre dans la lande — et singulièrement au crépuscule, au retour de ma visite des ruines de Tiffauges où vécut Gilles de Rais — des fleurs de genêt, j'éprouve à leur égard une sympathie profonde. Je les considère gravement, avec tendresse. Mon

48

trouble semble commandé par toute la nature. Je suis seul au monde, et je ne suis pas sûr de n'être pas le roi — peut-être la fée de ces fleurs. Elles me rendent au passage un hommage, s'inclinent sans s'incliner mais me reconnaissent. Elles savent que je suis leur représentant vivant, mobile, agile, vainqueur du vent. Elles sont mon emblème naturel, mais j'ai des racines, par elles, dans ce sol de France nourri des os en poudre des enfants, des adolescents enfilés, massacrés, brûlés par Gilles de Rais.

Par cette plante épineuse des Cévennes [1], c'est aux aventures criminelles de Vacher que je participe. Enfin par elle dont je porte le nom le monde végétal m'est familier. Je peux sans pitié considérer toutes les fleurs, elles sont de ma famille. Si par elles je rejoins aux domaines inférieurs — mais c'est aux fougères arborescentes et à leurs marécages, aux algues, que je voudrais descendre — je m'éloigne encore des hommes [2].

De la planète Uranus, paraît-il, l'atmosphère serait si lourde que les fougères sont rampantes; les bêtes se traînent écrasées par le poids des gaz. A ces humiliés toujours sur le ventre, je me veux mêlé. Si la métempsycose m'accorde une nouvelle demeure, je choisis cette planète maudite, je l'habite avec les bagnards de ma race. Parmi d'effroyables reptiles, je poursuis une mort éternelle, misérable, dans des ténèbres où les

---

1. Le jour même qu'il me rencontra, Jean Cocteau me nomma « son genêt d'Espagne ». Il ne savait pas ce que cette contrée avait fait de moi.
2. Les botanistes connaissent une variété de genêt qu'ils appellent genêt ailé.

feuilles seront noires, l'eau des marécages épaisse et froide. Le sommeil me sera refusé. Au contraire, toujours plus lucide, je reconnais l'immonde fraternité des alligators souriants.

Ce n'est pas à une époque précise de ma vie que je décidai d'être voleur. Ma paresse et la rêverie m'ayant conduit à la maison correctionnelle de Mettray, où je devais rester jusqu'à « la vingt et une », je m'en évadai et je m'engageai pour cinq ans afin de toucher une prime d'engagement. Au bout de quelques jours je désertai en emportant des valises appartenant à des officiers noirs.

Un temps je vécus du vol, mais la prostitution plaisait davantage à ma nonchalance. J'avais vingt ans. J'avais donc connu l'armée quand je vins en Espagne. La dignité que confère l'uniforme, l'isolement du monde qu'il impose, et le métier de soldat lui-même m'accordèrent un peu de paix — encore que l'Armée soit *à côté* de la société, — la confiance en soi. Ma condition d'enfant naturellement humilié, pour quelques mois fut adoucie. Je connus enfin la douceur d'être accueilli par les hommes. Ma vie de misère, en Espagne, était une sorte de dégradation, de chute avec honte. J'étais déchu. Non que durant mon séjour dans l'armée j'eusse été un pur soldat, commandé par les rigoureuses vertus qui créent les castes (la pédérastie eût suffi à me faire réprouver) mais encore se continuait dans mon âme un travail secret qui perça un jour. C'est peut-être leur solitude morale — à quoi j'aspire — qui me fait admirer les traîtres et les aimer. Ce goût de la solitude étant le signe de mon orgueil, et l'orgueil la manifestation de ma force, son usage, et la preuve de cette force. Car j'aurai brisé les liens les plus solides du monde : les liens de l'amour. Et quel amour ne me faut-il pas où je puiserai assez de vigueur pour le détruire. C'est au régiment que je fus pour la première fois (du moins le crois-je) témoin du désespoir d'un de mes volés. Voler des soldats c'était trahir car je rompais les liens d'amour m'unissant au soldat volé.

Plaustener était beau, fort et confiant. Il monta sur son lit pour regarder dans son paquetage, il essaya d'y retrouver le billet de cent francs que j'avais pris un quart d'heure plus tôt. Ses gestes étaient ceux d'un clown. Il se trompait. Il supposait les cachettes les plus insolites : la gamelle où pourtant il venait de manger, le sac à brosses, la boîte à graisse. Il était ridicule. Il disait :

— Je ne suis pas fou, je ne l'aurais pas mis là ?

Incertain de n'être pas fou, il contrôlait, il ne trouvait rien. Espérant contre l'évidence, il se résignait et s'allongeait sur son lit pour aussitôt se relever et rechercher aux endroits déjà vus. Sa certitude d'homme solide sur ses cuisses, sûr de ses muscles, je la voyais s'émietter, se pulvériser, le poudrer d'une douceur qu'il n'avait jamais eue, effriter ses angles rigoureux. J'assistais à cette transformation silencieuse. Je feignais l'indifférence. Pourtant ce jeune soldat confiant en soi-même me parut si pitoyable dans son ignorance, sa peur, son émerveillement presque à propos d'une malignité qu'il ignorait — n'ayant pensé qu'elle oserait se manifester à lui pour la première fois en le prenant justement pour victime — sa honte aussi, faillirent m'attendrir jusqu'à me faire désirer lui rendre le billet de cent francs que j'avais caché, plié en seize, dans une crevasse du mur de la caserne, près du séchoir. Une tête de volé c'est hideux. Des têtes de volés qui l'encadrent donnent au voleur une arrogante solitude. J'osai dire d'un ton ssec :

— T'es pas marrant à voir. On dirait que t'as la colique. Va aux chiottes et tire la chaîne.

Cette réflexion me sauva de moi-même.

Je connus une curieuse douceur, une sorte de liberté m'allégeait, à mon corps couché sur le lit donnait une agilité extraordinaire. Était-ce cela la trahison? Je venais de me détacher violemment d'une immonde camaraderie à quoi me conduisait mon naturel affectueux, et j'avais l'étonnement d'en éprouver une grande force. Je venais de rompre avec l'Armée, de casser les liens de l'amitié.

La tapisserie intitulée « La Dame à la Licorne » m'a bouleversé pour des raisons que je n'entreprendrai pas ici d'énumérer. Mais, quand je passai, de Tchécoslovaquie en Pologne, la frontière, c'était un midi, l'été. La ligne idéale traversait un champ de seigle mûr, dont la blondeur était celle de la chevelure des jeunes Polonais; il avait la douceur un peu beurrée de la Pologne dont je savais qu'au cours de l'histoire elle fut toujours blessée et plainte. J'étais avec un autre garçon expulsé comme moi par la police tchèque, mais je le perdis de vue très vite, peut-être s'égara-t-il derrière un bosquet ou voulut-il m'abandonner : il disparut. Ce champ de seigle était bordé du côté polonais par un bois dont l'orée n'était que de bouleaux immobiles. Du côté tchèque d'un autre bois, mais de sapins. Longtemps je restai accroupi au bord, attentif à me demander ce que recélait ce champ, si je le traversais quels douaniers les seigles dissimulaient. Des lièvres invisibles devaient le parcourir. J'étais inquiet. A midi, sous un ciel pur, la nature entière me proposait une énigme, et me la proposait avec suavité.

— S'il se produit quelque chose, me disais-je, c'est l'apparition d'une licorne. Un tel instant et un tel endroit ne peuvent accoucher que d'une licorne.

La peur, et la sorte d'émotion que j'éprouve toujours quand je passe une frontière, suscitaient à midi, sous un soleil de plomb la première féerie. Je me hasardai dans cette mer dorée comme on entre dans l'eau. Debout je traversai les seigles. Je m'avançai lentement, sûrement, avec la certitude d'être le personnage héraldique pour qui s'est formé un blason naturel : azur, champ d'or, soleil, forêts. Cette imagerie où je tenais ma place se compliquait de l'imagerie polonaise.

— « Dans ce ciel de midi doit planer, invisible, l'aigle blanc! »

En arrivant aux bouleaux, j'étais en Pologne. Un enchantement d'un autre ordre m'allait être proposé. La « Dame à la Licorne » m'est l'expression hautaine de ce passage de la ligne à midi. Je venais de connaître, grâce à la peur, un trouble en face du mystère de la nature diurne, quand la campagne française où j'errai surtout la nuit était toute peuplée du fantôme de Vacher, le tueur de bergers. En la parcourant j'écoutais en moi-même les airs d'accordéon qu'il devait y jouer et mentalement j'invitais les enfants à venir s'offrir aux mains de l'égorgeur. Cependant, je viens d'en parler pour essayer de vous dire vers quelle époque la nature m'inquiéta, provoquant en moi la création spontanée d'une faune fabuleuse, ou de situations, d'accidents dont j'étais le prisonnier craint et charmé [1].

Le passage des frontières et cette émotion qu'il me cause devaient me permettre d'appréhender directement l'essence de la nation où j'entrais. Je pénétrais moins dans un pays qu'à l'intérieur d'une image. Naturellement je désirais la posséder mais encore en agissant sur elle. L'appareil militaire étant ce qui la signifie le mieux, c'est lui que je désirais altérer. Pour l'étranger il n'y a d'autres moyens que l'espionnage. Peut-être s'y mêlait-il le souci de polluer par la trahison une institution dont la qualité essentielle veut être la loyauté — ou loyalisme. Peut-être encore désirais-je m'éloigner davantage de mon propre pays. (Les explications que je donne se présentent spontanément à mon esprit, elles paraissent valables pour mon cas. On les acceptera pour le mien seul.) Quoi qu'il en soit, je veux dire que par une certaine disposition naturelle à la féerie (se trouvant encore exaltée par mon émotion en face de la nature, douée d'un pouvoir reconnu des hommes) j'étais prêt à agir non selon les règles de la morale mais selon certaines lois d'une esthétique romanesque qui font de l'espion un personnage inquiet, invisible mais puissant. Enfin, dans certains cas, une telle préoccupation donnait une

1. Le premier vers que je m'étonnai d'avoir formé c'est celui-ci : « moissonneur des souffles coupés ». Ce que j'écrivais plus haut me le rappelle.

justification pratique à mon entrée dans un pays où rien ne m'obligeait d'aller, sauf l'expulsion toutefois d'un pays voisin.

C'est à propos de mon sentiment en face de la nature que je parle d'espionnage, mais quand je fus abandonné de Stilitano, l'idée m'en vint comme un réconfort, et comme pour m'ancrer à votre sol où la solitude et la misère me faisaient non marcher mais voler. Car je suis si pauvre, et l'on m'accusait déjà de tant de vols qu'en sortant d'une chambre trop légèrement sur la pointe des pieds, en retenant mon souffle, je ne suis pas sûr, maintenant encore, avec moi de ne pas emporter les trous des rideaux ou des tentures. Je ne sais à quel point Stilitano était au courant des secrets militaires ni ce qu'il avait pu apprendre à la Légion, dans les bureaux d'un colonel. Mais il eut l'idée de se faire espion. Le parti que nous en saurions tirer ni même le danger de l'opération sur moi n'avaient de charmes. Seule l'idée de trahison possédait déjà ce pouvoir qui, de plus en plus, s'imposait à moi.

— A qui les vendre?

— L'Allemagne.

Mais, après quelques secondes de réflexion il se décida :

— L'Italie.

— Mais tu es Serbe. C'est vos ennemis.

— Et après?

Si nous l'eussions conduite jusqu'au bout, cette aventure m'eût fait sortir un peu de l'abjection où je me prenais. L'espionnage est un procédé dont les États ont tant de honte qu'ils l'ennoblissent pour ce qu'il est honteux. De cette noblesse nous eussions bénéficié.

Sauf qu'en notre cas il s'agissait de trahison. Plus tard, quand on m'arrêta en Italie et que les officiers m'interrogèrent sur la protection de nos frontières je sus découvrir une dialectique capable de justifier mes aveux. Dans le cas actuel j'eusse été épaulé par Stilitano. Je ne pouvais désirer qu'être, par ces révélations, le fauteur d'une catastrophe terrible. Stilitano pouvait trahir son pays et moi-même le mien par amour pour Stilitano. Quand je vous parlerai de Java, vous découvrirez les mêmes caractères, presque le même visage aussi qu'à Stilitano et, comme les deux côtés d'un triangle se rejoignent à la parallaxe qui est au ciel, Stilitano et Java vont à la rencontre d'une étoile à jamais éteinte : Marc Aubert [1].

Si, volée au carabinier, cette pèlerine de drap bleu déjà m'avait accordé comme le pressentiment d'une conclusion où la loi et le hors-la-loi se confondent, l'un se dissimulant sous l'autre mais éprouvant avec

[1]. Ce visage se confond aussi avec celui de Rasseneur, un casseur avec qui je travaillai vers 1936. Par l'hebdomadaire « Détective » je viens d'apprendre sa condamnation à la relégation quand cette même semaine une pétition d'écrivains demandait, pour la même peine, ma grâce au Président de la République. La photo de Rasseneur devant le tribunal était à la deuxième page. Le journaliste, ironique, affirme qu'il paraissait très content d'être relégué. Cela ne m'étonne pas. A la Santé, c'était un petit roitelet. Il sera caïd à Riom ou à Clairvaux. Rasseneur, je crois, est Nantais. Il dévalisait aussi les pédérastes — ou pédales—. J'ai su, par un copain, qu'une auto, conduite par une de ses victimes, le recherchai longtemps à travers Paris, afin de l'écraser « accidentellement ». Il y a de terribles vengeances de tantes.

un peu de nostalgie la vertu de son contraire — à Stilitano elle permettrait une aventure, moins spirituelle ou subtile, mais plus profondément dans la vie quotidienne poursuivie, mieux utilisée. Il ne s'agira pas encore de trahison. Stilitano était une puissance. Son égoïsme précisait ses frontières naturelles. (Stilitano m'était une puissance.)

Quand il entra, tard dans la nuit, il me dit que tout était arrangé. Il avait rencontré le carabinier.

— Il te laissera tranquille. C'est fini. Tu pourras sortir comme avant.

— Mais la pèlerine?

— Je la garde.

Pressentant que cette nuit venait d'avoir lieu une étrange confusion de bassesse et de séduction mêlées dont j'étais naturellement exclu, je n'osai en demander plus long.

— Allez!

D'un geste de sa main vivante il me fit signe qu'il voulait se déshabiller. Comme les autres soirs je m'agenouillai pour décrocher la grappe de raisin.

A l'intérieur de son pantalon il avait épinglé une de ces grappes postiches dont les grains, de mince cellulose, sont bourrés de ouate. (Ils ont la grosseur d'une reine-claude et les femmes élégantes à cette époque et dans ce pays les portaient à leurs capelines de paille dont le bord ployait.) Chaque fois, à la Criolla, troublé par la boursouflure, qu'un pédé lui mettait la main à la braguette, ses doigts horrifiés rencontraient cet objet qu'ils redoutaient être une grappe de son véritable trésor, la branche où, comiquement, s'accrochaient trop de fruits.

La Criolla n'était pas qu'une boîte de tantes. Vêtus de robes y dansaient quelques garçons, mais des femmes aussi. Les putains amenaient leurs macs et leurs clients. Stilitano eût gagné beaucoup d'argent s'il n'eût craché sur les pédés. Il les méprisait. Avec la grappe de raisin il s'amusait de leur dépit. Le jeu dura quelques jours. Je décrochai donc cette grappe retenue par une épingle de nourrice à son pantalon bleu, mais, au lieu de la poser sur la cheminée comme d'habitude, et en riant (car nous éclations de rire et plaisantions durant l'opération), je ne pus me retenir de la garder dans mes mains jointes et d'y poser ma joue. Le visage de Stilitano, au-dessus de moi, devint hideux.

— Lâche ça! Salope.

Pour ouvrir la braguette je m'étais accroupi mais la fureur de Stilitano, si ma ferveur habituelle n'eût suffi, me fit tomber à genoux. C'est la position qu'en face de lui, malgré moi, mentalement je prenais. Je ne bougeai plus. Stilitano avec ses deux pieds et son unique poing me frappa. J'eusse pu m'échapper, je restai là.

— La clé est sur la porte, pensais-je. Entre l'équerre des jambes qui me cognaient avec rage je la voyais prise dans la serrure, et je l'eusse voulu tourner d'un double tour afin d'être enfermé par moi-même avec mon bourreau. Je ne cherchai pas à m'expliquer sa colère si hors de proportion avec sa cause car mon esprit se préoccupait peu des mobiles psychologiques. Quant à Stilitano, de ce jour il n'accrocha plus la grappe de raisin. Vers le matin, entré dans la chambre avant lui je l'attendais. Dans le silence j'entendais le bruissement mystérieux de la feuille de journal jauni qui remplaçait la vitre absente.

— C'est subtil, me disais-je.

Je découvrais beaucoup de mots nouveaux. Dans le silence de la chambre et de mon cœur, dans l'attente de Stilitano ce léger bruit m'inquiétait car avant que j'en eusse compris le sens se passait un bref temps d'angoisse. Qui — ou quoi — se signale dans la chambre d'un pauvre d'une si fugitive façon?

— C'est un journal imprimé en espagnol, me disais-je encore. Il est normal que je ne comprenne pas le bruit qu'il fait. Me sentais-je alors bien en exil, et ma nervosité m'allait rendre perméable à ce que — à défaut d'autres mots — je nommerai la poésie.

Sur la cheminée, la grappe de raisin m'écœurait. Stilitano une nuit se leva pour la jeter aux chiottes. Durant le temps qu'il l'avait portée cette grappe n'avait pas nui à sa beauté. Au contraire, le soir, en les encombrant un peu, elle avait donné à ses jambes une légère incurvation, à son pas une douce gêne un peu arrondie et quand il marchait près de moi, devant ou derrière, je connaissais un trouble délicieux puisque mes mains l'avaient préparée. C'est par l'insidieux pouvoir de cette grappe, crois-je encore, que je m'attachais à Stilitano. Je ne m'en déferai qu'un jour quand, dans un musette, en dansant avec un matelot, par hasard je glissai sous son col ma main. Le geste en apparence le plus innocent devait révéler une vertu fatale. Posée à plat, ma main sur le dos du jeune homme se savait doucement, pieusement cachée par le signe, sur eux, de la candeur des marins. Elle se sentait battre et ma main ne pouvait s'empêcher de croire que Java battait de l'aile. Il est encore trop tôt pour parler de lui.

Très prudent, je ne commenterai pas ce port mystérieux de la grappe, pourtant il me plaît de voir en Stilitano un pédé qui se hait.

— Il veut dérouter et blesser, écœurer ceux mêmes qui le désirent, me dis-je si je pense à lui. En y rêvant avec plus de rigueur cette idée me trouble davantage — et d'elle je puis tirer le plus grand parti — que Stilitano avait acheté une plaie postiche pour cet endroit le plus noble — je sais qu'il l'avait magnifique — afin de sauver du mépris sa main coupée. Ainsi, par un subterfuge très grossier me voici reparler des mendiants et de leurs maux. Derrière un mal physique réel ou feint qui signale et le fait oublier, plus secret un mal de l'âme se dissimule. J'énumère les plaies secrètes :

les dents gâtées,

l'haleine fétide,

la main coupée,

l'odeur des pieds, etc.

pour les cacher et pour stimuler notre orgueil nous avions :

la main coupée,

l'œil crevé,

le pilon, etc.

On est déchu durant qu'on porte les marques de la déchéance, et veillant en nous-même la connaissance de l'imposture sert peu. Seul étant utilisé l'orgueil voulu par la misère, nous provoquions la pitié en cultivant les plaies les plus écœurantes. Nous devenions un reproche à votre bonheur.

Cependant Stilitano et moi nous vivions misé-rablement. Quand, grâce à quelques pédés, je rappor-tais un peu d'argent, il manifestait tant d'orgueil que je me demande parfois si dans ma mémoire il n'est pas grand à cause des vantardises dont j'étais le prétexte et le principal confident. La qualité de mon amour exigeait de lui qu'il prouvât sa virilité. S'il était le fauve admirable que la férocité enténèbre et fait étinceler, qu'il se livre à des jeux dignes d'elle. Je l'incitai au vol.

Avec lui nous décidâmes de cambrioler une bou-tique. Pour sectionner le fil téléphonique qui très imprudemment passait près de la porte il fallait une pince. Nous entrâmes dans un des nombreux bazars de Barcelone où l'on tient rayons de quincail-lerie.

— Tu tâcheras moyen de ne pas bouger si tu me vois piquer un truc.

— Qu'est-ce que je ferai?

— Rien. Tu mires.

Stilitano avait aux pieds des espadrilles blanches. Il était vêtu de son pantalon bleu et d'une chemise kaki. Je ne remarquai rien d'abord mais quand nous ressortîmes j'eus la stupeur de voir, à la patte d'étoffe servant à boutonner la poche de sa chemise, une sorte de petit lézard inquiet et tranquille à la fois, suspendu par les dents. C'était la pince d'acier dont nous avions besoin et que Stilitano venait de voler.

— Qu'il charme les singes, les hommes et les femmes, me disais-je, c'est encore possible, mais quelle peut être la nature de ce magnétisme, issu de ses muscles dorés et de ses boucles, de cet ambre blond, qui peut captiver les objets? Pourtant, je n'en doutais pas, les objets lui étaient soumis. Cela revient à dire qu'il les comprenait. Il connaissait si bien la nature de l'acier, et la nature de ce particulier fragment d'acier bruni qu'on nomme une pince qu'elle restait, jusqu'à la fatigue, docile, amoureuse, accrochée à sa chemise où il avait su avec précision l'accrocher, mordant, afin de ne pas tomber, désespérément l'étoffe de ses maigres mâchoires. Il arrivait pourtant que le blessassent ces objets qu'un geste maladroit irrite. Stilitano se coupait, il avait le bout des doigts finement taillardé, son ongle était écrasé et noir, mais cela ajoutait à sa beauté. (Les pourpres du couchant, disent les physiciens, sont le fait d'une plus grande épaisseur d'air que seules traversent les ondes courtes. Quand rien ne se passe au ciel vers midi, une telle apparence nous troublerait moins, la merveille c'est qu'elle se produise le soir, au moment du jour le plus pathétique, quand le soleil *se couche*, quand il disparaît afin de poursuivre un mystérieux destin, quand il meurt peut-être. Pour donner au ciel tant de fastes, un certain phénomène de physique n'est possible qu'à l'instant le plus exaltant pour l'imagination : le coucher du plus brillant des astres.) Les choses dont l'usage est quotidien embelliront Stilitano. Ses lâchetés mêmes fondent ma rigueur. J'aimais son goût de la paresse. Il fuyait, comme on le dit d'un récipient. Quand nous eûmes la pince il esquissa une retraite.

— Y se peut qu'il y ait un chien.

Nous songeâmes à le supprimer avec un bifteck empoisonné.

— Les chiens de riches, ça ne bouffe pas n'importe quoi.

Soudain Stilitano se souvint du truc légendaire des romanichels : le voleur, dit-on, porte un pantalon enduit de graisse de lion. Stilitano savait qu'on ne peut s'en procurer mais cette idée l'excitait. Il s'arrêta de parler. Sans doute se voyait-il, la nuit, sous un bosquet guettant une proie, vêtu d'un pantalon rendu rigide par la graisse. Il était fort de la force du lion, sauvage d'être ainsi préparé pour la guerre, le bûcher, la broche et la tombe. Dans son armure de graisse et d'imagination il était admirable. Je ne sais si lui-même ne connaissait la beauté de se parer de la force et de l'audace d'un romano, ni s'il jouissait à l'idée de pénétrer ainsi les secrets de la tribu.

— Ça te plairait d'être gitan? lui demandai-je un jour.

— A moi?

— Oui.

— Ça me déplairait pas, seulement il faudrait pas que je reste dans une roulotte.

Il rêvait donc quelquefois. Je crus avoir découvert la faille par où passerait un peu de ma tendresse sous sa carapace pétrifiée. Il était trop peu passionné des aventures nocturnes pour que je connusse avec lui de véritable ivresse en épiant auprès de lui les murs, les ruelles, les jardins, en escaladant des clôtures, en volant. Je n'en garde aucun souvenir grave. J'aurai la révélation profonde du cambriolage, en France, avec Guy.

(Quand nous fûmes enfermés dans le petit débarras en attendant la nuit et le moment d'entrer dans les bureaux

abandonnés du Crédit Municipal de B., Guy m'apparut soudain fermé, secret. Il n'était plus le gars quelconque que l'on peut frôler, coudoyer n'importe où, c'était une sorte d'ange exterminateur. Il tentait de sourire, il éclatait même d'un rire silencieux, mais ses sourcils se rejoignaient. De l'intérieur de cette petite tapette où une frappe était bouclée, un gars décidé surgissait, terrible, prêt à tout, et d'abord au meurtre si l'on osait gêner son exploit. Il riait et dans ses yeux je croyais lire une volonté de meurtre qui s'exercerait contre moi. Plus il me regardait, davantage j'avais le sentiment qu'il lisait en moi la même volonté décidée à s'exercer contre lui. Alors il se bandait. Ses yeux étaient plus durs, ses tempes métalliques, plus noueux les muscles du visage. En réponse je me durcissais d'autant. Je mettais au point un arsenal. Je le guettais. Si quelqu'un fût entré à ce moment, incertains l'un de l'autre nous nous fussions, me semblait-il, entretués de peur que l'un de nous ne s'opposât à la décision terrible de l'autre.)

Avec Stilitano, l'accompagnant toujours, je fis d'autres coups. Nous connûmes un veilleur de nuit qui nous renseigna. Grâce à lui nous ne vécûmes longtemps que de cambriolages. L'audace de cette vie de voleur — et sa lumière — n'eussent rien signifié si Stilitano à mes côtés n'en eût été la preuve. Ma vie devenait magnifique selon les hommes puisque je possédais un ami dont la beauté relève de l'idée de luxe. J'étais le valet qui doit entretenir, l'épousseter, le polir, le cirer, un objet de grand prix, mais qui par le miracle de l'amitié m'appartenait.

— Quand je passe dans la rue la plus riche senorita, et la plus belle, me jalouse peut-être? pensais-je. Quel prince malicieux, se dit-elle, quelle infante en loques peuvent marcher à pied, et qui possèdent un si bel amant?

De cette période je parle avec émotion et je la magnifie, mais si des mots prestigieux, chargés, veux-je dire, à mon esprit de prestige plus que de sens, se proposent à moi, cela signifie peut-être que la misère qu'ils expriment et qui fut la mienne est elle aussi source de merveille. Je veux réhabiliter cette époque en l'écrivant avec les noms des choses les plus nobles. Ma victoire est verbale et je la dois à la somptuosité des termes mais qu'elle soit bénie cette misère qui me conseille de tels choix. Près de Stilitano à l'époque où je la devais vivre je cessai de désirer l'abjection morale et je haïs ce qui en doit être le signe : mes poux, mes haillons et ma crasse. Peut-être à Stilitano son seul pouvoir suffisait-il, pour qu'il s'imposât sans qu'un acte audacieux fût nécessaire, toutefois j'eusse avec lui voulu vivre plus brillamment, encore qu'il me fût doux de traverser dans son ombre (obscure comme devait l'être celle d'un nègre son ombre était mon sérail) les regards d'admiration des filles et de leurs hommes, quand je nous savais l'un et l'autre deux pauvres voleurs. Je l'incitais à de toujours plus périlleuses aventures.

— Il nous faut un revolver, lui dis-je.
— Tu sauras t'en servir?
— Avec toi j'oserais descendre un type.

Puisque j'étais son bras droit c'est moi qui eusse exécuté. Mais plus j'obéissais à des ordres graves et plus grande était mon intimité avec ce qui les émettait. Lui cependant souriait. Dans une bande (association de malfaiteurs) ce sont les jeunes garçons et les invertis qui montrent de l'audace. Ils sont les incitateurs aux coups dangereux. Ils jouent le rôle de l'aiguillon fécondant. La puissance des mâles, l'âge, l'autorité, l'amitié et la présence des anciens les fortifient, les rassurent. Les mâles ne relèvent que d'eux seuls. Ils sont leur propre ciel et connaissant leur faiblesse, ils hésitent. Appliqué à mon cas particulier il me semblait que les hommes, les durs fussent d'une espèce de brouillard féminin dans quoi j'aimerais encore me perdre afin de me sentir davantage un bloc solide.

Une certaine distinction de manières, mon pas plus assuré, me prouvaient ma réussite, mon ascension dans le domaine séculier. A côté de Stilitano je marchais dans le sillage d'un duc. J'étais son chien fidèle mais jaloux. Ma mine s'affirmait, fière. Sur les Ramblas, un soir nous croisâmes une femme et son fils. Le garçon était joli, il avait peut-être quinze ans. Mon œil s'attarda dans ses cheveux blonds. Nous le dépassâmes et je me retournai. Le gosse ne broncha pas. Pour savoir qui je regardais, Stilitano à son tour se retourna. C'est à ce moment que la mère, quand l'œil de Stilitano et le mien épiaient son fils, le serra contre elle ou se serra contre lui, comme afin de le protéger du péril de nos deux regards qu'elle ignorait cependant. Je fus jaloux de Stilitano dont un seul mouvement de la tête venait, me semblait-il, d'être perçu comme un danger par le dos de cette mère.

Un jour que je l'attendais dans un bar du Parallelo (ce bar était alors le lieu de rendez-vous de tous les repris de justice français : barbeaux, voleurs, escrocs, évadés du bagne ou des prisons de France. L'argot, un peu chanté sur l'accent de Marseille et en retard de quelques années sur l'argot de Montmartre, en était la langue officielle. On y jouait non la ronda mais la passe anglaise et le poker) Stilitano s'apporta. Avec leur habituelle politesse, un peu cérémonieuse, les macs parisiens le reçurent. Sévère, mais l'œil souriant, il posa gravement son grave derrière sur la chaise de paille dont le bois gémit avec l'impudeur d'un sommier. Ce râle du siège exprimait parfaitement mon respect pour le postérieur solennel de Stilitano dont le charme n'était pas tout ni toujours contenu là, mais là, dans cet endroit — sur lui plutôt, se donnait rendez-vous, s'accumulait, déléguait ses vagues les plus caressantes — et des masses de plomb ! — pour donner à la croupe une ondulation et un poids retentissants.

Je refuse d'être prisonnier d'un automatisme verbal mais il faut que j'aie recours encore cette fois à une image religieuse : ce postérieur était un Reposoir. Stilitano s'assit. Toujours avec son élégante lassitude — « Je les ai palmés », disait-il à tout propos — il distribua les cartes pour la partie de poker, d'où j'étais exclu. Aucun de ces messieurs n'eût exigé que je m'écartasse du jeu mais de moi-même, par courtoisie, je vins me placer derrière Stilitano. En me penchant pour m'asseoir, sur le col de son veston, je vis un pou. Stilitano était beau, fort, et admis dans une réunion de mâles pareils, dont l'autorité résidait également dans les muscles et dans la connaissance qu'ils avaient de leur revolver. Sur le col de Stilitano, encore invisible des autres hommes, le pou n'était pas une petite tache égarée, il se mouvait, il se déplaçait avec une vélocité inquiétante, comme s'il eût parcouru, mesuré son domaine — son espace plutôt. Mais il n'était pas seulement chez lui, sur ce col il était le signe que Stilitano appartenait à un monde décidément pouilleux malgré l'eau de Cologne et la chemise de soie. Je l'examinai avec plus d'attention : les cheveux, près du cou, étaient trop longs, sales et irrégulièrement coupés.

— Si le pou continue il va dégringoler sur sa manche ou dans son verre. Les macs le verront...

Comme par tendresse, je m'appuyai à l'épaule de Stilitano et peu à peu j'amenai ma main jusqu'à son col, mais je ne pus achever mon geste, d'un haussement, Stilitano se dégagea et l'insecte poursuivit son arpentage. C'est un mac de Pigalle, lié disait-on à une bande internationale de passeurs de femmes qui fit cette remarque :

— Y en a un beau qui t'escalade.

Tous les yeux se tournèrent — sans toutefois perdre de vue le jeu — vers le col de Stilitano qui, tordant son cou, parvint à voir la bête.

— C'est toi qui les ramasses, me dit-il en l'écrasant.

— Pourquoi moi?

— Je te dis que c'est toi.

Le ton de sa voix était d'une arrogance sans réplique mais ses yeux souriaient. Les hommes continuèrent la partie de cartes.

C'est ce même jour que Stilitano m'apprit que Pépé venait d'être arrêté. Il était à la prison de Montjuich.

— Comment tu l'as su?
— Un journal.
— Qu'est-ce qu'il risque?
— Perpétuité.
Nous ne fîmes aucun autre commentaire.

Ce journal que j'écris n'est pas qu'un délassement littéraire. A mesure que j'y progresse, ordonnant ce que ma vie passée me propose, à mesure que je m'obstine dans la rigueur de la composition — des chapitres, des phrases, du livre lui-même — je me sens m'affermir dans la volonté d'utiliser, à des fins de vertus, mes misères d'autrefois. J'en éprouve le pouvoir.

Dans les pissotières, où n'entrait jamais Stilitano, le manège des pédés me renseignait : ils accomplissaient leur danse, le remarquable mouvement d'un serpent qui ondule, se balance à droite et à gauche, un peu en arrière. J'emmenais le plus cossu d'apparence.

Les Ramblas, à mon époque, étaient parcourues par deux jeunes mariconas qui portaient sur l'épaule un petit singe apprivoisé. C'était un facile prétexte pour aborder les clients : le singe sautait sur l'homme qu'on lui montrait. L'une de ces mariconas s'appelait Pedro. Il était pâle et mince. Sa taille était très souple, sa démarche rapide. Ses yeux surtout étaient admirables, ses cils immenses et recourbés.

Lui ayant, par jeu, demandé quel était le singe, lui ou l'animal qu'il portait à l'épaule, nous nous querellâmes. Je lui donnai un coup de poing : ses cils restèrent collés à mes phalanges, ils étaient faux. Je venais d'apprendre l'existence des truquages.

Stilitano se faisait remettre par les filles un peu d'argent. Le plus souvent il le leur volait, soit quand elles payaient, en prenant la monnaie, soit la nuit dans leur sac, quand elles étaient sur le bidet. Il traversait le Barrio Chino et le Parallelo en chahutant toutes les femmes, tantôt les agaçant, tantôt les caressant, toujours ironique. Quand il rentrait dans la chambre, vers le matin, il ramenait avec lui une liasse de ces magazines pour les enfants, couverts d'images bariolées. Quelquefois il faisait un long détour pour en acheter dans un kiosque ouvert tard dans la nuit. Il lisait les histoires qui, à l'époque, correspondent de nos jours aux aventures de Tarzan. Le héros en est amoureusement dessiné. Tous ses soins l'artiste les accorda à l'imposante musculature de ce chevalier, presque toujours nu ou vêtu d'obscène façon. Puis Stilitano s'endormait. Il s'arrangeait pour que son corps ne touchât pas le mien. Le lit était très étroit. En éteignant, il disait :

— Salut, gosse.

Et au réveil :

— Salut, gosse [1].

Notre chambre était toute petite. Elle était sale. La cuvette était crasseuse. Personne n'eût songé,

<hr />

1. Alors que je laissais traîner, où qu'ils se trouvent, mes effets, Stilitano, la nuit, déposait les siens sur une chaise, arrangeant bien le pantalon, la veste, la chemise, afin que rien ne soit froissé. Il paraissait ainsi accorder une vie à ses vêtements, et vouloir qu'ils se reposassent la nuit d'une journée de fatigue.

dans le Barrio Chino, à nettoyer sa chambre, ses objets ou son linge — sauf la chemise et, le plus souvent, le col seul de celle-ci. Pour régler le prix de cette chambre une fois par semaine Stilitano baisait la patronne qui, les autres jours, l'appelait Señor.

Un soir il dut se battre. Nous passions, calle Carmen, et la nuit tombait presque. Les Espagnols ont quelquefois dans le corps une sorte de flexibilité ondoyante. Certaines de leurs poses sont alors équivoques. En pleine lumière Stilitano ne se fût pas trompé. Dans ce début d'obscurité il frôla trois hommes qui parlaient doucement mais dont la gesticulation était à la fois vive et langoureuse. En passant près d'eux Stilitano les interpella, de sa voix la plus insolente et de quelques mots grossiers. Il s'agissait de trois maquereaux, vigoureux et rapides, qui répondirent aux insultes. Interloqué, Stilitano s'arrêta. Les trois hommes s'approchèrent.

— Tu nous prends pour des mariconas, que tu nous parles comme ça?

Encore qu'il eût reconnu sa bévue, devant moi Stilitano voulut crâner.

— Et alors?

— Maricona toi-même.

Des femmes s'approchèrent, et des hommes. Un cercle nous entoura. La bagarre parut inévitable. L'un des jeunes gens carrément provoqua Stilitano.

— Si tu n'es pas une lope, viens cogner.

Avant que d'en venir aux mains ou aux armes les voyous palabrent longtemps. Ce n'est pas à un apaisement du conflit qu'ils s'essaient, ils s'excitent pour

le combat. D'autres Espagnols, leurs amis, encoura-
geaient les trois macs. Stilitano se sentit en danger.
Ma présence ne le gêna plus. Il dit :

— Alors quoi, les gars, vous n'allez pas vous
bagarrer contre un estropié.

Il tendit vers eux son moignon. Or il le fit avec
tant de simplicité, de sobriété que ce cabotinage
immonde au lieu de montrer à mes yeux Stilitano
écœurant l'ennoblit. Il se retira non sous des huées
mais sous un murmure exprimant le malaise
d'hommes loyaux découvrant la misère auprès d'eux.
Stilitano recula lentement, protégé de son moignon
tendu, posé simplement devant lui. L'absence de la
main était aussi réelle et efficace qu'un attribut royal,
que la main de justice.

Celles, que l'une d'entre elles appelle les Carolines,
sur l'emplacement d'une vespasienne détruite se
rendirent processionnellement. Les révoltés, lors des
émeutes de 1933, arrachèrent l'une des tasses les
plus sales, mais des plus chères. Elle était près du port
et de la caserne, et c'est l'urine chaude de milliers
de soldats qui en avait corrodé la tôle. Quand sa
mort définitive fut constatée, en châles, en mantilles,
en robes de soie, en vestons cintrés, les Carolines —
non toutes mais choisies en délégation solennelle —
vinrent sur son emplacement déposer une gerbe de
roses rouges nouée d'un voile de crêpe. Le cortège
partit du Parallelo, traversa la calle Sao Paulo,
descendit les Ramblas de Los Florès jusqu'à la statue
de Colomb. Les tapettes étaient peut-être une trentaine, à huit heures du matin, au soleil levant. Je les

vis passer. Je les accompagnai de loin. Je savais que ma place était au milieu d'elles, non à cause que j'étais l'une d'elles, mais leurs voix aigres, leurs cris, leurs gestes outrés n'avaient, me semblait-il, d'autre but que vouloir percer la couche de mépris du monde. Les Carolines étaient grandes. Elles étaient les Filles de la Honte.

Arrivées au port elles tournèrent à droite, vers la caserne, et sur la tôle rouillée et puante de la pissotière abattue sur le tas de ferrailles mortes elles déposèrent les fleurs.

Je n'étais pas du cortège. J'appartenais à la foule ironique et indulgente qui s'en amuse. Pedro avouait avec désinvolture ses faux cils, les Carolines leurs folles équipées.

Cependant Stilitano, de se refuser à mon plaisir devenait le symbole de la chasteté, de la froideur même. S'il baisait souvent des filles je l'ignorais. Dans notre lit et pour s'y coucher il avait la pudeur de disposer entre ses jambes si adroitement le pan de sa chemise que je ne voyais rien de son sexe. Même l'érotisme de sa démarche, la pureté de ses traits le corrigeait. Il devint la représentation d'un glacier. C'est au plus bestial des Noirs, à la face la plus camuse et la plus puissante, que j'eusse voulu m'offrir, afin qu'en moi, n'ayant de place que pour la sexualité, mon amour pour Stilitano se fût encore stylisé. Je pouvais donc oser devant lui les plus ridicules postures et les plus humiliantes.

Avec lui nous venions souvent à la Criolla. Jusqu'ici il n'avait jamais eu l'idée de m'exploiter. Quand je lui rapportai les pesetas que j'avais gagnées avec

quelques hommes des pissotières, Stilitano décida
que je travaillerais à la Criolla.

— Tu voudrais que je m'habille en femme?
murmurai-je.

Soutenu par son épaule puissante, de la calle
Carmen à la calle Médiodia eussé-je osé faire la
retape, vêtu d'un jupon pailleté? Sauf les matelots
étrangers personne ne s'en fût étonné, mais ni Stilitano ni moi n'aurions su choisir la robe ou la coiffure
car il faut du goût. C'est peut-être cela qui nous
retint. J'avais encore en mémoire les soupirs de
Pedro, avec qui je me liai, quand il allait s'habiller.

— Quand je vois les oripeaux accrochés j'ai un
cafard! J'ai l'impression d'entrer dans une sacristie
et de me préparer à dire un enterrement. Ça sent la
prêtraille. L'encens. L'urine. Ça pend! Je me demande
comment j'arrive à entrer dans ces espèces de boyaux!

— Il m'en faudra des comme ça? Peut-être même
devrai-je les coudre et les tailler avec l'aide de mon
homme. Et porter un « nœud » ou plusieurs dans les
cheveux.

Avec horreur je me voyais attifé d'énormes choux
non de rubans mais de baudruches obscènes.

— Ce sera un nœud fripé, me disait encore une
moqueuse voix intérieure. Le nœud fripé d'un vieillard. Un nœud fripé, ou fripon! Et dans quels cheveux? Ceux d'une perruque artificielle ou dans les
miens sales et bouclés?

Je savais quant à ma toilette que je la porterais très
sobre, avec modestie, alors que le seul moyen de m'en
tirer eût été l'extravagance la plus folle. Toutefois je
caressai le rêve d'y coudre une rose d'étoffe. Elle

bossellerait la robe et serait la pendant féminin de la grappe de Stilitano.

(*Longtemps après que je l'eusse retrouvé à Anvers, à Stilitano je parlai de la grappe postiche cachée dans son froc. Il me raconta alors qu'une putain espagnole, sous sa robe portait une rose d'étamine, épinglée à la hauteur équivalente.*

— *Pour remplacer sa fleur perdue, me dit-il.*)

Dans la chambre de Pedro je regardais les jupes avec mélancolie. Il me donna quelques adresses de dames, sortes de marchandes à la toilette, où je trouverais des robes à ma taille.

— Tu auras une toilette, Juan.

J'étais écœuré par ce mot de boucher (je pensais que la toilette est encore le tissu graisseux qui enveloppe les tripes dans le ventre des animaux.) C'est alors que Stilitano, blessé peut-être par l'idée de son ami en travesti, refusa.

— C'est pas utile, dit-il, tu t'arrangeras bien pour lever des types.

Hélas, le patron de la Criolla exigeait que je parusse en demoiselle.

En demoiselle!

> Moi-même demoiselle
> Je me pose à ma hanche...

Je compris alors comme il est difficile d'accéder à la lumière en crevant l'abcès de honte. Travesti je pus une fois paraître avec Pedro, m'exhiber avec lui. Je vins un soir et nous fûmes invités par un groupe d'officiers français. A leur table était une dame d'une cinquantaine d'années. Elle me sourit gentiment, avec indulgence, et n'y tenant plus elle me demanda :

— Vous aimez les hommes?

— Oui, madame.

— Et ... à quel moment ça a commencé?

Je ne giflai personne mais ma voix fut si bouleversée que par elle je compris ma colère et ma honte. Afin de m'en tirer, je dévalisai cette nuit même l'un des officiers.

— Au moins, me dis-je, si ma honte est vraie, dissimule-t-elle un élément plus aigu, plus dangereux, une sorte de dard qui menacera toujours ceux qui la provoquent. Peut-être ne fut-elle pas tendue sur moi comme un piège, ne fut-elle pas voulue, mais étant ce qu'elle est je veux qu'elle me cache et que sous elle j'épie.

A l'époque du Carnaval, il était facile de se travestir et je volai dans une chambre d'hôtel un jupon andalou avec un corsage. Dissimulé par la mantille et l'éventail un soir je traversai vite la ville afin de me rendre à la Criolla. Afin que soit moins brutale la rupture avec votre monde, sous la jupe je conservai mon pantalon. A peine étais-je au comptoir, la traîne de ma robe se déchira. Furieux je me retournai.

— Pardon. Excuses.

Le pied d'un jeune homme blond s'était pris dans les dentelles. J'eus à peine la force de murmurer : « Faites attention. » Le visage du maladroit qui à la fois s'excusait et souriait était si pâle que je rougis. A côté de moi quelqu'un me dit doucement :

— Excusez-le, señora, il boite.

« On ne boite pas dans mes robes! » hurla en moi la

tragédienne enfermée. Mais on riait autour de nous. « On ne boite pas dans mes toilettes », me hurlai-je. S'élaborant en moi, dans l'estomac, me sembla-t-il, ou dans les intestins, qu'enveloppe « la toilette », cette phrase se devait traduire par un regard terrible. Furieux et humilié je sortis sous les rires des hommes et des Carolines. J'allai jusqu'à la mer et j'y noyai la jupe, le corsage, la mantille et l'éventail. La ville entière était joyeuse, ivre de ce Carnaval coupé de la terre, seul au milieu de l'Océan [1]. J'étais pauvre et triste.

(« Il faut du goût... » Déjà je refusais d'en avoir. Je me l'interdisais. Naturellement j'en eusse montré beaucoup. Je savais qu'en moi sa culture m'eût — non affiné — amolli. Stilitano lui-même s'étonnait que je fusse aussi fruste. Mes doigts je les voulais gourds : *je m'empêchai d'apprendre à coudre*.)

Stilitano et moi nous partîmes pour Cadix. D'un train de marchandises en un autre nous arrivâmes près de San-Fernando et nous décidâmes de continuer notre route à pied. Stilitano disparut. Il s'arrangea pour me donner rendez-vous à la gare. Il n'était pas là. J'attendis longtemps, je revins deux jours de suite, certain néanmoins qu'il m'avait abandonné. J'étais seul et sans argent. Quand je l'eus compris je sentis à nouveau la présence des poux, leur désolante et douce

1. En relisant ce texte, je m'aperçois avoir placé à Barcelone une scène de ma vie qui se situe à Cadix. C'est la phrase « seul au milieu de l'Océan », qui me le rappelle. En l'écrivant je commis donc l'erreur de la placer à Barcelone, mais dans sa description devait se glisser un détail qui me permet de la replacer dans son lieu véritable.

compagnie dans les ourlets de ma chemise et de mon pantalon : Stilitano et moi n'avions cessé d'être ces religieuses de la Haute-Thébaïde qui ne se lavaient jamais les pieds et dont la chemise pourrissait.

San-Fernando est au bord de la mer. Je décidai de gagner Cadix, construit au milieu de l'eau, mais relié au continent par une jetée très longue. Quand je m'y engageai c'était le soir. J'avais, devant moi, les hautes pyramides de sel des marais salants de San-Fernando, et plus loin, dans la mer, silhouettée par le soleil couchant, une ville de coupoles et de minarets : à l'extrême terre occidentale j'avais soudain la synthèse de l'Orient. Pour la première fois de ma vie je négligeais un être pour les choses. J'oubliai Stilitano.

Afin de vivre j'allais de bonne heure le matin sur le port, à la pescatoria, où les pêcheurs jettent toujours de la barque quelques poissons qu'ils ont pêchés la nuit. Tous les mendiants connaissent cet usage. Au lieu d'aller, comme à Malaga, les faire cuire sur le feu des autres loqueteux, je m'en retournais seul, au milieu des rochers qui regardent Porto-Réale. Le soleil se levait quand mes poissons étaient cuits. Presque toujours sans pain ni sel, je les mangeais. Debout, ou couché dans les rochers, ou assis sur eux, à l'est extrême de l'île, face à la terre, j'étais le premier homme qu'éclairait et que réchauffait le premier rayon. Il était lui-même la première manifestation de vie. C'est dans les ténèbres, sur les quais d'accostage, que j'avais ramassé les poissons. C'est encore dans les ténèbres que j'avais regagné mes rochers. L'arrivée du soleil me terrassait. Je lui rendais un culte. Une sorte d'intimité malicieuse s'établissait entre lui et moi. Je l'honorais certes sans rituel compliqué, je n'eusse pas eu l'idée de singer les primitifs mais je sais que cet astre devint mon dieu. C'est dans mon corps qu'il se levait, qu'il continuait sa courbe et l'achevait. Si je le voyais au ciel des astronomes c'est qu'il y était la projection hardie de celui que je conservais en moi. Peut-être même le confondais-je obscurément avec Stilitano disparu.

Je vous indique, de la sorte, ce que pouvait être ma forme de sensibilité. La nature m'inquiétait. Mon amour pour Stilitano, le fracas de son irruption dans ma misère, je ne sais quoi, me livrèrent aux éléments. Mais ceux-ci sont méchants. Afin de les apprivoiser je les voulus contenir. Je refusai de leur dénier toute cruauté, au contraire, je les félicitai d'en posséder tant, je les flattai.

Une telle opération ne se pouvant réussir par la dialectique, j'eus recours à la magie, c'est-à-dire à une sorte de *prédisposition* voulue, une intuitive complicité avec la nature. Le langage ne m'eût été d'aucun secours. C'est alors que me devinrent maternelles les choses et les circonstances où cependant, aiguillon d'une abeille, veillait la pointe de l'orgueil. (Maternelles : c'est-à-dire dont l'élément essentiel est la féminité. En écrivant cela je ne veux faire aucune allusion à quelque référence mazdéenne : j'indique seulement que ma sensibilité exigeait de voir autour de soi une disposition féminine. Elle le pouvait puisqu'elle avait su s'emparer des qualités viriles : dureté, cruauté, indifférence.)

Avec des mots si j'essaie de recomposer mon attitude d'alors, le lecteur ne sera pas dupe plus que moi.

Nous savons que notre langage est incapable de rappeler même le reflet de ces états défunts, étrangers. Il en serait de même pour tout ce journal s'il devait être la notation de qui je fus. Je préciserai donc qu'il doit renseigner sur qui je suis, aujourd'hui que je l'écris. Il n'est pas une recherche du temps passé, mais une œuvre d'art dont la matière-prétexte est ma vie d'autrefois. Il sera un présent fixé à l'aide du passé, non l'inverse. Qu'on sache donc que les faits furent ce que je les dis, mais l'interprétation que j'en tire c'est ce que je suis — devenu.

La nuit j'allais par la ville. Je dormais contre un mur, à l'abri du vent. Je songeais à Tanger dont la proximité me fascinait et le prestige de cette ville, plutôt repaire de traîtres. Afin d'échapper à ma misère, j'inventais les plus audacieuses trahisons que j'eusse accomplies avec calme. Aujourd'hui je sais qu'à la France m'attache seul mon amour de la langue française, mais alors!

Ce goût de la trahison devra se mieux formuler quand je serai interrogé lors de l'arrestation de Stilitano.

— Pour de l'argent, me demandais-je, et sous la menace des coups, devrais-je dénoncer Stilitano? Je l'aime encore et je réponds non, mais devrais-je dénoncer Pépé qui assassina le joueur de ronda sur le Parallelo?

J'eusse accepté peut-être, mais au prix de quelle honte, de me savoir l'intérieur de l'âme pourri puisqu'elle exhalerait cette odeur qui fait les gens se boucher le nez. Or, le lecteur se souviendra peut-être que mes séjours dans la mendicité et dans la prostitution me furent une discipline où j'appris à utiliser les éléments ignobles, à me servir d'eux, à me complaire enfin dans mon choix pour eux. J'eusse fait de même (fort de mon adresse à tirer parti de la honte) avec mon âme décomposée par la trahison. La fortune m'accorda que me fût posée la question dans l'époque qu'un jeune enseigne de vaisseau était condamné à mort par le tribunal maritime de Toulon. Il avait à l'ennemi livré les plans d'une arme ou d'un port de guerre ou d'un bateau. Je ne parle pas d'une trahison causant la perte d'une bataille navale, légère, irréelle, suspendue aux ailes des voiles d'une goélette mais de la perte d'un combat de monstres d'acier où résidait l'orgueil d'un peuple non plus enfantin mais sévère, aidé, soutenu par les mathématiques savantes des techniciens. Bref, il s'agissait d'une trahison des temps modernes. Le journal rapportant ces faits (et je le découvris à Cadix) disait, stupidement sans doute, car qu'en pouvait-il savoir : « ... par goût de la trahison. » Accompagnant ce texte, c'était la photographie d'un jeune officier, très beau. Je m'épris de son image, que toujours je garde sur moi. L'amour s'exaltant dans les situations périlleuses, en moi-même, secrètement, j'offris au banni de partager sa Sibérie. La Cour Maritime, en m'opposant à elle, facilitait encore mon escalade vers lui de qui je m'approchais le talon lourd et pourtant ailé. Il s'appelait Marc Aubert. J'irai à Tanger, me dis-je, et peut-être serai-je appelé parmi les traîtres, et deviendrai-je l'un d'eux.

Je quittai Cadix pour Huelva. Chassé par la garde municipale, je revins à Xérès puis à Alicante en longeant la mer. J'allais seul. Parfois je croisais ou doublais un autre clochard. Sans même nous asseoir sur un tas de cailloux nous nous disions quel village est le plus favorable aux mendiants, quel alcade moins inhumain, et nous poursuivions notre solitude. Raillant notre besace, on disait alors : « Il va à la chasse avec un fusil de toile. » J'étais seul. Je marchais humblement sur l'extrême bord des routes, près des fossés dont la poussière de l'herbe blanche poudrait mes pieds. Par ce naufrage, tous les malheurs du monde me faisant sombrer dans un océan de désespoir, je connaissais encore la douceur de pouvoir m'accrocher à la branche terrible et forte d'un nègre. Plus forte que tous les courants du monde, elle était plus certaine, plus consolante, et d'un seul de mes soupirs plus digne que tous vos continents. Vers le soir mes pieds suaient, les soirs d'été j'allais donc dans la boue. En même temps qu'il la remplissait d'un plomb me servant de pensée le soleil vidait ma tête. L'Andalousie était belle, chaude et stérile. Je l'ai toute parcourue. A cet âge je ne connaissais pas la fatigue. Je transportais avec moi un tel fardeau de détresse que toute ma vie, j'étais sûr, se passerait à errer. Non plus détail qui ornera la vie le vagabondage me devint une réalité. Je ne sais plus ce que je pensais mais je me souviens qu'à Dieu j'offris toutes mes misères. Dans ma solitude, loin des hommes, j'étais bien près d'être tout amour, toute dévotion.

— Je suis si loin d'eux, dus-je me dire, que je n'ai plus l'espoir de les rejoindre. Que je m'en détache donc tout à fait. Entre eux et moi il y aura moins de rapports encore, et le dernier sera rompu si j'oppose à leur mépris pour moi mon amour pour eux.

Ainsi, renversant la vapeur, voici que je vous accordais ma pitié. Mon désespoir sans doute ne s'exprimait pas sous cette forme. En effet, dans mes pensées tout s'éparpillait, mais cette pitié que je dis se devait cristalliser en réflexions précises qui, dans ma tête brûlée par le soleil, prenaient une forme définitive et obsédante. Ma lassitude — je ne croyais pas que ce fût la fatigue — m'empêchait de me reposer. Aux fontaines je n'allais plus boire. Ma gorge était sèche. Mes yeux brûlaient. J'avais faim. Le soleil, à mon visage où la barbe était dure donnait des reflets cuivrés. J'étais sec, jaune, triste. J'apprenais à sourire aux choses et à méditer sur elles. De ma présence de jeune Français sur ce rivage, de ma solitude, de ma condition de mendiant, de la poussière des fossés soulevée autour de mes pieds en minuscule nuage individuel pour chacun d'eux, renouvelé à chaque pas, mon orgueil tirait parti d'une consolante singularité que contrariait la banale sordidité de mon accoutrement. Jamais mes souliers écrasés, ni mes chaussettes sales n'eurent la dignité qui soulève, porte sur la poussière les sandales des Carmes, jamais mon veston sale ne permit à mes gestes la moindre noblesse. C'est pendant l'été 1934 que je parcourais les routes andalouses. La nuit, après avoir mendié quelques sous dans un village, je continuais dans la campagne et je m'endormais au fond d'un fossé. J'étais flairé des chiens — mon odeur m'isolait encore — ils aboyaient à mon départ et à mon arrivée dans une ferme.

— Irai-je ou n'irai-je pas? me disais-je en passant près d'une maison blanche, close de murs chaulés.

Mon hésitation durait peu. Le chien attaché à la

porte jappait toujours. Je m'approchais. Il jappait plus fort. A la femme qui se présentait sans quitter le seuil je demandais un sou dans l'espagnol le moins correct — d'être étranger me protégeait un peu — je me retirais le front très incliné, le visage immobile si l'on m'avait refusé l'aumône.

De la beauté même de cet endroit du monde je n'osais m'apercevoir. A moins que ce ne fût pour rechercher le secret de cette beauté, derrière elle l'imposture dont on sera victime si l'on s'y fie. En la refusant je découvrais la poésie.

— Tant de beauté cependant est faite pour moi. Je l'enregistre et sais qu'elle est autour de moi si évidente afin de préciser ma détresse.

Sur les bords de l'Atlantique et sur ceux de la Méditerranée je traversais des ports de pêcheurs dont l'élégante pauvreté blessait la mienne. Sans qu'ils me voient j'y frôlais des hommes et des femmes debout dans un pan d'ombre, des garçons jouant sur une place. L'amour que les humains semblent se porter, alors me déchirait. En passant, que deux gars échangeassent un salut, un sourire, et je reculais aux plus extrêmes caps du monde. Les regards qu'échangeaient les deux amis — et leurs paroles quelquefois — étaient l'émanation la plus subtile d'un rayon d'amour parti du cœur de chacun d'eux. Un rayon de lumière très douce, et délicatement torsadé : un rayon d'amour filé. Je m'étonnais que tant de délicatesse, qu'un trait si fin et d'une matière aussi précieuse que l'amour, et si chaste, s'élaborassent dans une forge aussi ténébreuse que le corps musclé de ces mâles, cependant qu'eux-mêmes émettaient toujours ce doux rayon où quelquefois scintillent les goutelettes d'une mystérieuse rosée. Je croyais entendre le plus âgé dire à l'autre qui n'était plus moi, parlant de cet endroit du corps qu'il devait chérir :

— Cette nuit encore j'vais te la déplisser, ton auréole!

Je ne pouvais supporter allégrement que l'on s'aimât hors de moi.

(*A la colonie pénitentiaire de Belle-Isle, Maurice G. et Roger B. se rencontrent. Ils ont dix-sept ans. Je les connus à Paris. Avec eux, mais chacun l'ignorant de l'autre, je fis l'amour quelques fois. Ils se voient un jour à Belle-Isle, gardant les vaches ou les moutons. Je ne sais comment, en parlant de Paris, la première personne qu'ils évoquent, c'est moi. Ils s'amusent, ils s'émerveillent de savoir que l'autre fut aussi mon ami. C'est Maurice qui me le rapporte.*

— *On était devenus vraiment potes en pensant à toi. J'avais de la peine, le soir...*

— *Pourquoi?*

— *Derrière le bat-flanc qui sépare les hommes, je l'entendais gémir. Il était plus beau que moi et tous les durs se le farcissaient. Je pouvais rien faire.*

Ce qui m'émeut c'est d'apprendre que toujours se perpétue le miraculeux malheur de mon enfance à Mettray.)

A l'intérieur des terres je parcourais des paysages de rocs aigus, rongeant le ciel, déchiquetant l'azur. Cette indigence rigide, sèche et méchante narguait la mienne et ma tendresse humaine. Toutefois elle m'incitait à la dureté. J'étais moins seul de découvrir dans la nature une de mes qualités essentielles : l'orgueil. Je voulais être un roc parmi les autres. J'étais heureux de l'être, et fier. Ainsi tenais-je au sol. J'avais mes compagnons. Je savais ce qu'était le règne minéral.

— Nous tiendrons tête aux vents, aux pluies, aux coups.

Mon aventure avec Stilitano reculait dans mon esprit. Lui-même s'amenuisait, il n'était qu'un point brillant, d'une pureté merveilleuse.

— C'était un homme, me disais-je.

Ne m'avait-il pas avoué avoir tué un homme à la Légion et ne se justifiait-il ainsi :

— Il m'a menacé de me descendre. Je l'ai tué. Son calibre était plus gros que le mien. Je ne suis pas coupable.

Je ne distinguais plus que les qualités et les gestes virils que je lui connus. Figés, fixés à jamais dans le passé ils composaient un objet solide, indestructible puisqu'il était obtenu de ces quelques détails inoubliables.

Parfois, à l'intérieur de cette vie négative, je m'accordais l'accomplissement d'un acte, certains vols au détriment des miséreux dont la gravité me donnait quelque conscience.

Les palmes! Un soleil matinal les dorait. La lumière frissonnait, non les palmes. Je voyais les premières. Elles bordaient la mer Méditerranée. Le givre sur les vitres, l'hiver, avait plus de diversité mais comme lui les palmiers me précipitaient — mieux que lui peut-être — à l'intérieur d'une image de Noël née paradoxalement du verset sur la fête précédant la mort de Dieu, sur l'entrée à Jérusalem, sur les palmes jetées sous les pieds de Jésus. Mon enfance avait rêvé de palmiers. Me voici auprès d'eux. On m'avait dit que la neige ne tombe pas à Bethléem. Entrouvert, le

86

nom d'Alicante me révélait l'Orient. J'étais au cœur de mon enfance, à son instant le plus précieusement conservé. A un détour de route j'allais découvrir sous trois palmiers cette crèche de Noël où je venais, enfant, assister à *ma nativité* entre le bœuf et l'âne. J'étais le pauvre du monde le plus humble, misérable je marchais dans la poussière et la fatigue, méritant enfin la palme, mûr pour le bagne, pour les chapeaux de paille et les palmiers.

Sur un pauvre les pièces de monnaie ne sont plus le signe de la richesse mais de son contraire. Sans doute au passage volai-je quelque riche hidalgo — rarement, tant ils savent se garder — mais de tels vols sur mon âme étaient sans action. Je parlerai de ceux que je commis sur d'autres mendiants. Le crime d'Alicante nous renseignera.

L'on se souviendra qu'à Barcelone, Pépé, en s'enfuyant, avait eu le temps de me passer l'argent qu'il avait ramassé dans la poussière. Par souci d'une héroïque fidélité à un héros, par crainte également que Pépé ou l'un des siens ne me retrouvât, j'avais enfoui cet argent au pied d'un catalpa, dans un petit square près de Montjuich. J'eus le caractère de n'en jamais parler à Stilitano, mais quand, avec lui, nous décidâmes d'aller vers le Sud, je déterrai l'argent (deux ou trois cents pesetas) et je me l'expédiai, à mon propre nom, poste restante, à Alicante. De l'action du paysage sur les sentiments on a souvent discuté mais non, me semble-t-il, de cette action sur une attitude morale. Avant que d'entrer à Murcie je traversai la palmeraie d'Elche et déjà j'étais si volontairement bouleversé par la nature que mes rapports avec les hommes

commençaient d'être ceux des hommes habituellement avec les choses. J'arrivai la nuit à Alicante. Je
dus m'endormir dans un chantier et vers le matin
j'eus la révélation du mystère de la ville et du nom :
au bord d'une mer tranquille et s'y plongeant, des
montagnes blanches, quelques palmiers, quelques
maisons, le port et, dans le soleil levant un air lumineux et frais. (A Venise je retrouverai un moment
pareil.) Le rapport entre toutes choses était l'allégresse.
Afin d'être digne d'entrer dans un tel système il me
parut nécessaire de rompre gentiment avec les hommes, de me purifier. Le lien me retenant à eux étant
sentimental, sans faire d'éclat je devais me détacher
d'eux. Tout le long de la route je m'étais promis une
joie amère de retirer l'argent du bureau de poste et
de l'expédier à Pépé, à la prison de Montjuich. A une
baraque qui s'ouvrait je bus une tasse de lait chaud et
j'allai au guichet de la poste. L'on ne fit aucune difficulté pour me remettre l'enveloppe chargée. L'argent
y était, intact. Je sortis et je déchirai les billets pour
les jeter dans une bouche d'égout, mais, afin de mieux
provoquer la rupture, sur un banc je recollai les mor-
ceaux, et je m'offris un déjeuner somptueux. Pépé
devait crever de faim en taule, mais par ce crime je
me croyais libéré des préoccupations morales.

Cependant je n'allais pas au hasard des routes. Mon
chemin était celui de tous les mendiants, et je devais
comme eux connaître Gibraltar. La nuit du rocher
parcouru, peuplé de soldats et de canons endormis,
la masse érotique m'affolait. Je demeurais au village
de La Linéa, qui n'est qu'un immense bordel, et j'y
commençai la période de la boîte de conserve. Tous

les mendiants du monde — je les ai vus pareils en Europe centrale et en France — possèdent une ou plusieurs boîtes de fer-blanc (qui continrent des pois ou du cassoulet), auxquelles ils font une anse avec un fil de fer. Sur les routes et les rails, ils vont avec ces boîtes suspendues à leur épaule. J'eus ma première boîte à La Linéa. Elle était neuve. Je l'avais ramassée dans une poubelle où on l'avait jetée la veille. Son métal était luisant. Avec un galet j'en écrasai les bords cisaillés afin qu'ils ne coupent pas, et je vins aux barbelés de Gibraltar ramasser les reliefs des soldats anglais. De cette sorte encore je dégringolais. Je ne mendiais plus de la monnaie mais des restes de soupe. S'y ajoutait la honte de les demander aux soldats. Je me sentais indigne si la beauté de l'un d'eux, ou la puissance de son uniforme, m'avaient troublé. La nuit j'essayais de me vendre à eux et j'y parvenais grâce à l'obscurité des ruelles. Les mendiants à midi pouvaient se disposer à n'importe quel endroit de la clôture mais le soir nous faisions la queue dans une des chicanes, près de la caserne. Dans la file un soir je reconnus Salvador.

Quand, à Anvers, deux ans plus tard je rencontrerai Stilitano engraissé, à son bras il aura une poule de luxe aux longs cils artificiels, entravée par une robe de satin noir. Toujours très beau malgré la lourdeur de ses traits, richement vêtu de laine, bagué d'or, il était conduit par un ridicule chien blanc minuscule, et irritable. C'est alors que j'eus la révélation de ce mac : il tenait en laisse sa bêtise, sa mesquinerie bouclée, bichonnée, choyée. C'est elle aussi qui le précédait et le conduisait dans une ville triste, toujours mouillée par la pluie. J'habitais rue du Sac, près des Docks. La nuit j'errais dans les bars, sur les quais de l'Escaut. A ce fleuve, à cette ville de diamants taillés et dérobés j'associais l'aventure radieuse de Manon Lescaut. Je me sentais de très près participer au roman, entrer dans l'image, m'idéaliser, devenir une idée de bagne et d'amour confondus. Avec un jeune Flamand employé sur un manège de foire, nous volions des vélos dans la cité de l'or, des gemmes, des conquêtes marines. J'y poursuivrai ma pauvreté, où Stilitano était riche et aimé. Je n'oserai jamais lui reprocher d'avoir, à la police, donné Pépé. Sais-je même si je n'étais pas exalté par la délation de Stilitano plus que par le crime du gitan. Sans m'en pouvoir préciser les détails — cette indécision faisant au récit rendre un son historique, l'embellissait encore — Salvador fut heureux de me la dire. Cassée quelquefois afin de ne pas céder à un chant trop clair de victime, sa voix joyeuse, ivre, prouvait sa haine pour Stilitano, et son amertume. Un tel sentiment faisait Stilitano paraître plus fort, plus grand. Salvador ni moi ne fûmes étonnés de nous voir.

Comme il était un des premiers et qu'il avait quelque ancienneté à La Linéa, j'échappai au paiement de la dîme que deux ou trois mendiants brutaux et forts exigeaient qu'on leur servît. Je vins près de lui.

— J'ai appris tout ce qui s'est passé, me dit-il.

— Quoi?

— Quoi? L'arrestation de Stilitano.

— Arrêté? Pourquoi?

— Fais pas l'innocent. Tu le sais mieux que moi.

Toute la douceur de Salvador s'était modifiée en

une sorte d'humeur acariâtre. Il me parla méchamment et me raconta l'arrestation de mon ami. Ce n'était pas pour le vol de la pèlerine ni pour un autre, mais pour le meurtre de l'Espagnol.

— Ce n'est pas lui, dis-je.

— Bien sûr. C'est connu. C'est le Gitan. Mais c'est Stilitano qui a tout donné. Il savait le nom. On a retrouvé le Gitan dans l'Albaïcin. On a arrêté Stilitano pour le protéger des frères et des copains du Gitan.

Sur la route d'Alicante, grâce à la résistance que je dus combattre, grâce à ce que je dus mettre en œuvre pour abolir ce qu'on nomme le remords, le vol que je commis devint à mes yeux un acte très dur, très pur, presque lumineux, et que le diamant seul peut représenter. En l'accomplissant j'avais détruit une fois de plus — et, me le disais-je, une fois pour toutes — les chers liens de la fraternité.

— Après cela, après ce crime, quelle sorte de perfection morale puis-je espérer?

Ce vol étant indestructible je décidai d'en faire l'origine d'une perfection morale.

— Il est lâche, veule, sale, bas... (je ne le définirai qu'avec des mots indiquant la honte), aucun des éléments qui le composent ne me laisse une chance de le magnifier. Pourtant je ne renie point ce plus monstrueux de mes fils. Je veux couvrir le monde de sa progéniture abominable.

Mais cette époque de ma vie je ne puis trop la décrire. Ma mémoire voudrait l'oublier. Il semble qu'elle en veuille troubler les contours, la poudrer de talc, lui proposer une formule comparable à ce bain de lait que les élégantes du XVIᵉ siècle appelaient *un bain de modestie.*

Je fis remplir d'un reste de soupe ma gamelle et je m'en fus seul dans un coin la manger. Avec moi je conservais, la tête sous l'aile, le souvenir d'un Stilitano sublime et abject. J'étais fier de sa force et fort de sa complicité avec la police. Toute la journée je fus triste mais grave. Une sorte d'insatisfaction gonflait chacun de mes actes, et le plus simple. J'eusse voulu qu'une gloire, visible, éclatante, se manifestât au bout de mes doigts, que ma puissance me soulevât de terre, explosât en moi et me dissolve, m'éparpillât en averse aux quatre vents. J'eusse plu sur le monde. Ma poudre, mon pollen eussent touché les étoiles. J'aimais Stilitano. Mais l'aimer dans la sécheresse rocailleuse de ce pays, sous un soleil irrévocable, m'épuisait, bordait de feu mes paupières. Pleurer un peu m'eût dégonflé. Ou parler beaucoup, longtemps, brillamment, devant un auditoire attentif et respectueux. J'étais seul et sans amis.

Je restai quelques jours à Gibraltar mais surtout à La Linéa. Avec Salvador, à l'heure des repas, devant les barbelés anglais, nous nous rencontrions avec indifférence. Plus d'une fois de loin, je le vis qui, du doigt ou du menton, me montrait à un autre clochard. La période de ma vie où j'étais resté avec Stilitano l'intriguait. Il cherchait à en interpréter le mystère. Comme elle s'était passée auprès d'un « homme », mêlée à la sienne, cette vie, d'être racontée par un témoin, véritable martyr, aux yeux des autres mendiants me para d'un curieux prestige. A de précises — encore que subtiles indications — je le connus, et sans arrogance j'en portai la charge cependant qu'en moi-même je poursuivais ce que, croyais-je, m'indiquait Stilitano.

J'aurais voulu m'embarquer pour Tanger. Les films et les romans ont fait de cette ville un lieu terrible, une sorte de tripot où les joueurs marchandent les plans secrets de toutes les armées du monde. De la côte espagnole, Tanger me paraissait une cité fabuleuse. Elle était le symbole même de la trahison.

Quelquefois j'allais à Algésiras à pied, j'errais sur le port et je regardais au loin où à l'horizon apparaissait la ville célèbre.

— A quelle débauche de trahison, de marchandages, s'y peut-on livrer? me disais-je.

Certes la raison m'empêchait de croire que l'on m'eût utilisé à des besognes d'espionnage, mais si grand en était mon désir que je me croyais illuminé par lui, désigné. Sur mon front je portais, visible de tous, inscrit le mot traître. J'économisai donc un peu d'argent et je pris place dans une barque de pêche, mais le gros temps nous obligea à rentrer à Algésiras. Une autre fois, grâce à la complicité d'un matelot, je réussis à monter à bord d'un paquebot. Mes vêtements en loques, ma figure crasseuse, mes cheveux longs et sales effrayèrent les douaniers qui m'empêchèrent de débarquer. De retour en Espagne je décidai de passer par Ceuta : en y arrivant on m'emprisonna quatre jours et je dus retourner d'où j'étais parti.

Sans doute à Tanger pas plus qu'ailleurs je n'eusse réussi à poursuivre une aventure réglée par une organisation ayant son siège dans des bureaux, une aventure commandée par les règles d'une stratégie de politique internationale, mais cette ville pour moi représentait si bien, si magnifiquement la Trahison que c'est là, me semblait-il, que je ne pourrais qu'aborder.

— Pourtant j'y trouverais de si beaux exemples!

J'y trouverais Marc Aubert, Stilitano et d'autres encore dont j'avais soupçonné, sans trop l'oser croire, l'indifférence aux règles de loyauté et de droiture. Dire d'eux : « Ils sont faux » m'attendrissait. M'attendrit encore quelquefois. Ce sont les seuls que je croie capables de toutes les audaces. La multiplicité de leurs lignes morales, leurs sinuosités forment des entrelacs que je nomme l'aventure. Ils s'écartent de vos règles. Ils ne sont pas fidèles. Ils possèdent surtout une tare, une plaie, comparable à la grappe de raisin dans la culotte de Stilitano. Enfin plus ma culpabilité serait grande, à vos yeux, entière, totalement assumée, plus grande sera ma liberté. Plus parfaite ma solitude et mon unicité. Par ma culpabilité encore je gagnais le droit à l'intelligence. Trop de gens me disais-je pensent et qui n'en ont pas le droit. Ils ne l'ont pas payé d'une entreprise telle que penser devient indispensable à *votre salut.*

Cette *poursuite* des traîtres et de la trahison n'était que l'une des formes de l'érotisme. Il est rare — il est presque inconnu — qu'un garçon m'offre la joie vertigineuse que seuls peuvent m'offrir les entrelacs d'une vie où je serais avec lui mêlé. Un corps allongé sous mes draps, caressé debout dans une rue ou la nuit dans un bois, sur une plage, m'accorde la moitié du plaisir : je n'ose me voir l'aimant, car j'ai connu tant de situations où ma personne ayant son importance dans la grâce, était le facteur de charme de l'instant. Je ne les retrouverai plus jamais. Ainsi m'aperçois-je que je n'ai recherché que les situations chargées d'intentions érotiques. Voilà ce qui, entre autres choses, dirigea ma vie. Je sais qu'il existe des aventures dont le héros et les détails sont érotiques. C'est celles-là que j'ai voulu vivre.

Peu de jours après j'appris que Pépé était condamné au bagne. J'envoyai tout l'argent que je possédais à Stilitano emprisonné.

Deux photographies de l'identité judiciaire ont été retrouvées. Sur l'une d'elles j'ai seize ou dix-sept ans. Je porte, sous un veston de l'Assistance publique, un chandail déchiré. Mon visage est un ovale, très pur, mon nez est écrasé, aplati par un coup de poing lors d'une bagarre oubliée. Mon regard est blasé, triste et chaleureux, très grave. J'avais une chevelure épaisse et désordonnée. En me voyant à cet âge, mon sentiment s'exprima presque à haute voix :

— Pauvre petit gars, tu as souffert.

Je parlais avec bonté d'un autre Jean que moi-même. Je souffrais alors d'une laideur que je ne découvre plus dans mon visage d'enfant. Beaucoup d'insolence — j'étais effronté — me faisait aller dans la vie cependant avec aisance. Si j'étais inquiet, il n'en paraissait rien d'abord. Mais au crépuscule, quand j'étais las, ma tête s'inclinait, et je sentais mon regard s'appesantir sur le monde et s'y confondre ou rentrer en moi-même et disparaître, je crois qu'il connaissait ma solitude absolue. Quand j'étais valet de ferme, quand j'étais soldat, quand j'étais au dépôt des Enfants assistés, malgré l'amitié et quelquefois l'affection de mes maîtres, j'étais seul, rigoureusement. La prison m'offrit la première consolation, la première paix, la première confusion amicale : c'était dans l'immonde. Tant de solitude m'avait forcé à faire de moi-même pour moi un compagnon. Envisageant le monde hors de moi, son indéfini, sa confusion plus parfaite encore la nuit, je l'érigeais en divinité dont j'étais non seulement le prétexte chéri, objet de tant de soin et de précaution, choisi et conduit supérieurement encore qu'au travers d'épreuves douloureuses, épuisantes, au bord du désespoir, mais l'unique but de tant d'ouvrages. Et, peu à peu, par une sorte d'opération que je ne puis que mal décrire, sans modifier les dimensions de mon corps mais parce qu'il était plus facile peut-être de contenir une aussi précieuse raison à tant de gloire, c'est en moi que j'établis cette divinité — origine et disposition de moi-même. Je l'avalai. Je lui dédiais des chants que j'inventais. La nuit je sifflais. La mélodie était religieuse. Elle était lente. Le rythme en était un peu lourd. Par lui je croyais me mettre en communication avec Dieu : c'est ce qui se produisait, Dieu n'étant que l'espoir et la ferveur contenus dans mon chant. Par les rues, mes mains dans les poches, la tête penchée ou levée, regardant les maisons ou les arbres, je sifflais mes hymnes maladroits, non joyeux, mais pas tristes non plus, graves. Je découvrais que l'espoir n'est que l'expression qu'on en donne. La protection, de même. Jamais je n'eusse sifflé sur un rythme léger. Je reconnaissais les thèmes religieux : ils créent Vénus, Mercure, ou la Vierge.

Sur la deuxième photo j'ai trente ans. Mon visage

s'est durci. Les maxillaires s'accusent. La bouche est amère et méchante. J'ai l'air d'un voyou malgré mes yeux restés très doux. Leur douceur d'ailleurs serait presque indécelable à cause de la fixité que m'imposait le photographe officiel. Par ces deux images je puis retrouver la violence qui alors m'animait : de seize à trente ans, dans les bagnes d'enfants, dans les prisons, dans les bars ce n'est pas l'aventure héroïque que je recherchais, j'y poursuivais mon identification avec les plus beaux et les plus infortunés criminels. Je voulais être la jeune prostituée qui accompagne en Sibérie son amant ou celle qui lui survit afin, non de le venger mais de le pleurer et de magnifier sa mémoire.

Sans me croire né magnifiquement, l'indécision de mon origine me permettait de l'interpréter. J'y ajoutais la singularité de mes misères. Abandonné par ma famille il me semblait déjà naturel d'aggraver cela par l'amour des garçons et cet amour par le vol, et le vol par le crime ou la complaisance au crime. Ainsi refusai-je décidément un monde qui m'avait refusé. Cette précipitation presque joyeuse vers les situations les plus humiliées tire peut-être encore son besoin de mon imagination d'enfant, qui m'inventait, afin que j'y promène la personne menue et hautaine d'un petit garçon abandonné, des châteaux, des parcs peuplés de gardes plus que de statues, des robes de mariées, des deuils, des noces, et plus tard, mais à peine plus tard, quand ces rêveries seront contrariées à l'extrême, jusqu'à l'épuisement dans une vie misérable, par les pénitenciers, par les prisons, par les vols, les insultes, la prostitution, tout naturellement ces ornements (et le langage rare s'y attachant) qui paraient mes habitudes mentales, les objets de mon désir j'en parai ma réelle condition d'homme mais d'abord d'enfant trop humilié que ma connaissance des prisons comblera. Au détenu la prison offre le même sentiment de sécurité qu'un palais royal à l'invité d'un roi. Ce sont les deux bâtiments construits avec le plus de foi, ceux qui donnent la plus grande certitude d'être ce qu'ils sont — qui sont ce qu'ils voulurent être, et le demeurent. La maçonnerie, les matériaux, les proportions, l'architecture sont en accord avec un ensemble moral qui laisse indestructibles ces demeures tant que la forme sociale dont ils sont le symbole tiendra. La prison m'entoure d'une garantie parfaite. Je suis sûr qu'elle fut construite pour moi — avec le palais de justice, sa dépendance, son monumental vestibule. Selon le plus grand sérieux tout m'y fut destiné. La rigueur des règlements, leur étroitesse, leur précision, sont de la même essence que l'étiquette d'une cour royale, que la politesse exquise et tyrannique dont à cette cour l'invité est l'objet. Comme celles de la prison les assises du palais reposent dans une pierre de taille de grande qualité, dans des escaliers de marbre, dans l'or vrai, dans les sculptures les plus rares du royaume, dans la puissance absolue de ses hôtes; mais les similitudes sont encore dans le fait que ces deux édifices sont l'un la racine et l'autre le faîte d'un système vivant circulant entre ces deux pôles qui le contiennent, le compriment, et sont la force à l'état pur. Dans ces tapis, quelle sécurité, dans ces miroirs, dans l'intimité même des latrines du palais. L'acte de chier dans le petit matin, nulle part ailleurs ne prend la solennelle importance que seul peut lui conférer d'être réussi dans un cabinet, par les vitres dépolies de quoi l'on distingue la façade sculptée, les gardes, les statues, la cour d'honneur; dans une petite chiotte où le papier de soie est comme ailleurs mais où tout à l'heure, en peignoir de satin et mules roses, dépeignée, dépoudrée et poudreuse viendra débourrer lourdement quelque demoiselle d'honneur; dans une petite chiotte d'où les gardes solides ne m'arrachent pas avec brutalité, car y chier devient un acte important qui a sa place dans la vie où le roi m'a convié. La prison m'accorde la même sécurité. Rien ne la démolira. Coups de vent, tempêtes, faillites n'y peuvent. La prison reste sûre de soi et vous au milieu d'elle sûrs de vous. Toutefois le sérieux qui présida à ces constructions, le sérieux qui les fait se considérer soi-même avec respect, et l'une l'autre se mesurer de loin et s'entendre, c'est par lui, par son importance terrestre qu'elles périront. Posées sur le sol et dans le monde avec plus de négligence, peut-être sauraient-elles tenir longtemps, mais leur gravité m'oblige à les considérer sans pitié. Je reconnais qu'elles ont leurs assises en moi-même, elles sont les signes de mes tendances extrêmes les plus violentes, et déjà mon esprit corrosif travaille à les détruire. A corps perdu je me suis jeté dans une vie misérable qui était la réelle apparence de palais détruits, de jardins saccagés, de splendeurs mortes. Elle en était les ruines, mais plus ces ruines étaient mutilées, et ce dont elles devaient être le signe visible me paraissait lointain, plus enfoui dans un passé sacré, de sorte que je ne sais plus si j'habitais de somptueuses misères ou si mon abjection était magnifique. Enfin, peu à peu, cette idée d'humiliation se détacha de ce qui la conditionnait, les câbles furent cassés qui la retenaient à ces dorures idéales — la justifiant aux yeux du monde, à mes yeux de chair — l'excusant presque, et elle demeura seule, de soi-même seule raison d'être, seule nécessité d'elle-même et seul but de soi. Mais c'est l'imagination amoureuse des fastes royaux, du gamin abandonné, qui me permit de dorer ma honte, de la ciseler, d'en faire un travail d'orfèvrerie dans le sens habituel de ce mot, jusqu'à ce que, par l'usage peut-être et l'usure des mots la voilant, s'en dégageât l'humilité. Mon amour pour Stilitano me remettait au fait d'une si exceptionnelle disposition. Par lui si j'avais connu quelque noblesse voici que je retrouvais le véritable sens de ma vie — comme on dit le sens du bois — et que la mienne se devrait signifier hors de votre monde. Je connus à cette époque une dureté et une lucidité qui expliquent mon attitude avec les pauvres : ma misère était si grande qu'il me parut que j'étais composé d'une pâte pétrie d'elle. Elle était mon essence même, parcourant et nourrissant mon corps autant que mon âme. J'écris ce livre dans un palace d'une des villes les plus luxueuses du monde où je suis riche cependant que je ne puis plaindre les pauvres : je les suis. S'il m'est doux de me pavaner devant eux je déplore, très précisément, de ne le pouvoir faire avec plus de faste et d'insolence.

— J'aurais une voiture silencieuse et noire, vernie, au fond de laquelle je regarderais nonchalamment la misère. Devant elle je traînerais des cortèges de moi-même dans de somptueux atours afin que la misère me regardât passer, afin que les pauvres que je n'aurai cessé d'être me vissent ralentir avec noblesse au milieu du silence d'un moteur de luxe et dans toute la gloire terrestre figuratrice, si je le veux,. de l'autre.

Avec Stilitano je fus la pauvreté sans espoir, connaissant dans le pays d'Europe le plus décharné la formule poétique la plus sèche qu'attendrissait quelquefois la nuit, mon frémissement inquiet devant la nature.

Quelques pages plus haut j'écrivais : ... « une campagne au crépuscule ». Je ne l'imaginais pas alors recéler de graves dangers, dissimuler des guerriers qui vont me tuer ou me torturer, au contraire, elle devenait si douce, maternelle et bonne, que je craignais de ne rester moi-même afin de me fondre mieux dans cette bonté. Il m'arrivait souvent de descendre d'un train de marchandises et d'errer dans la nuit, dont j'écoutais le lent travail; je m'accroupissais dans l'herbe, ou je n'osais le faire et je restais debout, immobile au milieu d'un pré. Je supposais la campagne parfois théâtre d'un fait divers où je plaçais ces héros qui, avec le plus d'efficacité, symboliseront jusqu'à la mort mon véritable drame : entre deux saules isolés un jeune assassin qui, une main dans la poche, braque un revolver et tire dans le dos d'un fermier. La participation imaginaire à une aventure humaine donnait-elle aux végétaux tant de réceptive douceur? Je les comprenais. Je ne rasais plus ce duvet qui déplaisait à Salvador, et davantage je prenais l'apparence mousseuse d'une tige.

Salvador ne me dit plus un mot de Stilitano. Il enlaidissait encore et cependant accordait du plaisir à d'autres clochards, au hasard d'une ruelle ou d'un grabat.

— Il faut être vicieux pour faire l'amour avec ce gars-là, m'avait dit un jour Stilitano de Salvador.

Admirable vice, doux et bienveillant, qui permet d'aimer ceux qui sont laids, sales et défigurés!

— Tu trouves toujours des gars?

— Je me défends, dit-il en montrant ses dents rares et noires. Y en a qui donnent un reste de musette ou de gamelle. Avec une régularité fidèle il accomplissait toujours sa fonction simple. Sa mendicité était stagnante. Elle était devenue un lac immobile, transparent, jamais troublé par le souffle, et ce pauvre honteux était l'image parfaite de ce que j'eusse voulu être. C'est alors peut-être que rencontrant ma mère, et qu'elle fût plus humble que moi, avec elle nous eussions poursuivi l'ascension — encore que le langage semble vouloir le mot déchéance ou tout autre indiquant un mouvement vers le bas — l'ascension, dis-je, difficile, douloureuse, qui conduit à l'humiliation. Avec elle j'eusse mené cette aventure, je l'eusse écrite afin de magnifier les termes — gestes ou vocables — les plus abjects grâce à l'amour.

Je revins en France. Sans ennuis je franchis la frontière mais après quelques kilomètres dans la campagne française des gendarmes m'arrêtèrent. Mes loques étaient trop espagnoles.

— Papiers!

Je montrai des bouts de papiers sales et déchirés à force de les avoir pliés et dépliés.

— Et le carnet?

— Quel carnet?

J'apprenais l'existence de l'humiliant carnet anthropométrique. On le délivre à tous les vagabonds. A chaque gendarmerie on le vise. On m'emprisonna.

Après de nombreux séjours dans les prisons, le voleur quitta la France. Il parcourut d'abord l'Italie. Les raisons sont obscures qui l'y conduisirent. Peut-être était-ce le voisinage de la frontière. Rome. Naples. Brindisi. L'Albanie. Sur le « Rodi » qui me débarqua à Santi-Quaranta, je dérobe une valise. A Corfou les autorités du port me refusent de séjourner. Sur la barque que j'ai louée pour m'amener, ils m'obligent à passer la nuit avant de repartir. Après c'est la Serbie. Après l'Autriche. La Tchécoslovaquie. La Pologne où je cherche à écouler de faux zlotys. C'est partout le vol, la prison, et de chacun de ces pays l'expulsion. Je traverse des frontières la nuit, des automnes désespérants où tous les garçons sont lourds et las, et des printemps où tout à coup, quand le soir tombe, ils sortent de je ne sais quelle retraite où ils se préparaient, afin de pulluler dans les ruelles, sur les quais, les remparts, dans les jardins publics, dans les cinémas et les casernes. Enfin c'est l'Allemagne hitlérienne. Puis la Belgique. A Anvers je retrouverai Stilitano.

Brno — ou Brunn — est une ville de Tchécoslo-vaquie. J'y arrivai à pied, sous la pluie, après avoir franchi la frontière autrichienne à Retz. Les menus vols que je fis dans les magasins me permirent de vivre quelques jours mais j'étais sans amis, égaré dans un peuple nerveux. J'eusse désiré pourtant me reposer un peu d'un voyage turbulent à travers la Serbie et l'Autriche, d'une fuite devant la police de ces pays et devant certains complices acharnés à ma perte. La ville de Brno est sombre, mouillée, écrasée par la fumée des usines et la couleur des pierres. Mon âme s'y fût étirée, alanguie, comme dans une chambre dont on a tiré les volets, si pour quelques jours seulement j'avais pu ne pas me préoccuper d'argent. On parlait à Brno l'allemand et le tchèque. C'est ainsi que des bandes rivales de jeunes chanteurs des rues se faisaient la guerre dans la ville quand je fus accueilli par l'une d'elles, qui chantait en allemand. Nous étions six. Je faisais la quête et disposais de l'argent. Trois de mes camarades jouaient de la guitare, un autre de l'accordéon, le cinquième chan-tait. C'est debout, contre un mur, un jour de brume, que je vis la troupe donner un concert. L'un des gui-taristes avait une vingtaine d'années. Il était blond, vêtu d'une chemise écossaise et d'un pantalon de velours côtelé. La beauté est rare à Brno, ce visage me séduisit. Je demeurai longtemps à le regarder et je surpris le sourire complice qu'il échangeait avec un gros homme rose, vêtu sévèrement et qui tenait à la main une serviette de cuir. Quand je m'éloignai d'eux je me demandais si les jeunes gens avaient compris que leur camarade se vouait aux riches pédés de la ville. Je m'éloignai mais je m'arrangeai pour les retrouver plusieurs fois, à différents carrefours. Aucun d'eux n'était de Brno, sauf celui qui devint mon ami et qui s'appelait Michaelis Andritch. Ses gestes étaient gracieux sans être efféminés. Tant qu'il demeura avec moi il ne se préoccupa jamais des femmes. J'avais la surprise de voir pour la première fois un pédéraste aux allures viriles, un peu brusques même. Il était l'aristocrate de la troupe. Tous dormaient dans une cave, où ils faisaient aussi la cuisine. Des quelques semaines que je passai avec eux je ne saurais dire que de rares faits sans importance sauf mon amour pour Michaelis avec qui je parlais en italien. Il me fit connaître l'industriel. Il était rose et gras, pourtant il ne semblait pas peser sur terre. J'étais sûr que Michaelis n'éprouvait pour lui aucune affection, néanmoins je lui représentai que le vol serait plus beau que la prostitution.

— Ma, sono il uomo, me disait-il avec arrogance. J'en doutais mais feignais de le croire. Je lui racontai quelques vols et que j'avais connu la prison : il m'en admira. En peu de jours, la qualité de mes vêtements aidant, je fus à ses yeux prestigieux. Nous réussîmes quelques vols et je devins son maître.

J'apporterai une grande coquetterie à dire que je fus un voleur habile. Jamais on ne me prit sur le fait, en « flagrant délit ». Mais il est peu important que je sache voler admirablement pour mon profit terrestre : ce que j'ai recherché surtout c'est d'être la conscience du vol dont j'écris le poème, c'est-à-dire : refusant d'énumérer mes exploits, je montre ce que je leur dois dans l'ordre moral, ce qu'à partir d'eux je construis, ce qu'obscurément recherchent peut-être les voleurs plus simples, ce qu'eux-mêmes pourraient obtenir.

« Une grande coquetterie... » : mon extrême discrétion.

Ce livre, « Journal du Voleur » : poursuite de l'Impossible Nullité.

Très vite nous décidâmes de partir après avoir dévalisé le bourgeois. Nous devions aller en Pologne, où Michaelis connaissait de faux monnayeurs. Nous écoulerions de faux zlotys.

Encore que je n'oubliasse pas Stilitano, l'autre prenait sa place dans mon cœur et contre mon corps. Ce qui demeurait du premier c'était plutôt une sorte d'influence donnant à mon sourire, qui se cognait contre le souvenir du sien, un peu de cruauté, et de rigueur à mes gestes. J'avais été l'aimé d'un si beau rapace, sacre de la plus haute espèce, qu'à l'égard d'un guitariste gracieux je pouvais arborer certaines insolences, quoiqu'il n'en permît que peu tant son œil était éveillé. Je n'ose entreprendre son portrait, vous y liriez les qualités que je retrouve chez tous mes amis. (Prétextes à mon irisation — puis à ma transparence — à mon absence enfin, — ces garçons dont je parle s'évaporent. Il ne demeure d'eux que ce qui de moi demeure : je ne suis que par eux qui ne sont rien, n'étant que par moi. Ils m'éclairent, mais je suis la zone d'interférence. Les garçons : ma Garde crépusculaire.) Celui-ci avait-il peut-être un peu plus de gentille malice et pour le mieux définir suis-je tenté d'user, tant il vibrait avec grâce, de l'expression surannée :

— C'était un gentil violon.

Nous franchîmes la frontière avec peu d'argent, car le vieux s'était méfié, et nous arrivâmes à Katowice. Nous y trouvâmes les amis de Michaelis, mais le deuxième jour la police nous arrêta pour trafic de fausse monnaie. Nous restâmes en prison, lui trois mois et moi deux. C'est ici que se place un événement intéressant ma vie morale. J'aimais Michaelis. Quêter pendant que chantaient les garçons n'était pas humiliant. L'Europe centrale a l'habitude de ces troupes de jeunes gens, et tous nos gestes étaient innocentés par la jeunesse et la gaieté. Je pouvais sans honte aimer Michaelis avec tendresse et le lui dire. Enfin nous avions secrètement nos heures luxueuses, la nuit, dans la demeure de son amant. A Katowice nous demeurâmes, avant d'être emprisonnés, un mois ensemble à la police. Nous avions chacun une cellule, mais le matin, avant l'ouverture des bureaux, deux policiers venaient nous chercher afin de vider les latrines et de laver le carrelage. Le seul instant où nous pouvions nous voir c'était sous le signe de la honte car les policiers se vengeaient de l'élégance du Français et du Tchèque. De bon matin ils nous réveillaient pour vider la tinette. Nous descendions cinq étages. L'escalier était abrupt. A chaque marche une petite vague d'urine mouillait ma main et celle de Michaelis que les policiers me contraignaient d'appeler Andritch. Nous eussions voulu sourire afin d'accorder quelque légèreté humoristique à ces instants mais l'odeur nous obligeait à pincer les narines et la fatigue crispait nos traits. Enfin la difficulté que nous avions à nous servir de l'italien ne nous favorisait pas. Gravement, avec une solennelle lenteur, avec prudence, nous descendions cet immense pot de chambre de métal où toute une nuit des policiers costauds s'étaient soulagés d'une matière et d'un liquide alors chauds, ce matin refroidis. Nous le vidions dans les chiottes de la cour et nous remontions à vide. Nous évitions de nous regarder. Si j'avais connu Andritch dans la honte, et si je ne lui eusse donné de moi une radieuse image eussé-je pu rester calme en portant avec lui la merde des geôliers, mais pour le tirer de l'humiliation je m'étais raidi jusqu'à devenir une sorte de signe hiératique, un chant pour lui superbe, capable de soulever les humbles : un héros. La tinette vidée, les policiers nous jetaient une serpillière et nous lavions le plancher. A genoux devant eux nous nous traînions pour frotter le carreau et l'éponger. Ils nous frappaient du talon de leurs bottes. Michaelis devait comprendre ma peine. Ne sachant lire dans les regards ni les manières je n'étais pas sûr qu'il me pardonnât ma déchéance. J'eus l'idée de me révolter un matin et de renverser la tinette sur les pieds des flics, mais l'imagination me représentant ce que serait la vengeance de ces brutes — ils me traîneront dans la pisse et la merde, me dis-je, ils m'obligeront, dans la colère de tous leurs muscles, dans leur frémissement, à la lécher — je décidai que cette situation était exceptionnelle, qu'elle m'était accordée parce qu'aucune autre ne m'eût aussi bien réalisé.

— Décidément cette situation est rare, me dis-je,

elle est exceptionnelle. En face de l'être que j'adore et aux regards de qui j'apparus comme un ange, voici qu'on me terrasse, que je mords la poussière, que je me retourne comme un gant et je montre exactement l'inverse de qui j'étais. Pourquoi ne serais-je pas également cet « inverse » ? L'amour que Michaelis me portait — son admiration plutôt — n'étant possible qu'autrefois, je me passerai de cet amour.

En pensant cela mes traits se durcirent. Je me savais rentrer dans le monde d'où toute tendresse est bannie car il est celui des sentiments qui s'opposent à la noblesse, à la beauté. Il correspond dans le monde physique au monde de l'abjection. Sans paraître ignorer cette situation Michaelis la supportait légèrement. Il plaisantait avec les gardes, il souriait souvent, tout son visage pétillait d'innocence. Sa gentillesse à mon égard m'irritait. Il voulut m'éviter les corvées mais je le rabrouai.

Pour m'écarter davantage de lui il me fallait un prétexte. Je n'attendis guère. Un matin il se baissa pour ramasser le crayon qu'un des policiers venait d'échapper. Dans l'escalier je l'insultai. Il me répondit qu'il ne comprenait pas. Il voulut me calmer en se montrant plus affectueux, il m'irrita.

— Tu es lâche, lui dis-je. Tu es un salaud. Les flics t'épargnent encore trop. Un jour tu leur lècheras vraiment les bottes ! Peut-être qu'ils vont te rendre visite en cellule !

Je le haïssais d'être le témoin de ma déchéance après qu'il avait vu comment je pouvais être un Libérateur. Mon costume s'était fané, j'étais sale, non rasé, mes cheveux étaient hirsutes : je m'enlaidissais et je reprenais cet aspect de voyou qui déplaisait à Michaelis parce qu'il était naturellement le sien. Cependant je m'enfonçais dans la honte. Je n'aimais plus mon ami. Au contraire, à cet amour — le premier que j'éprouvais qui fût protecteur — succéda une sorte de haine malsaine, impure, parce qu'elle contenait encore quelques filaments de tendresse. Mais si j'avais été seul, je sais que les policiers je les eusse adorés. Dès que j'étais bouclé dans ma cellule, c'est de leur puissance que je rêvais, de leur amitié, d'une complicité possible entre eux et moi, où, échangeant nos mutuelles vertus, ils se fussent révélés, eux des voyous et moi un traître.

— Il est trop tard, me disais-je encore. C'est quand j'étais bien vêtu, quand j'avais une montre et des chaussures luisantes que je pouvais être leur égal, maintenant c'est trop tard, je suis une cloche.

Il m'apparaissait comme définitivement fixé que je dusse demeurer dans la honte encore qu'une tentative heureuse pour quelques mois m'eût remis au monde. Je décidai de vivre tête baissée, et de poursuivre mon destin dans le sens de la nuit, à l'inverse de vous-même, et d'exploiter l'envers de votre beauté.

L'esprit de nombreux littérateurs s'est reposé souvent dans l'idée de bandes. Le pays, a-t-on dit de la France, en était infesté. L'on imagine alors de rudes bandits unis par la volonté de pillage, par la cruauté et la haine. Était-ce possible? Il paraît peu probable que de tels hommes se puissent organiser. Le liant qui fit les bandes, j'ai bien peur que ce soit une avidité peut-être, mais qui se camouflait sous la colère, la revendication la plus juste. A se donner des prétextes pareils, des justifications, on arrive vite à élaborer une morale sommaire à partir de ces prétextes. Sauf chez les enfants, ce n'est jamais le Mal, un acharnement dans le contraire de votre morale, qui unit les hors-la-loi et forme les bandes. Dans les prisons, chaque criminel peut rêver d'une organisation bien faite, close mais forte, qui serait un refuge contre le monde et sa morale : ce n'est qu'une rêverie. La prison est cette forteresse, la caverne idéale, le repaire de bandits où les forces du monde viennent se briser. A peine est-il en contact avec elles, c'est aux lois banales que le criminel obéit. Si de nos jours on parle dans la presse de bandes formées par des déserteurs américains et des voyous français il ne s'agit pas d'organisation, mais d'accidentelles et brèves collaborations entre trois ou quatre hommes au plus.

Quand il sortit de prison à Katowice je retrouvai Michaelis. J'étais libre depuis un mois. Vivant de légères rapines dans les villages d'alentour, je couchais dans un parc public un peu en dehors de la ville. C'était l'été. D'autres voyous y venaient dormir sur les pelouses, abrités par l'ombre et les basses branches des cèdres. A l'aube, d'un massif de fleurs se levait un voleur, un jeune mendiant bâillait au premier soleil, d'autres s'épouillaient sur les marches d'un pseudo-temple grec. Je ne parlais à personne. Tout seul j'allais à quelques kilomètres, j'entrais dans une église et je volais l'argent du tronc avec une baguette engluée. Le soir, toujours à pied, je regagnais le parc. Cette cour des Miracles était claire. Tous ses hôtes étaient jeunes. Quand en Espagne ils se groupaient et se renseignaient mutuellement sur les lieux d'abondance, ici chaque mendiant, chaque voleur ignorait les autres. Par une porte dérobée il semblait être entré dans le parc. Silencieusement il se glissait le long des massifs ou des bosquets. Ne le signalaient que le feu d'une cigarette ou un pied furtif. Le matin sa trace était effacée. Or, tant d'extravagance me fit plus ailé. Accroupi dans mon coin d'ombre j'étais stupéfait d'être sous le ciel étoilé qu'avaient vu Alexandre et César, quand je n'étais qu'un mendiant et un voleur paresseux. J'avais traversé l'Europe avec mes moyens qui sont l'envers des moyens glorieux, pourtant je m'écrivais une secrète histoire, en détails aussi précieux que l'histoire des grands conquérants. Il fallait donc que ces détails me composassent le plus singulier, le plus rare des personnages. Suivant ma ligne je continuais à connaître les plus ternes malheurs. Peut-être y manquait-il mes toilettes de tapette éhontée que je déplore n'avoir traînées, fût-ce dans mes valises ou sous mes habits séculiers. Ce sont toutefois ces tulles pailletés et déchirés que secrètement je revêtais la nuit dès que j'avais franchi la clôture du parc.

Sous une écharpe de gaze je devine la translucide pâleur d'une épaule nue : c'est la pureté du matin, quand les Carolines de Barcelone, en cortège, allaient fleurir la pissotière [1]. La ville s'éveillait. Les ouvriers

---

1. Le lecteur est prévenu — c'est bien son tour — que ce rapport sur ma vie intime ou ce qu'elle suggère ne sera qu'un chant d'amour. Exactement, ma vie fut la préparation d'aventures (non de jeux) érotiques, dont je veux maintenant découvrir le sens. Hélas, c'est l'héroïsme qui m'apparaît le plus chargé de vertu amoureuse, et puisqu'il n'est de héros qu'en notre esprit il faudra donc les créer. Alors j'ai recours aux mots. Ceux que j'utilise, même si

se rendaient au travail. Devant chaque porte, sur le trottoir, on jetait des seaux d'eau. Couvertes de ridicule, les Carolines étaient à l'abri. Aucun rire ne pouvait les blesser, la pouillerie de leurs oripeaux témoignant de leur dépouillement. Le soleil épargnait cette guirlande émettant sa propre luminosité. Toutes étaient mortes. Ce que nous en voyions se promener dans la rue, étaient des Ombres retranchées du monde. Les Tapettes sont un peuple pâle et bariolé qui végète dans la conscience des braves gens. Jamais elles n'auront droit au grand jour, au véritable soleil. Mais reculées dans ces limbes, elles provoquent les plus curieux désastres annonciateurs de beautés nouvelles. L'une d'elles, la Grande Thérèse, attendait les clients dans les tasses. Au crépuscule dans une des pissotières circulaires, près du port elle apportait un pliant, s'asseyait et faisait son tricot, son crochet. Elle s'interrompait pour manger un sandwich. Elle était chez elle.

Une autre, Mlle Dora — Dora s'exclamait d'une voix aiguë :

— Comme elles sont mauvaises... les hommes !

De ce cri que je me rappelle naît une brève mais profonde méditation sur leur désespoir qui fut le mien. Échappé — pour combien de temps ! — à l'abjection, j'y veux retourner. Qu'au moins mon séjour dans votre monde me permette de faire un livre pour les Carolines.

je tente par eux une explication, chanteront. Ce que j'écris fut-il vrai ? Faux ? Seul ce livre d'amour sera réel. Les faits qui lui servirent de prétexte ? Je dois en être le dépositaire. Ce n'est pas eux que je restitue.

J'étais chaste. Mes robes me préservaient et j'attendais le sommeil dans une pose artistique. Je me détachais du sol davantage. Je le survolais. J'étais sûr de le pouvoir parcourir avec la même aisance et mes vols dans les églises m'allégeaient encore. Michaelis de retour m'alourdit un peu, car s'il m'aidait à voler, il souriait presque toujours, d'un sourire connu.

Je m'émerveillais de ces mystères nocturnes et que même le jour la terre soit ténébreuse. Sachant presque tout de la misère et qu'elle est purulente, ici je la voyais se profiler sous la lune, se découper en ombres chinoises dans l'ombre des feuilles. Elle n'avait plus de profondeur, elle n'était qu'une silhouette que j'avais le dangereux privilège de traverser avec mon épaisseur de souffrance et de sang. J'appris que même les fleurs sont noires la nuit, quand je voulus en cueillir pour les porter sur les autels dont chaque matin je fracturais le tronc. Par ces bouquets je ne cherchais pas à me rendre propice un saint ni la Sainte Vierge, à mon corps, à mes bras je voulais donner l'occasion d'attitudes d'une conventionnelle beauté, capables de m'intégrer dans votre monde.

L'on s'étonnera que je décrive si peu de personnages pittoresques. Chargé d'amour mon regard ne distingue et ne distinguait alors les aspects étonnants qui font considérer les individus comme des objets. A tout comportement, le plus étrange en apparence, je connaissais d'emblée, sans y réfléchir, une justification. Le geste ou l'attitude les plus insolites me semblaient correspondre à une intérieure nécessité : je ne savais, je ne sais encore me moquer. Chaque réflexion entendue me paraît venir à point nommé, fût-ce la plus saugrenue. J'aurai donc traversé les pénitenciers, les prisons, connu les bouges, les bars, les routes sans m'étonner. Si j'y songe, dans ma mémoire je ne retrouve aucun de ces personnages qu'un œil différent du mien, plus amusé, eût épinglé. Ce livre décevra sans doute. Afin d'en rompre la monotonie, je veux bien essayer de conter quelques anecdotes, rapporter quelques mots.

Au tribunal. Le juge : — Pourquoi avez-vous volé ce cuivre?

Le détenu : — C'est la misère, monsieur le président.

Le juge : — Ce n'est pas une excuse.

— J'ai parcouru toute l'Europe, me dit Stilitano. J'ai même été en Grèce.

— Ça t'a plu?

— C'est pas mal. Mais c'est en partie détruit.

Beau mâle, Michaelis m'avoue qu'il était fier des regards d'admiration que lui portent les hommes plus que de ceux des femmes.

— Je crâne davantage.

— Pourtant tu n'aimes pas les hommes.

— Ça ne fait rien. Je suis heureux de les voir baver d'envie devant ma belle gueule. C'est pour ça que je suis gentil avec eux.

Poursuivi rue des Couronnes, l'effroi que me causaient les inspecteurs m'était communiqué par le bruit terrible de leurs imperméables caoutchoutés. Chaque fois qu'à nouveau je l'entends, mon cœur se serre.

Lors de cette arrestation, pour le vol de documents concernant la IVe Internationale, je connus B. Il avait peut-être vingt-deux ou vingt-trois ans. Il craignait d'être relégué. Pendant qu'on attendait pour passer à l'anthropométrie il vint se mettre à côté de moi.

— Moi aussi, dis-je, je risque la relègue.

— C'est vrai? Reste à côté de moi, « ils » vont peut-être nous placer dans la même cellote. (Le détenu nomme d'un diminutif amical sa cellule.) On s'arrangera pour être heureux si on part à la relègue.

Quand nous revînmes de l'identité, il s'arrangea pour me faire cette confidence :

— Moi j'ai connu un gars de vingt ans qui m'a demandé un jour de lui trouver un mec.

Enfin le soir même il m'avoua :

— Je déconnais. C'est moi qui en ai envie.

— Tu trouveras ça ici, lui dis-je.

— C'est pour ça que je me fais pas trop de bile.

B. ne fut pas relégué. Je le retrouvai à Montmartre. Il me présenta un ami à lui, un prêtre, avec qui, la nuit, il faisait les tasses.

— Pourquoi tu ne le mets pas en l'air ton curé?

— Je sais pas. Il est trop chic.

Quand je le rencontre il m'en parle souvent. Il dit « mon curé » avec une certaine tendresse. Le prêtre, qui l'adore, lui a promis un poste de marguillier dans sa paroisse.

Sans soupçonner ce qu'ils détruisaient les policiers déchirèrent dix ou douze dessins découverts sur moi. Ces arabesques, sans qu'ils l'aient deviné, représentaient les fers, plats et dos, d'anciennes reliures. Lorsque nous dûmes A., G. et moi cambrioler le musée de C. je fus chargé de connaître la topographie et le butin possible. Ce vol, accompli par d'autres que nous, est cependant trop récent pour que j'en précise les détails. Ne sachant à mes visites nombreuses quels prétextes donner j'eus l'idée, en entendant vanter les livres anciens enfermés dans quelques vitrines, de demander qu'on m'en laissât copier, vite et sommairement, les reliures. Plusieurs jours de suite je revins au musée et je restai des heures devant les livres, dessinant comme je pouvais. De retour à Paris, je me renseignai sur la valeur des ouvrages; avec stupéfaction j'appris qu'ils valaient très cher. Jamais auparavant je n'eusse pensé que des livres pouvaient être le but d'un casse. Nous ne nous emparâmes pas de ceux-là mais c'est de là que me vint l'idée de fréquenter les librairies. Je mis au point une serviette truquée et je devins dans ces vols si habile que je poussai la délicatesse de toujours les réussir sous l'œil du libraire.

De Java, Stilitano avait la démarche en bloc, un peu chaloupée, fendant la bise, et s'il se lève pour partir, si Java se déplace, j'ai cette émotion que j'éprouve quand sous mes yeux passe, démarre en silence et en douceur une automobile de grand luxe. Le second avait-il peut-être dans le muscle des fesses plus de sensibilité. Sa croupe était plus onduleuse. Mais Java comme lui trahissait avec joie. Comme lui il aimait humilier les filles.

— Ma parole c'est une salope, me dit-il. Tu sais ce qu'elle vient de m'apprendre? Tu ne devinerais jamais. Qu'elle ne peut pas venir ce soir parce qu'elle a rendez-vous avec un vieux, et que les vieux, ça paye mieux. C'est une salope. Mais je vais lui en faire baver!

Sa nervosité casse la cigarette qu'il tirait du paquet. Il râle.

Sur lui : aux poignets la marque du vêtement du scaphandrier. Et l'échancrure du maillot blanc par où passent les deux bras. Chacun d'eux a la vigueur et l'élégante individualité d'un matelot nonchalant et obscène.

Sous l'aisselle, j'ai vu tatouée la lettre A.

— Qu'est-ce que c'est?

— Catégorie sanguine. Quand j'étais Waffen S. S. On était tous tatoués.

Sans me regarder il ajoute :

— J'en aurai jamais honte, de ma lettre. Personne ne pourra me la faire disparaître. Je tuerais quelqu'un pour la garder.

— Tu es fier d'avoir été S. S.?

— Oui.

Son visage ressemble étrangement à celui de Marc Aubert. La même beauté froide. Il referme son bras, puis il se lève et rajuste ses vêtements. Il débarrasse ses cheveux des brins de mousse et d'écorce. Le mur sauté nous marchons en silence parmi les cailloux. Dans la foule il me regarde avec un peu de tristesse et de malice mêlées.

— On peut dire de nous qu'on s'est fait enculer par Hitler, je m'en fous.

Puis il éclate de rire. Ses yeux bleus protégés par une fourrure de soleil il fend la foule, l'air, la bise, avec une telle souveraineté que c'est moi qui me charge de sa honte.

Après avoir connu Erik, l'avoir aimé, puis perdu voici que je rencontre... [1]. L'un comme l'autre auront su la joie terrible d'appartenir à l'armée maudite. Ancien garde du corps d'un général allemand, il est doux. Il fit un stage de quelques semaines dans un camp où on lui apprit à se servir du poignard, à rester toujours sur ses gardes, à accepter d'être tué pour protéger l'officier. Il a connu les neiges de Russie, pillé les pays traversés : la Tchécoslovaquie, la Pologne, et même l'Allemagne. Des richesses il n'a rien gardé. La cour de justice l'a condamné à deux ans de prison qu'il vient de finir. Quelquefois il me parle de cette époque et le souvenir qui déborde sur les autres c'est sa joie profonde lorsqu'il voyait la peur élargir la pupille de celui qu'il allait tuer. Il crâne dans la rue : il ne marche que sur la chaussée. Le soir il s'offre pile aux uns, aux autres face.

L'assassinat n'est pas le moyen le plus efficace de rejoindre le monde souterrain de l'abjection. Au contraire, le sang versé, le danger constant où sera son corps qu'on peut un jour ou l'autre décapiter (le meurtrier recule mais son recul est ascendant) et l'attrait qu'il exerce car on lui suppose, pour si bien s'opposer aux lois de la vie, les attributs les plus facilement imaginés de la force la plus grande, empêchent qu'on méprise ce criminel. D'autres crimes sont plus avilissants : le vol, la mendicité, la trahison, l'abus de

1. Je dois laisser en blanc ce nom.

confiance, etc., c'est ceux-là que j'ai choisi de commettre, cependant que toujours je demeurais hanté par l'idée d'un meurtre qui, irrémédiablement, me retrancherait de votre monde.

Ma fortune en Pologne ayant été rapide, mon élégance crevait les yeux, si les Polonais ne me suspectèrent jamais le consul de France ne se trompant pas me pria de quitter le consulat sur-le-champ, Katowice dans les quarante-huit heures et même la Pologne au plus tôt. Avec Michaelis nous décidâmes de retourner en Tchécoslovaquie mais à l'un comme à l'autre le visa d'entrée fut refusé. Nous louâmes une auto avec son chauffeur afin qu'il nous mène à la frontière par une route de la montagne. J'avais un revolver.

— Si le chauffeur refuse de nous conduire, nous le tuons et nous continuons avec la voiture.

Assis à l'arrière, une main sur mon arme et l'autre dans la main de Michaelis, plus fort que moi mais aussi jeune, j'eusse tiré avec bonheur dans le dos du conducteur. La voiture allait lentement, dans une côte. Michaelis devait bondir au volant, quand le chauffeur s'arrêta juste devant un poste-frontière que nous n'avions pas vu. Ce crime m'était refusé. Escortés par deux gendarmes nous revînmes à Katowice. Il faisait nuit.

— Si on trouve le revolver dans ma poche, pensai-je, on nous arrête, on nous condamne peut-être.

L'escalier conduisant au cabinet du chef de la police était sombre. En le montant, j'eus la soudaine idée de placer mon arme sur une marche. Je feignis un faux pas, me baissai, et posai l'arme dans un angle, près du mur. Durant l'interrogatoire (Pourquoi voulais-je aller en Tchécoslovaquie? Que faisais-je ici?) je tremblais qu'on ne découvrît ma ruse. A ce moment je connaissais la joie inquiète, aussi fragile qu'un pollen sur la fleur de noisetier, la joie matinale et dorée de l'assassin qui s'échappe. Au moins, si je n'avais pu commettre le crime étais-je doucement baigné par les franges de son aurore.

Michaelis m'aimait. La posture douloureuse dans laquelle il me connut transforma peut-être cet amour en une sorte de pitié. Les mythologies contiennent de nombreux héros qui se changent en servantes. Peut-être obscurément redoutait-il qu'en ma position repliée, larvaire, je n'élaborasse un savant travail et que s'achevât ma métamorphose en m'élevant pourvu d'ailes soudaines comme le cerf à qui miraculeusement Dieu accorde d'échapper aux chiens qui le cernent, devant mes gardiens foudroyés par ma gloire. Le seul commencement d'exécution du meurtre suffit, et Michaelis me regarda avec les yeux d'autrefois mais je ne l'aimais plus. Si je rapporte mon aventure avec lui c'est afin qu'on voie qu'une fatalité s'acharnait à corrompre mes attitudes, soit que mon héros s'effondrât, soit que moi-même j'apparusse de misérable boue. Java n'y coupera pas. Je reconnais déjà sa dureté n'être qu'une apparence, et non qu'elle la revête mais qu'elle soit faite de la plus molle gélatine.

Parler de mon travail d'écrivain serait un pléonasme. L'ennui de mes journées de prison me fit me réfugier dans ma vie d'autrefois, vagabonde, austère ou misérable. Plus tard, et libre, j'écrivis encore, pour gagner de l'argent. L'idée d'une œuvre littéraire me ferait hausser les épaules. Cependant si j'examine ce que j'écrivis j'y distingue aujourd'hui, patiemment poursuivie, une volonté de réhabilitation des êtres, des objets, des sentiments réputés vils. De les avoir nommés avec les mots qui d'habitude désignent la noblesse, c'était peut-être enfantin, facile : j'allais vite. J'utilisais le moyen le plus court, mais je ne l'eusse pas fait si, en moi-même, ces objets, ces sentiments (la trahison, le vol, la lâcheté, la peur) n'eussent appelé le qualificatif réservé d'habitude et par vous à leurs contraires. Sur-le-champ, au moment que j'écrivais, peut-être ai-je voulu magnifier des sentiments, des attitudes ou des objets qu'honorait un garçon magnifique devant la beauté de qui je me courbais, mais aujourd'hui que je me relis, j'ai oublié ces garçons, il ne reste d'eux que cet attribut que j'ai chanté, et c'est lui qui resplendira dans mes livres d'un éclat égal à l'orgueil, à l'héroïsme, à l'audace. Je ne leur ai pas cherché d'excuses. Pas de justification. J'ai voulu qu'ils aient droit aux honneurs du Nom. Cette opération, pour moi n'aura pas été vaine. J'en éprouve déjà l'efficacité. En embellissant ce que vous méprisez, voici que mon esprit, lassé de ce jeu qui consiste à nommer d'un nom prestigieux ce qui bouleversa mon cœur, refuse tout qualificatif. Les êtres et les choses, sans les confondre, il les accepte tous dans leur égale nudité. Puis il refuse de les vêtir. Ainsi ne veux-je plus écrire, je meurs à la Lettre. Toutefois, depuis quelques jours les journaux m'enseignent que le monde est inquiet. On reparle de guerre. A mesure que l'inquiétude augmente, que se précisent les préparatifs (non plus les déclarations sonores des hommes d'État mais la menaçante exactitude des techniciens) je connais une étrange paix. En moi-même je rentre. Je m'y installe un endroit délicieux et féroce d'où je regarderai sans la craindre la fureur des hommes. J'espère le bruit du canon, les trompettes de la mort, pour disposer une bulle de silence sans cesse recréée. Je les éloignerai encore par les couches multiples, et toujours plus épaisses, de mes aventures d'autrefois, mâchées, remâchées, bavées autour de moi, filées et enroulées comme la soie du cocon. Je travaillerai à concevoir ma solitude et mon immortalité, à les vivre, si un idiot désir de sacrifice ne me fait sortir d'elles.

Ma solitude en prison était totale. Elle l'est moins maintenant que j'en parle. Alors j'étais seul. La nuit je me laissais descendre sur un courant d'abandon. Le monde était un torrent, un rapide de forces unies pour me porter à la mer, à la mort. J'avais la joie amère de me connaître seul. J'ai la nostalgie de ce bruit : en cellule quand je rêvais l'esprit vague, audessus de moi un détenu tout à coup se lève et marche de long en large, d'un pas toujours égal. Ma rêverie reste vague aussi mais ce bruit (comme au premier plan à cause de sa précision) me rappelle que le corps qui la rêve, celui d'où elle s'échappe est en prison, prisonnier d'un pas net, soudain, régulier. Je voudrais être mes vieux camarades de misère, les enfants du malheur. J'envie la gloire qu'ils sécrètent et que j'utilise à des fins moins pures. Le talent c'est la politesse à l'égard de la matière, il consiste à donner un chant à ce qui était muet. Mon talent sera l'amour que je porte à ce qui compose le monde des prisons et des bagnes. Non que je les veuille transformer, amener jusqu'à votre vie, ou que je leur accorde l'indulgence et la pitié : je reconnais aux voleurs, aux traîtres, aux assassins, aux méchants, aux fourbes une beauté profonde — une beauté en creux — que je vous refuse. Soclay, Pilorge, Weidmann, Serge de Lenz, Messieurs de la Police, indicateurs sournois, vous m'apparaissez quelquefois parés comme de toilettes funèbres et de jais, de si beaux crimes que j'envie, aux uns la peur mythologique qu'ils inspirent, aux autres leurs supplices, à tous l'infamie où finalement ils se confondent. Si je regarde en arrière je n'aperçois qu'une suite d'actions piteuses. Mes livres les racontent. Ils les ont parées de qualificatifs grâce à quoi je me les rappelle avec bonheur. J'ai donc été ce petit misérable qui ne connut que la faim, l'humiliation du corps, la pauvreté, la peur, la bassesse. De tant d'attitudes renfrognées j'ai tiré des raisons de gloire.

— Sans doute suis-je cela, me disais-je, mais au moins j'ai conscience de l'être et tant de conscience détruit la honte et m'accorde un sentiment que l'on connaît peu : l'orgueil. Vous qui me méprisez n'êtes pas fait d'autre chose que d'une succession de pareilles misères, mais vous n'en aurez jamais la conscience, et par elle l'orgueil, c'est-à-dire la connaissance d'une force qui vous permet de tenir tête à la misère — non votre propre misère, mais à celle dont l'humanité est composée.

Quelques livres et quelques poèmes sont-ils capables de vous prouver l'utilisation que je fis de tous mes malheurs, que ceux-ci étaient nécessaires à ma beauté? J'ai trop écrit, je suis las. J'eus tant de mal pour réussir si mal ce que font si vite mes héros.

Quand la frousse courbait Java, il était beau. Grâce à lui la peur était noble. Elle était restituée à la dignité de mouvement naturel, sans autre signification que celle de crainte organique, affolement des viscères devant l'image de la mort ou de la douleur. Java tremblait. Je voyais une diarrhée jaune couler le long de ses cuisses monumentales. Sur son visage admirable et si tendrement baisé ou si goulûment, la terreur se promenait, en saccageait les traits. Ce cataclysme était fou d'oser déranger de si nobles proportions, de si exaltants rapports, et si harmonieux, et ces proportions, ces rapports étaient à l'origine de la crise, ils en étaient responsables, si beaux ils en étaient même l'expression puisque ce que je nomme Java était à la fois maître de son corps et responsable de sa peur. Sa peur était belle à voir. Tout en devenait le signe : la chevelure, les muscles, les yeux, les dents, le sexe, et la grâce virile de cet enfant.

Après cela, il ennoblit la honte. Il la porta devant moi comme un fardeau, comme un tigre accroché à ses épaules mais dont la menace donnait à ses gestes quelle insolente soumission! Une délicate et délicieuse humilité depuis adoucit son comportement. Sa mâle vigueur, sa brusquerie sont voilées comme le seraient les éclats du soleil, d'un crêpe. Je sentais en le regardant se battre qu'il refusait le combat. Peut-être craignait-il d'être le moins fort ou que l'autre gars amochât sa gueule, mais je le voyais pris de terreur. Il se recroquevillait et voulait s'endormir pour se réveiller aux Indes ou à Java, ou par la police être arrêté et condamné à mort. Il est donc lâche. Mais par lui je sais que la peur et la lâcheté peuvent s'exprimer par les plus adorables grimaces.

— J'te fais grâce, jeta le gars avec mépris.

Java ne broncha pas. Il accepta l'insulte. Il se releva de la poussière, ramassa son béret et partit sans épousseter ses genoux. Il était encore très beau.

Marc Aubert m'enseigna que la trahison se développe dans un corps admirable. On pourrait donc la lire en clair si elle est chiffrée dans tous les signes qui formaient à la fois le traître et la trahison. Elle était signifiée par des cheveux blonds, des yeux clairs, une peau dorée, un sourire câlin, par un cou, un torse, des bras, des jambes, un sexe pour quoi j'eusse donné ma vie et accumulé les trahisons.

— Il faut, me dis-je, que ces héros soient arrivés à une telle perfection que je ne désire plus les voir vivre afin de se parachever par une destinée audacieuse. S'ils ont atteint la perfection, les voici au bord de la mort et ils ne craignent plus le jugement des hommes. Rien ne peut altérer leur étonnante réussite. Qu'ils me permettent donc ce qu'on refuse aux misérables.

Presque toujours seul, mais aidé d'un idéal compagnon, je traversai d'autres frontières. Mon émotion était toujours aussi grande. Je franchis toutes sortes d'Alpes. De Slovénie en Italie, aidé par les douaniers, puis abandonné d'eux, je remontai un torrent bourbeux. Combattu par le vent, par le froid, par les ronces, par novembre, j'atteignis un sommet derrière quoi était l'Italie. Pour la gagner j'affrontais des monstres cachés par la nuit ou révélés par elle. Je fus pris dans les barbelés d'un fort où j'entendais marcher et chuchoter des sentinelles. Le cœur battant, accroupi dans l'ombre, j'espérai qu'avant de me fusiller elles me caresseraient et m'aimeraient. Ainsi la nuit je l'espérais peuplée de gardes voluptueux. Je m'aventurai au hasard sur un chemin. Il était bon. Je le devinais à la reconnaissance de mes semelles sur son sol honnête. Plus tard, je quittai l'Italie pour l'Autriche. Je traversai la nuit des champs de neige. La lune y projetait mon ombre. Dans chaque pays quitté j'avais volé et connu les prisons, pourtant j'allais non à travers l'Europe mais à travers le monde des objets et des circonstances avec une ingénuité toujours plus fraîche. Tant de merveilles m'inquiétaient mais je me durcissais davantage afin d'en pénétrer sans danger pour moi le mystère habituel.

Il m'apparut vite qu'en Europe centrale il est difficile de voler sans danger, la police étant parfaite. La pauvreté des moyens de communication, la difficulté de franchir des frontières admirablement surveillées m'empêchaient de fuir vite, ma qualité de Français me signalait encore avec éclat. Je remarquai d'ailleurs que mes compatriotes sont rares qui, à l'étranger, sont voleurs ou mendiants. Je décidai de revenir en France et d'y mener — peut-être même restreignant à Paris seul mon activité — un destin de voleur. Continuer ma route autour du monde, en commettant des larcins plus ou moins importants, me séduisait aussi. Je choisis la France par un souci de profondeur. Je la connaissais assez pour être sûr d'accorder au vol toute mon attention, mes soins; de le travailler comme une matière unique dont je deviendrais l'ouvrier dévoué. J'avais alors vingt-quatre ou vingt-cinq ans. A la poursuite d'une aventure morale, je sacrifiais la dispersion et l'ornement. Les raisons de mon choix dont le sens ne m'est livré peut-être aujourd'hui que parce que je dois l'écrire ne m'apparurent pas avec clarté. Je crois que j'avais besoin de creuser, de forer une masse de langage où ma pensée fût à son aise. *Peut-être voulais-je m'accuser dans ma langue.* L'Albanie, la Hongrie, la Pologne, ni l'Inde ou le Brésil ne m'eussent offert une matière aussi riche que la France. En effet le vol — et ce qui s'y rattache : les peines de prison avec la honte du métier de voleur — était devenu une entreprise désintéressée, sorte d'œuvre d'art active et pensée ne pouvant s'accomplir qu'à l'aide du langage, du mien, confronté avec les lois issues de ce même langage. A l'étranger je n'eusse été qu'un voleur plus ou moins habile, mais, me pensant en français, je me fusse connu Français — cette qualité n'en laissant subsister aucune autre — chez des étrangers. Voleur dans mon pays, pour le devenir et me justifier de l'être utilisant la langue des volés — qui sont moi-même à cause de l'importance du langage — c'était à cette qualité de voleur donner la chance d'être unique. Je devenais étranger.

Le malaise qu'y crée peut-être une politique confuse impose aux États d'Europe centrale cette police dont la perfection écrase. Je parle naturellement de sa rapidité. Il semble qu'un délit, par le jeu des délations, soit connu avant d'être commis, mais les policiers n'ont pas la finesse des nôtres. Venant d'Albanie, accompagné par Anton, un Autrichien, j'entrai en Yougoslavie en montrant aux douaniers un passeport qui n'était qu'un livret militaire français auquel j'avais ajouté quatre pages d'un passeport autrichien (délivré à Anton) munies des visas du consulat serbe. Plusieurs fois, dans le train, dans la rue, dans les hôtels, je tendis aux gendarmes yougoslaves cet étrange document : il leur parut normal. Les cachets, les visas les satisfaisaient. Quand je fus arrêté — pour avoir tiré un coup de revolver sur Anton — les policiers me le rendirent.

Aimais-je la France? Son éclat me nimbait alors. L'attaché militaire de France à Belgrade ayant à plusieurs reprises réclamé mon extradition — à quoi s'opposaient les lois internationales — la police yougoslave usa d'un compromis : elle me reconduisit à la frontière du pays le plus proche de France, l'Italie. De prison en prison je traversai la Yougoslavie. J'y rencontrai des criminels, violents et sombres, jurant dans une langue sauvage, où les injures sont les plus belles du monde.

— Je baise la mère de Dieu dans le cul!
— Je baise le mur!

Quelques minutes après ils éclataient de rire en montrant leurs dents blanches. Le roi de Yougoslavie était alors un gamin de douze ou quinze ans, gracieux, coiffé avec une raie sur le côté, Pierre II, dont le portrait, ornant aussi les timbres, était accroché au greffe de toutes les prisons, dans tous les bureaux de la police. La colère des voyous, des voleurs, montait vers cet enfant. Ils invectivaient. Ils râlaient contre lui. Les rauques insultes des hommes méchants ressemblaient à des scènes d'amour faites publiquement à un amant cruel. Ils le traitaient de putain. Quand j'arrivai — après en avoir connu dix autres où je ne passai que quelques nuits — à la prison de Souchak (frontière italienne), on m'enferma dans une cellule où nous étions peut-être vingt. Je vis tout de suite Radé Péritch. C'était un Croate condamné pour vol à deux ans de prison. Afin de profiter de mon manteau, il me fit coucher sur le bat-flanc, à côté de lui. Il était brun et bien découplé. Il était vêtu d'une combinaison de mécano de toile bleue, un peu délavée, avec au milieu une poche très large où il enfonçait ses mains. Je ne passai que deux nuits à la prison de Souchak, mais cela suffit pour que je m'éprisse de Radé.

La prison était séparée de la route non par une muraille mais par un fossé où donnait la fenêtre de notre cellule. Quand les policiers, puis les douaniers m'eurent fait passer la frontière italienne, par la montagne et par une nuit glaciale, je me rendis jusqu'à Trieste. Dans le vestibule du consulat de France je volai un pardessus que je revendis aussitôt. Avec l'argent j'achetai dix mètres de corde, une scie à métaux et, par Piedicolle, je rentrai en Yougoslavie. Une voiture me conduisit à Souchak où j'arrivai la nuit. De la route je sifflai. Radé parut à la fenêtre, et très facilement je lui fis passer l'outillage. La nuit suivante, je revins, mais il refusa de tenter l'évasion cependant facile. J'attendis jusqu'à l'aube, espérant le convaincre. A la fin, grelottant, je repris le chemin de la montagne, triste de comprendre que ce costaud préférait la certitude de la prison à l'aventure avec moi. Je pus franchir la frontière italienne et gagner Trieste, puis Venise, enfin Palerme où l'on m'emprisonna. A la mémoire il me vient un détail amusant. Quand j'entrai dans la cellule, à la prison de Palerme, les détenus me demandèrent :

— Come va, la principessa?

— No lo so, répondis-je.

A la promenade, le matin, au préau, on me posa la même question, mais je ne savais rien de la santé de la princesse de Piémont, belle-fille du roi (c'est d'elle qu'il s'agissait). Je compris plus tard qu'elle était enceinte et que l'amnistie, qu'on accorde toujours à la naissance d'un enfant royal, dépendait du sexe de l'enfant. Les hôtes des prisons italiennes avaient les mêmes préoccupations que les courtisans du Quirinal.

A ma libération, on me conduisit à la frontière autrichienne, que je franchis près de Willach.

Radé fit bien en refusant de partir. Durant mon voyage en Europe centrale sa présence idéale m'accompagne. Non seulement il marche et dort près de moi mais dans mes décisions je veux être digne de l'image audacieuse que de lui je m'étais formée. Une fois de plus un homme de grande beauté de visage et de corps me donnait l'occasion de prouver mon courage.

Par l'énumération, ni l'entrecroisement ou leur

chevauchement, des faits — dont je ne sais ce qu'ils sont, ce qui les limite dans l'espace et dans la durée — ni par leur interprétation qui sans les détruire en crée de nouveaux, je ne puis découvrir la clé, non plus, par eux ma propre clé. Par un dessein baroque j'entrepris d'en citer quelques-uns, feignant d'omettre ceux — les premiers constituant la trame apparente de ma vie — qui sont les nœuds des fils chatoyants. Si la France est une émotion qui se poursuit d'artistes en artistes — sortes de neurones de relais — jusqu'à la fin ne suis-je qu'un chapelet d'émois dont j'ignore les premiers. Par les crochets d'une gaffe accrochant un noyé pour le tirer d'un étang, j'ai souffert dans mon corps d'enfant. Se pouvait-il en effet qu'on cherchât les cadavres avec des harpons? J'ai parcouru la campagne, ravi de découvrir dans les blés ou sous les sapins des noyés à qui j'accordais d'invraisemblables funérailles. Puis-je dire que c'était le passé — ou que c'était le futur? Tout est déjà pris, jusqu'à ma mort, dans une banquise de *étant :* mon tremblement quand un malabar me demande d'être mon épouse (je découvre que son désir c'est mon tremblement) un soir de Carnaval; au crépuscule, d'une colline de sable la vue des guerriers arabes faisant leur reddition aux généraux français; le dos de ma main posée sur la braguette d'un soldat mais surtout sur elle le regard narquois du soldat; la mer soudaine entre deux maisons m'apparaît à Biarritz; du pénitencier je m'évade à pas minuscules, effrayé non d'être repris mais de devenir la proie de la liberté; sur sa queue énorme que je chevauche un blond légionnaire me porte vingt mètres sur les remparts;

non le beau joueur de football, ni son pied, ni sa chaussure mais le ballon, puis cessant d'être ce ballon me voici devenu le « coup d'envoi », et je cesse de l'être pour devenir l'idée qui va du pied au ballon; en cellule des voleurs inconnus m'appellent Jean; quand pieds nus dans des sandales je traverse les champs de neige, la nuit, à la frontière autrichienne je ne flancherai pas, mais alors, me dis-je, il faut que cet instant douloureux concoure à la beauté de ma vie, cet instant et tous les autres je refuse qu'ils soient des déchets, utilisant leur souffrance je me projette au ciel de l'esprit. Des nègres me donnent à manger sur les quais de Bordeaux; un poète illustre porte à son front mes mains; un soldat allemand est tué dans la neige, en Russie, et son frère me l'écrit; un jeune Toulousain m'aide à piller les chambres des officiers et des sous-officiers de mon régiment à Brest : il meurt en prison; je parle de quelqu'un— et dans cela le temps de respirer des roses, en prison d'entendre un soir chanter le convoi pour le bagne, m'éprendre d'un acrobate ganté de blanc— mort depuis toujours, c'est-à-dire fixé, car je refuse de vivre pour une autre fin que celle même que je trouvais contenir le premier malheur : qué ma vie doit être légende c'est-à-dire lisible et sa lecture donner naissance à quelque émotion nouvelle que je nomme poésie. Je ne suis plus rien, qu'un prétexte.

En bougeant lentement Stilitano s'exposait à l'amour comme on s'expose au soleil. Offrant aux rayons toutes ses faces. Quand je le rencontrai à Anvers il s'était empâté. Non qu'il fût gras mais un peu plus d'épaisseur arrondissait ses angles. Dans la démarche je retrouvai la même souplesse sauvage et plus puissante, moins rapide et plus musclée, aussi nerveuse. Dans la rue la plus sale d'Anvers, près de l'Escaut, sous un ciel gris, le dos de Stilitano me parut zébré par l'ombre et la lumière alternées d'une persienne espagnole. Vêtue d'un fourreau de satin noir, la femme qui marchait avec lui était vraiment sa femelle. Il fut surpris de me voir et, me parut-il, heureux.

— Jeannot! Tu es à Anvers?
— Ça va?

Je lui serrai la main. Il me présenta à Sylvia. Dans l'exclamation je ne le reconnus guère mais à peine eut-il ouvert la bouche pour une phrase plus doucement prononcée, j'y revis le blanc crachat qui la voilait, dont je ne sais quelles mucosités le formaient mais demeurées intactes par quoi, entre ses dents, je retrouvai Stilitano. Sans préciser je dis :

— Tu l'as conservé.

Stilitano me comprit. Il rougit un peu et sourit.

— T'as remarqué?
— Tu penses. T'en es trop fier.

Sylvia demanda :

— De quoi vous parlez?
— Poupée, on cause. T'occupe pas.

Cette innocente complicité me mit d'emblée en relations avec Stilitano. Fondirent sur moi tous les anciens charmes : la puissance des épaules, la mobilité des fesses, la main arrachée peut-être dans la jungle par un autre fauve, enfin le sexe si long-

temps refusé, enfoui dans une nuit dangereuse pro-
tégée d'odeurs mortelles. J'étais à sa merci. Sans
rien savoir de ses occupations j'étais sûr qu'il régnait
sur le peuple des bouges, des docks, des bars, donc
sur la ville entière. Trouver l'accord de ce qui est de
mauvais goût, voilà le comble de l'élégance. Sans
faillir, Stilitano avait su choisir des souliers de crocodile jaune et vert, un costume marron, une chemise
de soie blanche, une cravate rose, un foulard multicolore et un chapeau vert. Tout cela était retenu
par des épingles, des boutons et des chaînettes d'or,
et Stilitano était élégant. En face de lui je devins le
même malheureux qu'autrefois, et il ne paraissait
pas en être gêné.

— Il y a trois jours que je suis là, dis-je.

— Et tu te défends?

— Comme avant.

Il sourit.

— Tu te souviens?

— Tu vois ce gars-là, dit-il à sa femme, c'est un
pote. C'est un frangin. Il pourra venir à la piaule
quand il voudra.

Ils m'emmenèrent dîner dans un restaurant
près du port. Stilitano m'apprit qu'il faisait le
trafic de l'opium. Sa femme était une putain. Sur
les mots de « came » et d'opium mon imagination
s'enfuyait, je voyais Stilitano être devenu un aventurier audacieux et riche. C'était un rapace volant
à grands cernes. Pourtant si son regard était parfois
cruel, du rapace il n'avait pas la rapacité. Au contraire,
malgré sa richesse, Stilitano semblait encore jouer.
Je mis peu de temps pour découvrir que son appa-

rence seule était somptueuse. Il vivait dans un petit hôtel. Sur la cheminée je vis d'abord un tas épais des magazines pour les enfants, illustrés d'images en couleurs. Celles-ci n'étaient plus commentées en espagnol mais en français : leur puérilité était la même et la beauté, la vigueur et le courage du héros, presque nu toujours. Chaque matin Sylvia en apportait de nouveaux que Stilitano lisait au lit. Je pensai qu'il venait de traverser deux années en lisant d'enfantines histoires bariolées, cependant qu'en marge mûrissait son corps — et son esprit peut-être. Il revendait de l'opium acheté aux marins, et surveillait sa femme. Sa richesse il la portait sur lui : ses vêtements, ses bijoux, son portefeuille. Il m'offrit de travailler sous ses ordres. Pendant quelques jours je transportai de minuscules sachets chez des clients sournois et inquiets.

Comme en Espagne, avec la même promptitude, Stilitano s'était lié avec les voyous d'Anvers. Dans les bars on lui offrait à boire, il chahutait les filles et les pédés. Fasciné par sa nouvelle beauté, par son opulence et peut-être talé par le souvenir de notre amitié, je me laissais l'aimer. Je le suivais partout. J'étais jaloux de ses amis, jaloux de Sylvia et je souffrais quand vers midi je le retrouvais, parfumé, frais mais les paupières bistrées. Ensemble nous allions sur les quais. Nous parlions d'autrefois. Il me racontait surtout ses exploits car il était vantard. Jamais je n'eus l'idée de lui reprocher sa fourberie, jamais sa trahison ni sa lâcheté. Au contraire je l'admirais d'en supporter, dans mon souvenir, aussi simplement et hautainement la marque.

— T'aimes toujours les hommes?

— Bien sûr. Pourquoi, ça t'embête?

Avec un sourire à la fois gentil et narquois il répondit :

— Moi? T'es fou. Au contraire.

— Pourquoi, au contraire?

Il hésita et voulut retarder la réponse :

— Hein?

— Tu dis au contraire. Tu les aimes aussi.

— Moi?

— Oui.

— Non, mais des fois je me demande ce que c'est.

— Ça t'excite.

— Penses-tu. Je te dis ça...

Il rit, gêné.

— Et Sylvia?

— Sylvia, elle gagne ma croûte.

— C'est tout?

— Oui. Et ça suffit.

S'il ajoutait à son pouvoir sur moi, de me donner quelques folles espérances, Stilitano m'allait réduire en esclavage. Déjà je me sentais chavirer dans un élément profond et triste. Et que me réservaient les bourrasques de Stilitano? Je le lui dis :

— Tu sais que j'ai toujours le béguin et que je voudrais faire l'amour avec toi.

Sans me regarder il répondit en souriant :

— On verra ça.

Après un léger silence il dit :

— Qu'est-ce que t'aimes faire?

— Avec toi, tout!

— On verra.

137

Il ne broncha pas. Aucun mouvement ne le porta vers moi quand tout mon être voulait s'engouffrer en lui, quand je voulais donner à mon corps la souplesse de l'osier afin de l'entortiller, quand je voulais me voiler, me courber sur lui. La ville était exaspérante. L'odeur du port et son agitation me bouleversaient. Des dockers flamands nous heurtaient, et Stilitano estropié était plus fort qu'eux. Dans sa poche, car son imprudence était exquise, peut-être avait-il quelques grains d'opium qui le rendaient précieux et condamnable.

Pour aboutir à Anvers je venais de traverser l'Allemagne hitlérienne où je demeurai quelques mois. Je vins à pied de Breslau à Berlin. J'eusse voulu voler. Une étrange force me retenait. A l'Europe entière l'Allemagne inspirait la terreur, elle était devenue, surtout à mes yeux, le symbole de la cruauté. Déjà elle était hors la loi. Même Unter den Linden j'avais le sentiment de me promener dans un camp organisé par des bandits. Je croyais le cerveau du plus scrupuleux bourgeois berlinois recéler des trésors de duplicité, de haine, de méchanceté, de cruauté, de convoitise. J'étais ému d'être libre au milieu d'un peuple entier mis à l'index. Sans doute y volai-je comme ailleurs mais j'en éprouvais une sorte de gêne car ce qui commandait cette activité et ce qui résultait d'elle — cette attitude morale particulière érigée en vertu civique — toute une nation le connaissait et le dirigeait contre les autres.

— C'est un peuple de voleurs, sentais-je en moi-même. Si je vole ici je n'accomplis aucune action singulière et qui puisse me réaliser mieux : j'obéis à l'ordre habituel. Je ne le détruis pas. Je ne commets pas le mal, je ne dérange rien. Le scandale est impossible. Je vole à vide.

Il me semblait que les dieux présidant aux lois ne se révoltassent pas, simplement ils s'étonnaient. J'avais honte. Mais surtout je désirais rentrer dans un pays où les lois de la morale courante font l'objet d'un culte, sur lesquelles se fonde la vie. A Berlin je choisis pour vivre la prostitution. Elle me combla quelques jours puis elle me lassa. Anvers m'offrait de légendaires trésors, les musées flamands, les diamantaires juifs, les armateurs attardés la nuit, les passagers des transatlantiques. Exalté par mon amour je voulais vivre avec Stilitano de périlleuses aventures. Lui-même paraissait vouloir se prêter au jeu et m'éblouir par son audace. Conduisant d'une seule main, il arriva une fois à l'hôtel, le soir, monté sur une moto de la police.

— Je viens de la piquer à un flic, me dit-il en souriant et sans même consentir à descendre de la machine. Pourtant il comprit que le geste de l'enfourcher me serait un spectacle affolant, il quitta la selle, feignit d'examiner le moteur et repartit avec moi derrière.

— On va la liquider tout de suite, me dit-il.

— Tu es fou. On peut faire des coups...

Exalté par le vent et la course je me croyais emporté dans la plus dangereuse poursuite. Une heure après la moto était vendue à un navigateur grec qui l'embarqua aussitôt. Mais il m'avait été donné d'apercevoir Stilitano au centre d'un acte authentique, achevé, car la vente de la machine, les prix débattus, le règlement effectué, furent un chef-d'œuvre de finesse après le coup de force [1].

Pas plus que moi-même Stilitano n'était vraiment un homme mûr. Encore que l'étant pour de vrai, il jouait au gangster, c'est-à-dire qu'il en inventait les attitudes. Je ne connais pas de voyous qui ne soient des enfants. Quel esprit « sérieux », s'il passe devant une bijouterie, une banque, inventerait, minutieusement et gravement, les détails d'une attaque ou d'un cambriolage? L'idée d'un compagnonnage fondé — non sur l'intérêt des associés — dans une entente complice proche de l'amitié, pour se faire aider où la trouverait-il ailleurs qu'en une sorte de rêverie, de jeu gratuit, qu'on nomme romanesque? Stilitano jouait. Il aimait se savoir hors la loi, se sentir en danger. Un souci d'esthétique l'y mettait. Il tentait de copier un héros idéal, le Stilitano dont l'image était déjà inscrite dans un ciel de gloire. C'est ainsi qu'il obéissait aux lois qui soumettent les voyous, et les dessinent. Sans elles il n'eût rien été. Aveuglé d'abord par son auguste solitude, par son calme et par sa sérénité je le croyais se créant lui-même, anarchiquement, conduit, par la seule impudence, par le culot de ses gestes. Or, il *recherchait un type*. Peut-être était-ce celui qui était représenté par le héros, toujours victorieux, des magazines d'enfants? De toutes façons la légère

1. Quand, ces jours derniers, Pierre Fièvre, fils d'un garde mobile, et apprenti policier lui-même (il a 21 ans), m'a dit qu'il voulait être flic afin d'avoir une moto, j'étais ému. J'ai revu les fesses de Stilitano écraser la selle de cuir de la moto volée.

rêverie de Stilitano était en parfait accord avec ses muscles et son goût pour l'action. Le héros des images sans doute avait-il fini par s'inscrire dans le cœur de Stilitano. Je le respecte encore car s'il observait l'extérieur d'un protocole y conduisant, en soi-même, et sans témoin, il subissait les contraintes du corps ou du cœur, à sa femme il refusa toujours la tendresse.

Sans nous livrer tout à fait l'un à l'autre, nous prîmes l'habitude de nous voir chaque jour. Je déjeunais dans sa chambre et le soir, quand Sylvia travaillait, nous dînions ensemble. Ensuite nous allions, de bar en bar, pour nous saouler. Il dansait aussi, presque toute la nuit, avec de très jolies filles. A peine était-il là, à sa table d'abord puis de proche en proche aux autres l'atmosphère était changée. Elle devenait à la fois lourde et frénétique. Presque tous les soirs il se battait, sauvage, admirable, sa main unique vite armée d'un cran d'arrêt ouvert brusquement dans sa poche. Les dockers, les navigateurs, les maquereaux nous encerclaient ou nous prêtaient main-forte. Cette vie m'épuisait car j'eusse aimé rôder sur les quais, dans le brouillard ou dans la pluie. Dans ma mémoire ces nuits sont criblées d'étincelles. Parlant d'un film, un journaliste écrit : « L'amour fleurit parmi les rixes. » Mieux qu'un beau discours cette phrase ridicule me rappelle les fleurs qu'on nomme « gueules-de-loups » fleurissant dans les chardons secs, et par elles ma tendresse veloutée que blessait Stilitano.

S'il ne me confiait aucun travail, parfois je volais des vélos que j'allais revendre à Maestricht, en Hollande. Quand il apprit qu'adroitement je passais la frontière, Stilitano vint un jour avec moi, et nous allâmes jusqu'à Amsterdam. La ville ne l'intéressa pas. Il m'ordonna de l'attendre quelques heures dans un café puis il disparut. J'avais appris qu'il ne fallait pas l'interroger. Mon travail l'intéressait, le sien pas moi. Le soir nous revînmes mais à la gare il me remit un petit paquet, ficelé et cacheté, de la grosseur d'une brique.

— Moi je continue par le train, me dit-il.

— Mais la douane?

— Je suis en règle. T'occupe pas. Toi tu passes comme d'habitude, à pied. Et t'ouvres pas le paquet, c'est à un copain.

— Si je suis poissé?

— T'amuse pas à ça, ça irait mal pour ta petite gueule.

Savant à disposer les charmes contraires entre lesquels j'oscillerais sans jamais être à moi-même, il m'embrassa gentiment et s'en alla vers son train. Je regardai marcher devant moi cette tranquille Raison, gardienne des Tables de la Loi, l'autorité contenue dans la sûreté du pas, dans la nonchalance, dans le jeu presque lumineux de ses fesses. J'ignorais ce que contenait le paquet, il était le signe de la confiance et de la chance. Grâce à lui je n'allais plus passer une frontière pour ma mesquine nécessité mais par obéissance, par soumission à une Puissance souveraine. Quand j'eus quitté des yeux Stilitano toutes mes préoccupations n'eurent pour but que sa recherche et c'est le paquet qui me dirigeait. Lors de mes expéditions (mes vols, mes reconnaissances, mes fuites) les objets étaient animés. Pensant à la nuit c'était avec un grand N. Les pierres, les cailloux des routes avaient un sens par quoi je me devais faire reconnaître. Les arbres s'étonnaient de me voir. Ma peur portait le nom de panique. De chaque objet, elle en libérait l'esprit qui n'attendait que mon tremblement pour s'émouvoir. Autour de moi le monde inanimé frémissait doucement. Avec la pluie même j'eusse pu causer. Très vite je me préoccupai de considérer comme privilégiée cette émotion et de la préférer à ce qui en était le prétexte : la peur, et ce qui était le prétexte de cette peur : un cambriolage ou ma fuite devant la police. Favorisée par la nuit, la même inquiétude enfin troubla mes journées. Ainsi me déplaçais-je dans un univers énigmatique car il avait perdu le sens pratique. J'étais en danger. Je ne considérais plus en effet les objets selon leur habituelle destination mais l'amicale inquiétude qu'ils m'offraient. Le paquet de Stilitano, entre ma poitrine et ma chemise accusait, précisait encore le mystère de chaque chose cependant qu'il le résolvait grâce au sourire, affleurant presque à mes lèvres et découvrant mes dents, qu'il me permettait d'oser pour passer librement. Peut-être portais-je des bijoux volés ? Quels soucis des polices, quelles fins de limiers, de chiens policiers, de télégrammes secrets ce minuscule colis n'était-il pas la cause ? Je devais donc débusquer toutes les forces ennemies, Stilitano m'attendait.

— C'est un beau salaud, me disais-je. Il prend soin de ne pas se mouiller. C'est pas une raison parce qu'il lui manque une main.

Quand j'arrivai à Anvers je vins droit à son hôtel, sans m'être rasé ni lavé car je voulais apparaître avec les attributs de ma victoire, avec ma barbe, ma crasse et la fatigue chargeant mes bras. N'est-ce pas elle qu'on veut symboliser quand on couvre le vainqueur de lauriers, de fleurs, de chaînes d'or? Moi je la portais nue. Dans sa chambre, devant lui, j'exagérai le naturel en lui tendant le paquet.

— Voilà.

Il sourit, d'un sourire triomphant. Je crois qu'il n'ignorait pas que son pouvoir sur moi avait tout réussi.

— Y a pas eu d'accrocs?

— Rien du tout. C'était facile.

— Ah!

Il sourit encore et ajouta : « Tant mieux. » Mais moi-même je n'osais lui dire qu'il eût réussi le voyage sans plus de périls, car je savais déjà que Stilitano était ma propre création, et qu'il dépendait de moi que je la détruisisse. Je comprenais néanmoins pourquoi Dieu a besoin d'un ange, qu'il nomme messager, pour réussir certaines missions que lui-même ne saurait accomplir.

— Qu'est-ce qu'il y a dedans?

— Ben quoi, de la came.

Secrètement j'avais passé de l'opium [1]. Je ne méprisai point Stilitano de m'avoir exposé au danger d'être pris à sa place.

[1]. 1947. Un journal du soir m'apprend qu'on vient de l'arrêter pour une agression nocturne à main armée. Le journal dit : « ... le beau manchot était pâle... ». Cette lecture ne me cause aucune émotion.

— C'est normal, me disais-je, c'est un salaud et je suis un con.

Qu'il se manifestât ainsi à moi, ma gratitude montait vers lui. Devant moi s'il se fût manifesté par un assez grand nombre d'actes audacieux d'où ma participation eût été bannie, devenant à la fois cause et fin, Stilitano sur moi eût perdu tout pouvoir. Obscurément je le soupçonnais incapable d'une action engageant sa personne entièrement. Les soins qu'il donnait à son corps en étaient la preuve. Ses bains, ses parfums, la grasse matinée, la forme même que son corps avait obtenue : le moelleux. Comprenant que c'est par moi qu'il devait agir je m'attachais à lui, sûr de tirer ma force de cette puissance élémentaire et désordonnée dont il était formé.

Cette époque de l'année (l'automne), la pluie, la couleur sombre des constructions, la lourdeur des Flamands, le caractère particulier de la ville, ma misère aussi m'incitant à la tristesse, ce fut d'abord une profonde mélancolie que me firent découvrir en moi ces objets devant quoi je me troublais. Sous l'occupation allemande, aux Actualités, je vis les funérailles des cent ou cent cinquante victimes du bombardement d'Anvers. Les cercueils couverts de tulipes ou de dahlias, exposés dans les ruines d'Anvers étaient autant d'éventaires de fleurs devant quoi passaient pour les bénir une multitude de prêtres et d'enfants de chœur en surplis de dentelle. Cette image, qui fut la dernière, m'aide encore à croire qu'Anvers me découvrait des zones d'ombre. — « On célèbre, me disais-je, le culte de cette ville dont, je le devinais bien alors, l'esprit est la Mort. » Cependant l'apparence des choses me devait seule causer ce trouble né d'abord de la peur. Puis le trouble disparut. Je crus percevoir les choses avec une éclatante lucidité. Ayant, même la plus banale, perdu sa signification usuelle, j'en vins à me demander s'il était vrai qu'on buvait dans un verre ou qu'on chaussait un soulier. Découvrant le sens singulier de chaque chose, l'idée de numération m'abandonnait. Peu à peu Stilitano perdait sur moi son pouvoir fabuleux. Il me croyait rêveur : j'étais attentif. Sans être silencieux j'étais ailleurs. Par les rapprochements que me proposaient des objets dont les destinations paraissaient contraires, ma conversation prenait un tour humoristique.

— Tu deviens cinglé, ma parole.

— Cinglé! répétais-je en écarquillant les yeux. « Cinglé. » Aussi crois-je me souvenir que j'eus la révélation d'une connaissance absolue en considérant, selon le détachement luxueux dont je parle, une épingle à linge abandonnée sur un fil de fer. L'élégance et la bizarrerie de ce petit objet connu *m'apparurent sans m'étonner.* Les événements eux-mêmes je les perçus dans leur autonomie. Le lecteur devine comme une telle attitude pouvait être dangereuse dans la vie que je menais, où je devais veiller chaque minute, risquant d'être pris si je perdais de vue le sens usuel des objets.

Avec l'aide et les conseils de Stilitano j'avais réussi à me vêtir élégamment, selon une élégance particulière toutefois. Dédaignant les modes rigides des voyous, dans ma tenue apparut la fantaisie. Ainsi, au moment que je cessais d'être un mendiant coupé du monde pratique par la honte, ce monde m'échappait. Des objets je distinguais l'essence, non les qualités. Enfin mon humour me désengluait des êtres à qui passionnément je m'étais lié. Je me sentais perdu et absurdement léger.

Un jeune barbeau, dans un bar, accroupi, jouant avec un petit chien, cette espièglerie me semblant tellement insolite en cet endroit je souris d'aise au barbeau et au chien : je les avais compris. Et aussi que l'autobus chargé de gens graves et pressés peut s'arrêter courtoisement sur le signe minuscule du doigt d'un enfant. Un poil rigide sortant, menaçant, de la narine de Stilitano, sans trembler je prenais des ciseaux pour le couper.

Quand plus tard, sans refuser d'être bouleversé par un beau garçon, j'appliquerai le même détachement, quand j'accepterai d'être ému et que, refusant à l'émotion le droit de me commander, je l'examinerai avec la même lucidité, de mon amour j'aurai connaissance; à partir de lui j'établirai des rapports avec le monde : alors naîtra l'intelligence.

Mais Stilitano était désenchanté. Je ne le servais plus. S'il me frappait ou m'engueulait. S'il m'apprenait ce que sont l'insulte et les coups. Anvers à mes yeux avait perdu son caractère de tristesse et de poésie maritime et crapuleuse. Je voyais clair et tout pouvait m'arriver. J'eusse pu accomplir un crime. Cette période dura peut-être six mois. J'étais chaste.

Armand était en voyage. Encore que j'entendisse parfois qu'on l'appelât de noms différents, nous garderons celui-ci. Moi-même n'en suis-je pas, avec celui de Jean Gallien que je porte aujourd'hui, à mon quinze ou seizième nom? Il rentrait de France, où, je le saurai plus tard, il passait de l'opium. Il faut, afin que je le puisse traduire d'un seul mot, qu'un visage m'apparaisse quelques secondes seulement. S'il s'attarde, à la loyauté, ou la clarté, ou la franchise qu'il me suggérait, un pli de la lèvre, un regard, un sourire découverts compliquent l'interprétation. Le visage devient de plus en plus complexe. Les signes s'enchevêtrent : il est illisible. Dans celui de Stilitano je m'appliquai à voir la dureté qu'altérait seul, au coin de l'œil ou de la bouche, je ne sais, un signe d'ironie. Le visage d'Armand était faux, sournois, méchant, fourbe, brutal. Sans doute m'est-il facile d'y découvrir cela après que je connus l'homme, mais je sais que l'impression d'alors, ces qualités miraculeusement réunies sur une seule face, me la pouvaient seules donner. Hypocrisie, méchanceté, sottise, cruauté, férocité, sont des termes réductibles à un seul. Plutôt que leur énumération sur le visage, s'y lisait, veux-je dire, non dans l'espace mais dans le temps, selon ma propre humeur ou selon, à l'intérieur d'Armand, ce qui provoquait l'apparition de telles qualités sur ses traits. C'était une brute. Il ne présentait aucune beauté régulière, mais, sur son visage, la présence de ce que j'ai dit — et qui était pur d'être si peu troublé par son contraire — lui donnait une apparence sombre, pourtant étincelante. Sa force physique était prodigieuse. Il avait alors environ quarante-cinq ans. Ayant vécu si longtemps dans la fréquentation de sa propre vigueur, il la supportait avec aisance. Il avait eu enfin l'habileté d'en tirer le meilleur parti si bien que cette vigueur, cette puissance musculaire, visible dans la forme du crâne et l'attache du cou, affirmait encore, imposait ces qualités détestables. Elle les faisait miroiter. Sa face était camuse, naturellement je crois, le nez ne paraissant pas avoir été abîmé par un coup de poing. Sa mâchoire était forte, solide. Son crâne était très rond et presque toujours rasé. La peau sur la nuque faisait trois plis que précisait un peu de crasse. Il était grand et charpenté magnifiquement. Il se déplaçait en général avec lenteur, lourdeur. Il riait peu, et c'était sans franchise. Sa voix. Elle était très grave, sourde, presque basse. Sans qu'on puisse dire que c'était une grosse voix son timbre paraissait ouaté. Armand parlant très vite ou parlant en marchant et d'un pas rapide, par l'accélération du débit s'opposant au ton grave de la voix il obtenait une réussite musicale savante. Sur un mouvement aussi précipité on attendait un timbre aigu, ou d'une voix si grave qu'elle se mût lourdement, difficilement : elle était agile. Cette opposition provoquait encore des inflexions élégantes. Armand articulait à peine. Les syllabes ne se heurtaient pas. Encore que simple, son langage étant aisé, les mots s'enchaînaient avec une tranquillité horizontale. C'est à sa voix surtout qu'on comprenait que toute sa jeunesse on l'avait admiré, les hommes surtout. A une sorte d'impertinente assurance on reconnaît ceux qui rencontrèrent, pour leur force ou leur beauté, l'admiration des hommes. Ils sont à la fois plus sûrs d'eux-mêmes et plus inclinés par la gentillesse. La voix d'Armand touchait un point dans ma gorge et me coupait le souffle. Il était rare qu'il se pressât, mais, par extraordinaire, s'il devait aller vite à un rendez-vous, entre Stilitano et moi, marchant la tête haute, un peu penchée en avant, malgré la stature massive son allure dégagée, sa voix devenant de plus en plus rapide avec la gravité du timbre, réussissait un chef-d'œuvre presque trop audacieux. Pour peu qu'il y eût du brouillard, de la gorge de cet athlète de plomb sortait une voix d'azur. On suppose qu'elle avait appartenu à un adolescent pressé, leste, joyeux, fêté, sûr de sa grâce, de sa force, de sa beauté, de son étrangeté, de la beauté et de l'étrangeté de sa voix.

En lui-même, dans ses organes que j'imaginais élémentaires mais de tissus solides et de teintes diaprées très belles, dans des tripes chaudes et généreuses, je crois qu'il élaborait sa volonté d'imposer, d'appliquer, de les rendre visibles, l'hypocrisie, la sottise, la méchanceté, la cruauté, la servilité, et d'en obtenir sur sa personne tout entière la plus obscène réussite. Je le vis dans la chambre de Sylvia. Quand j'entrai Stilitano lui dit très vite que j'étais Français, et que nous nous étions connus en Espagne. Armand était debout. Il ne me tendit pas la main, mais il me regarda. Je restai près de la fenêtre sans paraître m'occuper d'eux. Quand ils décidèrent d'aller au bar, Stilitano me dit :

— Tu viens, Jeannot ?

Avant que j'eusse répondu Armand demanda :

— Tu le sors avec toi, d'habitude ?

Stilitano rit et dit :

— Si ça t'emmerde on peut le laisser.

— Oh, fais-le venir.

Je les suivis. Après avoir bu ils se séparèrent et Armand ne me serra pas la main. Il quitta le bar sans même me regarder. Sur lui, Stilitano ne me dit pas un mot. Quelques jours après, quand je le rencontrai près des docks, Armand m'ordonna de le suivre. Sans presque parler il m'emmena dans sa chambre. Avec le même apparent mépris il me soumit à son plaisir.

Par sa force et son âge dominé, j'accordai au travail tous mes soins. Écrasé par cette masse de chair abandonnée de la plus ténue spiritualité, je connaissais le vertige de rencontrer enfin la brute parfaite, indifférente à mon bonheur. Je découvris ce qu'une toison, épaisse sur le torse, le ventre et les cuisses, peut contenir de douceur et transmettre de force. Je laissai enfin que tant de nuit orageuse m'ensevelît. Par reconnaissance ou par crainte, sur le bras velu d'Armand je déposai un baiser.

— Qu'est-ce qui te prend? T'es malade?

— J'ai rien fait de mal.

Je demeurai près de lui, afin de servir à son plaisir nocturne. Quand il allait se coucher, l'arrachant des passants du pantalon, Armand faisait claquer sa ceinture de cuir. Elle cravachait une victime invisible, une forme de chair transparente. L'air saignait. Alors s'il m'effrayait c'est par son impuissance d'être cet Armand que je vois, lourd et méchant. Le claquement l'accompagnait et le soutenait. Sa rage, son désespoir de ne l'être le faisaient trembler comme un cheval dompté par l'ombre, trembler de *plus belle*. Il n'eût pas cependant toléré que je vécusse sans rien faire. Il me conseilla de rôder autour de la gare, ou du zoo, et d'y lever des clients. Connaissant la terreur que m'inspirait sa personne, il méprisa de me surveiller. Je rapportais sans défaut l'argent gagné. Lui-même opérait dans les bars. Avec les dockers et les mariniers, il réalisait de nombreux trafics. On le respectait. Comme tous les macs et les voyous de cette ville, à cette époque, il était chaussé d'espadrilles. Silencieux, son pas était plus lourd et plus élastique. Souvent il portait un pantalon de matelot, en drap bleu, épais, dont cette partie qu'on nomme le pont n'était jamais boutonnée tout à fait, si bien qu'un triangle retombait devant lui, ou quelquefois c'est une poche au pan retroussé un peu qu'il portait sur le ventre. Plus que de quiconque sa démarche était onduleuse. Je crois qu'il s'y coulait afin de retrouver la mémoire de son corps de voyou, de marlou, de marin de vingt ans. Il lui était fidèle comme on l'est aux modes de sa jeunesse. Mais, figure lui-même de l'érotisme le plus irritant, il le voulait encore exprimer par le langage et le geste. Habitué à la pudeur de Stilitano et, dans les bars des dockers à leur grossièreté, j'étais le témoin, souvent le prétexte des plus audacieuses précisions. Devant n'importe qui, de son sexe Armand parlait avec lyrisme. Personne ne l'interrompait. A moins que troublé par le ton et les propos un dur ne répliquât.

Une main dans la poche, d'autres fois, il se caressait en buvant, debout au comptoir. D'autres fois encore il vantait la grosseur et la beauté — la force aussi et même l'intelligence — de son sexe en effet massif. Ne sachant à quoi correspondait une pareille obsession de son sexe et de sa force, je l'admirais. Dans la rue, d'un bras s'il m'attirait comme pour m'étreindre, un coup brutal du même bras étendu m'écartait de lui. Puisque j'ignorais tout de sa vie, sauf qu'il avait parcouru le monde et qu'il était Flamand, je voulais sur lui distinguer les signes du bagne d'où, en s'évadant, il aurait rapporté ce crâne tondu, ces muscles lourds, son hypocrisie, sa violence, sa férocité.

La rencontre d'Armand fut un tel cataclysme que, tout en continuant à le voir souvent, Stilitano parut s'être éloigné de moi à la fois dans le temps et dans l'espace. C'était, il y avait très longtemps et dans un lieu très reculé que j'avais épousé ce jeune garçon dont la dureté voilée d'ironie soudain s'était muée en une délicieuse douceur. Jamais Stilitano, durant que je vécus avec Armand, n'en plaisanta. Sa discrétion me devint délicatement douloureuse. Bientôt il représenta les Jours Défunts.

Contrairement à lui, Armand n'était pas lâche. Non seulement il ne refusait pas le combat singulier mais il acceptait les coups de force dangereux. Il osait même les concevoir et les mettre au point. Une semaine après notre rencontre, il me dit qu'il s'absenterait, et que j'attende son retour. Il me confia ses affaires : une valise avec un peu de linge et il partit. Pendant quelques jours je fus allégé, je n'éprouvai plus le poids de la crainte. Avec Stilitano nous sortîmes souvent.

S'il n'avait craché dans ses deux mains pour tourner un treuil je n'eusse pas remarqué un garçon de mon âge. Ce geste que font les travailleurs, me donna un tel vertige que je crus tomber en chute libre jusqu'à une époque — ou une région de moi-même — depuis longtemps oubliée. Mon cœur se réveillant, mon corps fut d'un coup désengourdi. Avec une précision et une rapidité folle j'enregistrai le garçon : son geste, ses cheveux, son coup de reins, sa cambrure, le manège de chevaux de bois sur lequel il travaillait, leur mouvement et la musique, la fête foraine, la ville d'Anvers les contenant, la Terre tournant avec précaution, l'Univers conservant un si précieux fardeau, et moi-même là, effrayé de posséder le monde et de me savoir le posséder.

Ce crachat dans ses mains je ne le vis pas : je reconnus la crispation de la joue et la pointe de la langue entre ses dents. Je vis encore le gars frottant ses paumes dures et noires. En se baissant pour empoigner la manivelle je remarquai la ceinture de cuir, craquelé, mais épais. Une telle ceinture ne pouvait être un ornement comme celle qui tient le pantalon des élégants. Par sa matière et son épaisseur elle était toute pénétrée de cette fonction : retenir le signe le plus évident de la masculinité qui, sans cette lanière, ne serait rien, ne contiendrait plus, ne garderait plus son trésor viril mais dégoulinerait sur les talons d'un mâle entravé. Le garçon portait un blouson, entre le froc et quoi on voyait la peau. La ceinture n'étant pas engagée dans ce qu'on nomme les passants, à chaque mouvement elle remontait un peu quand le pantalon descendait. Médusé, je la regardai. Je la vis opérer d'une façon sûre. Au sixième coup de reins elle ceintura, sauf à la braguette où les deux extrémités réunies étaient prises, le dos et la taille nus du gars.

— C'est beau à voir, hein? me dit Stilitano.

Me regardant regarder, il ne parlait pas du manège mais de son génie.

— Va y dire que tu l'aimes, va.

— Te fous pas de moi.

— Je cause sérieusement.

Il souriait. N'ayant l'âge ni l'allure qui me permissent de l'aborder ou l'observer avec la morgue légère ou amusée que prennent les messieurs distingués, je voulus m'éloigner du gars. Stilitano me saisit par la manche :

— Viens.

Je me dégageai.

— Laisse-moi, dis-je.

— Je vois bien qu'il te plaît.

— Et alors?

— Alors? Invite-le à boire un verre.

Il sourit encore et dit :

— T'as peur d'Armand?

— T'es fou.

— Alors, tu veux que j'y aille?

Le garçon se redressait à ce moment, le sang au visage, luisant : c'était un paf congestionné. En rajustant sa ceinture sur le pantalon, il s'approcha de nous. Nous étions sur la chaussée, lui debout sur le socle de planches du manège. Comme nous le regardions il sourit et dit :

— Ça donne chaud.

— Ça doit donner soif? dit Stilitano. Et, se tournant vers moi, il ajouta :

— Tu nous payes un coup?

Robert vint avec nous au café. Le bonheur de cet événement, sa simplicité me bouleversèrent. Je n'étais plus à côté de Robert ni même de Stilitano, je me dispersais à tous les points du monde et j'enregistrais cent détails qui éclataient en étoiles légères. Je ne sais plus lesquelles. Mais quand j'accompagnai Lucien pour la première fois je connus la même absence. J'écoutais parler une ménagère marchandant un géranium :

— J'aimerais avoir une plante chez moi... disait-elle. Une belle plante...

Lui faisant désirer d'avoir à soi une plante prise, avec ses racines et sa terre, parmi l'infinité des plantes, ce souci de la possession ne me surprenait pas. Par la réflexion de cette femme j'étais au fait du sentiment de propriété.

— Elle arrosera sa plante, me disais-je. Elle lui achètera un cache-pot de majolique. Elle l'exposera au soleil. Elle la chérira...

Robert marchait à côté de moi.

La nuit, enroulé dans une couverture, il couchait sous les bâches du manège. Je lui offris de partager ma chambre. Il vint dormir. Le deuxième soir, comme il était en retard je partis à sa recherche. Sans qu'il s'en doutât je le vis dans un bar, près des docks, parlant avec un homme ayant les manières d'un pédé. Je ne lui dis rien mais j'avertis Stilitano. Le lendemain matin, avant que Robert ne se rendît au travail, Stilitano vint nous voir. Son incroyable pudeur l'encombrant encore, il fut très embarrassé pour dire ce qu'il voulait. Il y parvint enfin :

— On travaillera ensemble. Tu les attires dans une pissotière ou dans une carrée, et avec Jeannot on arrive. On dit qu'on est tes frangins et on fait raquer le type.

Je faillis dire : « Et Armand, qu'est-ce qu'il fera ? » Je me tus.

Robert était dans le lit, le buste dressé hors des draps. Afin de ne pas le gêner je prenais soin de ne le pas frôler. A Stilitano il présenta les risques d'une telle entreprise, mais je comprenais que ces risques, lui-même les voyait lointains, imprécis, dans un brouillard épais. Finalement il dit oui. Sur lui le charme de Stilitano venait d'agir. J'en éprouvai de la honte. J'aimais Robert et je n'eusse pas réussi à le faire accepter, mais surtout il m'était cruel que soient repris et utilisés les mêmes détails de notre intimité d'Espagne que Stilitano et moi étions seuls à connaître. Quand Stilitano fut sorti, Robert se glissa dans les draps et se blottit contre moi.

— C'est ton homme, hein ?

— Pourquoi tu me demandes ça ?

— Ça se voit que c'est ton homme.

Je l'étreignis et je voulus l'embrasser mais il s'écarta.

— Tu es fou. On va pas faire ça ensemble !

— Pourquoi ?

— Hein ? Je sais pas. On a le même âge, ça ne serait pas marrant.

Ce jour-là il se leva tard. Nous déjeunâmes avec Stilitano et Sylvia, ensuite Robert alla chercher sa paye et dire à son patron qu'il ne travaillerait plus au manège. Nous bûmes toute la soirée. Depuis

157

huit jours qu'il était parti, Armand ne donnait pas de ses nouvelles. J'eus d'abord l'idée de m'enfuir d'Anvers, et même de Belgique, en emportant ses affaires. Son pouvoir agissant à distance, je fus retenu, non par la crainte mais par l'attrait de la violence de cet homme mûr, mûri dans le mal, authentique bandit, capable, et lui seul, de m'entraîner, me porter presque, dans ce monde effrayant d'où je le croyais remonté. Je n'abandonnai pas sa chambre mais chaque jour mon angoisse augmentait. Stilitano m'avait promis de ne pas lui dire ma passion pour Robert mais je n'étais pas sûr que celui-ci, malicieusement, ne me livrât. Avec le manchot, Robert se montra très à son aise. Débarrassé de toute gêne il fut enjoué, gouailleur, un peu effronté. Quand ils parlaient de coups possibles je remarquai que son regard devenait soudain attentif et quand l'explication était finie, Robert la couronnait d'un geste explicite : le pouce et le médius réunis semblaient s'introduire dans la poche intérieure d'un invisible veston et délicatement retirer un invisible bijou. Ce geste était léger. Robert le dessinait dans l'air lentement, avec des brisures : l'une quand la main semblait sortir de la poche du volé, l'autre en entrant dans la sienne.

Robert et moi nous servions Stilitano comme on sert un prêtre ou une pièce d'artillerie. A genoux devant lui, chacun laçait une chaussure de l'homme. Cela se compliquait pour le gant unique. Presque toujours c'est Robert qui avait le privilège d'appuyer sur le bouton-pression.

Le récit des quelques opérations que nous réussîmes ne vous apprendrait rien sur ces mœurs. Le plus souvent Robert ou moi nous montions avec le pédé. Quand il dormait nous lancions l'argent à Stilitano posté sous la fenêtre. Le matin le micheton nous accusait. Nous nous laissions fouiller par lui mais il n'osait porter plainte. Au début, Robert essaya de justifier ses vols. Le voleur qui débute veut toujours en le dévalisant punir un salaud.

— Ces gens-là c'est des vicieux, disait-il.

La recherche des défauts des pédés qu'il volait lui donnait un air ennuyeux, avec une brutale franchise, Stilitano le rappela à l'ordre :

— Toi, si tu continues ton prêche tu finiras curé. A ce qu'on fait y a qu'une seule raison, c'est le fric.

Un tel langage détendit encore Robert. Certain d'être soutenu par Stilitano il se montra d'une liberté folle. Ses propos devinrent très drôles. Il amusait Stilitano qui ne sortit qu'avec lui. Mon humeur se fit plus grise. J'étais jaloux de mes deux amis. Enfin, Robert aimant les filles, il souriait à toutes. On l'aimait. Par cela je le sentais avec Stilitano non contre moi mais hors de ma portée. Afin, sa joliesse dépassant la mienne, qu'il lui fût plus facile d'attirer les hommes, Stilitano lui donna mes vêtements. Désinvolte, souriant, Robert les portait. Je n'avais qu'un pantalon, un veston et des chemises déchirées. Contre Stilitano j'inventai de médiocres vengeances. Comparé à Armand, il devenait de plus en plus plat, privé d'épaisseur. Sa beauté me parut fade. Son langage était morne. D'Armand j'espérais de nouvelles révélations.

Ses impudiques attitudes je ne puis dire qu'elles

sont à l'origine de ma décision d'écrire des livres pornographiques, mais je fus certainement bouleversé par l'insolence d'une réponse à Stilitano qui lui demandait, très calme, avec toutefois une sorte de légère indifférence la raison d'un si passionné lyrisme :

— Mes couilles, dit-il, mes couilles, les femmes elles avancent bien en présentant les nichons, elles paradent avec, les femmes, mes couilles j'ai bien le droit de les offrir, de les mettre en avant, et même, mes couilles, de les présenter sur un plateau. J'ai même le droit, elles sont belles, de les envoyer comme cadeau à Pola Négri ou au Prince de Galles!

Stilitano était capable de cynisme non de chant. Enfouies depuis longtemps — où, en s'accumulant elles épaississaient ma rancœur — remontaient pour empester mon haleine sa lâcheté, sa veulerie, sa paresse. Ce qui, autrefois, l'embellissait — comme un ulcère sculpte et peint la viande — j'en faisais des raisons de mépris. Eux semblaient ignorer ma jalousie, ma rage, et qu'elles travaillaient nos rapports. Un jour que j'étais seul avec elle, Sylvia dans la rue prit mon bras. Elle se pressa contre moi. Deux hommes que j'aimais, par leur amitié mutuelle et non ambiguë s'écartaient de moi, me refusaient d'accéder à la franche cordialité — et joyeuse, mais la femme de l'un, par son désir voisin de la consolation des pauvres, m'avilissait encore. Contre mon corps sa hanche et ses seins m'eussent fait vomir. Devant Stilitano, pour le blesser sans doute, elle osa dire que je lui plaisais. Robert et lui éclatèrent de rire.

— Vous n'avez qu'à aller vous balader tous les deux. Nous, on va sortir ensemble.

Chassé par leur sourire, je me voyais dégringoler les gradins de lumière que dominait Stilitano. Je rejoignis mon espagne et mes loques, mes nuits parmi les pauvres, enrichi de quelques bonheurs mais désespéré : me voici sûr de ne pouvoir jamais que mordre la poussière, lécher les pieds — les miens, poudreux de marches harassantes. L'idée de poux déjà sur moi couvait ses insectes. La ponte en étant proche je ne me coupais plus les cheveux. Je résolus de tuer Stilitano et Robert. Ne réussissant à être un voyou dans la gloire je désirai l'être dans la peine : je choisis le bagne ou la mort infamante. Pour me soutenir j'avais cependant le souvenir d'Armand et l'espoir de son retour, mais il n'apparaissait pas.

Nous étions en Belgique. La police française sur moi exerce seule un prestige fabuleux. De même l'appareil pénitentiaire. Ce que je commettais hors de France n'était pas un péché mais une erreur. Que trouverais-je dans les bagnes et les prisons belges? Le seul ennui sans doute d'être privé de liberté. A Stilitano et à Robert je proposai une expédition à Maubeuge.

— Si je les tue dans les Ardennes, la police française m'arrêtera et c'est à la Guyane que je serai condamné.

Ni l'un ni l'autre n'acceptèrent de me suivre. Un jour que j'étais seul dans sa chambre, dans la poche d'un veston pendu dans l'armoire je volai le revolver de Stilitano.

La vie dont j'ai parlé plus haut, c'est entre 1932 et 40 que je l'aurai vécue. Cependant que je l'écrivais pour vous, voici de quelles amours je suis préoccupé. Les ayant notées, je les utilise. Qu'elles servent à ce livre.

J'ai mordu Lucien jusqu'au sang. J'espérais le faire hurler, son insensibilité m'a vaincu; mais je sais que j'irais jusqu'à déchiqueter la chair de mon ami, à me perdre dans un carnage irréparable où je conserverais la raison, où je connaîtrais l'exaltation de la déchéance. « Que m'en croissent les marques, me disais-je, des ongles et des cheveux longs, des dents aiguës, la bave, et sous mes morsures que Lucien conserve son visage indifférent, car les signes d'une trop grande douleur aussitôt me feraient desserrer les mâchoires et lui demander pardon. » Quand mes dents mordaient sa chair, mes mâchoires se serraient jusqu'au tremblement dont tout mon corps frissonnait. Je râle et pourtant j'aime, de quelle tendresse, mon petit pêcheur du Suquet. S'il s'allonge contre moi, aux miennes il emmêle doucement ses jambes davantage confondues par l'étoffe très souple de nos pyjamas, puis il cherche, avec beaucoup de soins, l'endroit où blottir sa joue. Tant qu'il ne dort pas, je sentirai contre la paroi très sensible de mon cou, le frémissement de sa paupière et de ses cils retroussés. S'il éprouve aux narines quelques picotements, sa paresse, sa nonchalance ne lui permettant de soulever sa main, pour se gratter il frotte son nez contre ma barbe, me donnant ainsi de délicats coups de tête, comme un jeune veau qui tète sa mère. Sa vulnérabilité est alors totale. Un regard méchant, un mot trop dur de moi le blesseraient, ou bien traverseraient sans laisser de traces une matière devenue si tendre, presque molle, élastique. Il arrive qu'une vague de tendresse montée de mon cœur, sans même que je l'aie prévue, passe dans mes bras qui l'étreignent plus fort et lui, sans bouger la tête, appuie ses lèvres sur la partie de mon visage ou de mon corps où elles sont en contact. C'est la réponse automatique à la pression soudaine de mon bras. A la vague de tendresse répond toujours ce simple bécot où je sens s'épanouir à fleur de ma peau la douceur d'un garçon simple et candide. A ce signe je reconnais sa docilité aux injonctions du cœur, la soumission de son corps à mon esprit. Je chuchote, ma voix étouffée par le poids de sa tête :

— Quand tu es comme ça, anéanti contre moi, j'ai l'impression de te protéger.

— Moi aussi, dit-il. Et il me donne vite un de ses bécots-réponses.

— Quoi, toi aussi?

— J'ai, moi aussi, l'impression de te protéger.

— Oui? Pourquoi? Je te parais faible?

Dans un souffle, gentiment il me dit :

— Oui... je te protège.

Après avoir baisé mes yeux fermés, il quitte mon lit. Je l'entends qui ferme la porte. Sous mes paupières se forment des images : dans l'eau claire, des insectes gris, très agiles, qui se déplacent sur le fond vaseux de certaines fontaines. Ils courent dans l'ombre et l'eau claire de mes yeux dont le fond est de la vase.

Je m'étonne qu'un corps si bien musclé, sous ma chaleur se dissolve à ce point. Dans la rue, il marche en roulant les épaules : sa dureté a fondu. Ce qui était arêtes vives, éclats, s'est adouci — sauf l'œil qui brille dans la neige éboulée. Cette machine à donner des coups de poings, des coups de boule, des coups de pieds, s'étend, s'allonge, se déplie, à mon étonnement prouve qu'elle n'était que douceur contractée, bandée, plusieurs fois pliée sur elle-même, nouée, gonflée et j'apprends comment cette douceur, cette souple docilité à répondre à ma tendresse se transformera en violence, en méchanceté si la douceur n'était plus l'occasion d'être elle-même, si ma tendresse cessait, par exemple si j'abandonnais le gosse, si je retirais à la faiblesse la possibilité d'occuper ce corps magnifique. Je vois ce qui commanderait les sursauts. Quelle rage d'avoir de tels réveils. Sa douceur se nouerait, se contracterait, plusieurs fois se replierait sur soi-même pour former un ressort terrible.

— Si tu me laissais, je deviendrais enragé, m'a-t-il dit. Je serais le plus voyou des voyous.

Parfois j'ai peur que sa docilité à mon amour tout à coup n'obéisse plus. Il faut beaucoup de prudence et profiter vite de ce qu'il offre à mon bonheur. Vers le soir quand Lucien me serre dans ses bras et me couvre de baisers le visage, une tristesse voile mon corps. Mon corps dirait-on s'assombrit. Une ombre le recouvre d'un crêpe. Mes yeux regardent en moi-même. Laisserai-je cet enfant se déprendre de moi? Tomber de mon arbre; s'écraser au sol?

— Mon amour est toujours triste.

— C'est vrai, dès que je t'embrasse, tu deviens triste. J'ai remarqué.

— Ça t'ennuie?

— Non, ça ne fait rien. Moi je suis gai à ta place.

En moi-même, je murmure :

— Je t'aime... je t'aime... je t'aime...

Mon amour finira par sortir peut-être, me dis-je, de moi, emporté par ces mots, comme un toxique l'est du corps par le lait ou la purge. Dans la mienne je garde sa main. Le bout de mes doigts s'attarde au bout des siens. Je coupe enfin le contact : je l'aime encore. La même tristesse voile mon corps. Je le vis ainsi pour la première fois : Lucien descendait du Suquet pieds nus. Pieds nus, il traversait la ville, entrait au cinéma. Il portait un costume d'une élégance sans faute : un pantalon de toile bleue avec un maillot de matelot rayé blanc et bleu dont les manches courtes étaient retroussées jusqu'à l'épaule. J'ose écrire qu'il portait encore des pieds nus, tant ils me semblèrent être les accessoires travaillés pour compléter sa beauté. J'admirais souvent sa maîtrise et l'autorité que lui conférait, dans la foule vaniteuse de cette ville, la simple et gentille affirmation de sa beauté, de son élégance, de sa jeunesse, de sa force et de sa grâce. Au centre de cette profusion de bonheur, il me parut grave et il sourit.

De la plante araucaria les feuilles sont rouges, épaisses et duveteuses, un peu grasses et brunes. Elles ornent les cimetières, la tombe des pêcheurs morts depuis longtemps qui, durant des siècles, se promenèrent sur cette côte encore sauvage et douce. Ils brunirent leurs muscles, déjà noirs, en halant des bateaux et des filets. Ils portaient alors un costume dont les détails oubliés changèrent peu : une chemise très échancrée, un foulard multicolore autour de leur tête brune et bouclée. Ils marchaient pieds nus. Ils sont morts. La plante qui pousse aussi dans les jardins publics me fait songer à eux. Le peuple d'ombres qu'ils sont devenus continue ses lutineries, son bavardage ardent : je refuse leur mort. N'ayant d'autres plus beaux moyens de ressusciter un jeune pêcheur de 1730, pour qu'il vive plus fort, je m'accroupissais au soleil sur les rochers ou le soir dans l'ombre des pins et j'obligeais son image à servir mon plaisir. La compagnie d'un gamin ne suffisait pas toujours à me distraire d'eux. Un soir, je secouai les feuilles mortes accrochées à mes cheveux, à ma veste, je boutonnai mon pantalon et je demandai à Bob :

— Tu connais un type qui s'appelle Lucien?

— Oui, pourquoi?

— Rien. Il m'intéresse.

Le gars ne broncha pas. A tâtons, il se débarrassait des aiguilles de pin. Il frôla subtilement ses cheveux pour sentir les brins de mousse, il sortit un peu de l'ombre du bois pour regarder si du foutre n'avait pas éclaboussé son froc de soldat.

— C'est quel genre de type? dis-je.

— Lui? Un petit voyou. Il fréquentait des mecs de la Gestapo.

Une fois de plus, j'étais le centre d'un tourbillon grisant. La Gestapo française contenait ces deux éléments fascinants : la trahison et le vol. Qu'on y ajoutât l'homosexualité, elle serait étincelante, inattaquable. Elle possédait ces trois vertus que j'érige en théologales, capables de composer un corps aussi dur que celui de Lucien. Que dire contre elle? Elle était hors du monde. Elle trahissait (trahir signifiant rompre les lois de l'amour). Elle se livrait au pillage. Elle s'exclut du monde, enfin, par la pédérastie. Elle s'établit donc dans une solitude increvable. Java devait m'en apprendre beaucoup dont je parlerai.

— Tu es sûr de ce que tu dis?

Bob me regarda. D'un coup de tête, il rejeta ses boucles brunes. Il marchait à côté de moi, dans l'ombre.

— Puisque je te le dis.

Je fis le silence. Attentif je m'observais. En moi déferlaient des vagues formées par le mot Gestapo. Sur elles marchait Lucien. Elles portaient ses pieds gracieux, son corps musclé, sa souplesse, son cou, sa tête couronnée de cheveux brillants. Je m'émer-

veillais de croire siéger au fond de ce palais de chair
le mal parfait, composant ce parfait équilibre de
membres, de torse, d'ombres et de lumières. Le
palais, lentement, s'enfonçait dans les vagues, il
nageait au milieu de la mer qui bat la côte où nous
marchions et lui-même, devenant peu à peu liquide,
devint elle-même. Quelle paix, quelle tendresse
m'accablaient en face d'une solitude si précieuse
dans un écrin si riche. J'eusse voulu m'endormir
sans dormir, sur ces vagues refermer mes bras.
L'ombre du monde, du ciel, de la route et des
arbres entrait par mes yeux, s'établissait en moi.

— Et toi, t'as jamais eu l'idée d'entrer là-dedans
pour faire des coups?

Vers moi, Bob tourna un peu la tête. Son visage
tantôt lumineux, tantôt obscur, demeura impassible.

— T'es fou. Où que je serais maintenant? Au
bagne comme les autres!

Au bagne ou mort, comme les chefs de cette
organisation : Laffon, Bony, Clavié, Pagnon, Labussière. Ce qui m'avait fait détacher et conserver
ce morceau de journal où sont leurs photographies,
c'est le désir d'en tirer nourriture pour une argu-
mentation en faveur de la trahison. Or je lui ai
toujours prêté un visage radieux. Maurice Pilorge
au visage si clair, matinal, était faux comme un
jeton. Il mentait. Il me mentait et trahissait en souriant tous ses amis. Je l'aimais. Quand j'appris son
meurtre d'Escudero, je fus un instant assommé parce
que le drame, encore une fois, s'approchait de moi
jusqu'à me toucher, il entrait dans ma vie, m'exal-
tait, me donnait une importance (les voyous disent :

« Il ne se sent plus chier! ») nouvelle. Et je lui vouai ce culte que je garde encore peut-être huit ans après sa décollation. Durant le temps qui va du meurtre à la mort, Pilorge devint plus grand que moi. Pensant aussi à sa vie tranchée, à son corps pourrissant, c'est quand je pus dire : « Pauvr' môme », que je l'aimai. Alors, j'acceptais qu'il me fût non un exemple, mais une aide pour parcourir une route jusqu'à un ciel où j'espère le joindre (je n'écris pas le rejoindre).

J'avais sous les yeux des visages (sauf celui de Labussière) ennuyés, détendus par de nombreuses peurs et par la lâcheté. Contre eux ils avaient la mauvaise qualité du papier, du tirage, d'avoir été saisis aux instants pénibles. Ils avaient la mine de gens pris au piège, mais à celui qu'ils se sont tendu, au piège intérieur. Sur la très belle photo qui le montre dans ses bandes Velpeau Weidmann blessé par le flic qui l'arrêta, c'est aussi une bête prise au piège, mais à celui des hommes. Contre lui, sa propre vérité ne se retourne pas pour enlaidir sa gueule. Ce que j'ai vu et que je vois quelquefois quand je le regarde, sur le portrait de Laffon et de ses amis, c'est le retournement d'eux-mêmes, contre eux-mêmes.

— Un véritable traître, un traître par amour, me dis-je alors, n'a pas l'air faux.

Chacun des hommes dont je parle aura connu des périodes de gloire. Ils étaient alors lumineux. J'ai connu Labussière, je l'ai vu sortir avec des maîtresses, des voitures somptueuses. Il était sûr de soi, établi dans sa vérité, tranquille au centre de son activité de mouchard bien payé. Rien ne le torturait.

— Des scrupules, des sentiments qui provoquent chez d'autres tant de troubles que leurs visages dénoncent, laissent à Lucien intacte sa candeur, me dis-je.

Bob espérait, en me le décrivant comme un salaud, me détacher de lui. Il m'eût à lui plutôt davantage attaché. Amoureusement je l'imaginais « descendre » et torturer. J'avais tort. Il ne trahit jamais. Je lui demandai s'il accepterait de mener avec moi ma vie, même dans ce qu'elle présenterait de dangereux, il me regarda dans les yeux et je ne vis jamais regard plus frais. C'était une source noyant une prairie déjà humide où poussent des myosotis et cette graminée qu'on appelle dans le Morvan l'herbe tremblante. Puis il me dit :

— Oui.

— Je peux compter sur toi, sur ton amitié.

Même regard et même réponse.

— Je mènerai la même vie que toi, sauf que je ne veux pas voler.

— Pourquoi?

— Non. J'aimerais mieux travailler.

Je me tus.

— Si je te quittais, dis-tu, tu deviendrais un bandit, pourquoi?

— Parce que j'aurais honte de moi.

Quelques jours plus tard, je lui dis :

— Tu sais, il faudra qu'on s'arrange avec ce qui reste. On n'a presque plus de fric.

Lucien marchait en regardant le sol.

— Si seulement on trouvait un truc à faucher, dit-il.

Je pris garde, afin de ne pas le briser, à la fragilité du mécanisme qui lui fit prononcer une telle parole, à ne rien dire de trop brutalement victorieux. Je parlai d'autre chose. Le lendemain d'une visite à G. H. il se fit plus précis.

G. H. habite un appartement qu'il meubla en quatre jours, lors de l'entrée à Paris des Allemands. Avec trois de ses amis ayant revêtu l'uniforme de la Wehrmacht (uniformes dérobés par des putains aux soldats écrasés par la fatigue, l'alcool et l'amour) il pilla quelques hôtels particuliers de Parisiens en fuite. Son camion bondé faisait des voyages de Passy au garage. Maintenant il possède les meubles, les tapis. De telles moquettes, me dis-je, où par les pieds m'entre la discrétion, établissent le silence — la solitude même et la quiétude qu'offre le cœur d'une mère. On y peut prononcer les pires mots, y préparer le plus abominable des crimes. Les lustres sont entassés dans son appartement. Des amis qui avaient une égale part de butin, deux sont morts, tués en Italie à la suite de Darnand. L'autre vient d'être condamné aux travaux forcés à perpétuité. Ces deux morts et la condamnation ont sanctifié le droit de propriété de G. H. Ils l'ont authentifié. Sûr — ou non — de n'être jamais découvert, il marche sur ses tapis, se prélasse dans ses fauteuils, avec une autorité qu'il n'avait pas encore.

— Qu'*ils* y viennent me déloger, me dit-il.

Il tire sa force de la certitude de son droit d'occuper ces meubles conquis, ces somptueuses dépouilles que Lucien admire. L'appartement, en tant que fait, action continuant à s'accomplir appartient au drame.

Il est le tabernacle infiniment précieux où veille le témoin. Depuis que je connais ces morts, moi-même j'entre chez G. H. avec plus d'assurance, avec moins d'émerveillement. Chaque objet n'a plus l'air d'appartenir à un autre maître, d'être soumis à une autre âme. Tout ici est bien définitivement acquis à son actuel possesseur. Quand il en sortit, dans l'escalier Lucien me dit :

— Avec ce type, ça doit être marrant de travailler.
— Quel travail?
— Le sien!
— Lequel?
— Eh bien, tu le sais bien, le vol.

Peut-être Armand vit-il dans un luxe pareil ou fut-il fusillé. Quand les Allemands occupèrent la France, où il était revenu, il était naturel qu'il entrât dans la Gestapo. Je l'appris par un inspecteur qui, lors d'une arrestation, trouva sur moi sa photo. C'est là qu'il devait aller et j'eusse dû l'y suivre. Son influence m'y conduisait.

(Une grande partie de ce journal étant égarée, je ne puis me souvenir des mots par quoi se rappelait à moi l'aventure d'Albert et de D., dont, sans y prendre part, je fus le témoin. Je ne me sens pas la force d'en entreprendre un nouveau récit, mais une sorte de respect pour le ton tragique qu'ils donnèrent à leur amour me fait un devoir de le citer. Albert avait vingt ans. Il venait du Havre. D. le rencontra à la Santé. Quand ils en sortirent ils vécurent ensemble. Les Allemands étant en France, D. fut admis dans la Gestapo. Un

jour, dans un bar, il tua d'un coup de revolver un officier allemand qui se moquait de son ami. Dans le désordre il eut le temps de passer à Albert son arme.

— Planque le feu.

— Tire-toi. Tire-toi, Dédé!

Avant qu'il eût fait cinquante mètres un barrage l'empêcha de s'enfuir. Sans doute entrevit-il avec une fulgurante vitesse les tortures qu'il subirait.

— Passe-moi le revolver, dit-il à Albert. Albert refusa.

— Passe-le-moi, je te dis, je veux me descendre.

Il était trop tard, les Allemands étaient auprès d'eux.

— Bébert, je veux pas qu'ils me prennent vivant. Tue-moi.

Albert le tua d'une balle dans la tête puis il se suicida.

Quand je rédigeai ce fragment perdu du journal, je fus longtemps hanté par la beauté d'Albert, coiffé toujours de cette casquette de la marine fluviale (dont le ruban noir est broché de fleurs). D. dans Montmartre promenait ses bottes avec son insolence. Ils se querellaient tout le temps (D. avait alors quarante ans), jusqu'à cette mort, à laquelle je n'assistai pas. Selon la forme que d'abord je donnai à ce récit, je l'eusse fait servir à j'ignore quelle conclusion morale. Je n'éprouve en moi nulle ferveur qui me permette de le récrire.)

Je sais le calme extraordinaire au moment d'accomplir le vol et la crainte qui l'accompagne. Mon corps a peur. A la devanture d'un bijoutier : tant que je ne suis pas à l'intérieur, je ne crois pas que je volerai. A peine entré et je suis sûr que je sortirai avec un bijou : une bague ou les menottes. Cette certitude se traduit par un long frisson qui me laisse immobile mais va de la nuque aux talons. Il s'épuise à mes yeux dont il sèche les bords. Mes cellules, semble-t-il, se transmettent une onde, un mouvement ondulatoire qui sont la substance même du calme. Je me pense du talon à la nuque. J'accompagne l'onde. Elle est née de la peur. Sans elle il n'y aurait pas ce calme où baigne mon corps— où atteint mon corps. Il me faut une grande attention pour ne pas m'enfuir. En sortant du magasin, j'aurai beaucoup de mal à courir ou seulement marcher vite. Une sorte d'élastique m'y retient. Mes muscles sont lourds, serrés. Mais une surveillance très aiguë les dirige dans la rue. Je vois mal Lucien dans une telle posture. Défaillerait-il? Et lors d'un cambriolage? La serrure fracturée, dès que je l'ai poussée la porte écarte *en moi* un amas de ténèbres, plus exactement, une buée très épaisse où mon corps est appelé à entrer. J'entre. Pendant une demi-heure je vais opérer, si je suis seul, dans un monde qui sera l'envers du monde habituel. Mon cœur bat très fort. Jamais ne tremble ma main. La peur ne me quitte pas une seconde. Je ne songe pas précisément au propriétaire du lieu, mais tous mes gestes l'évoquent à mesure qu'ils le voient. Je baigne dans une idée de propriété quand je saccage la propriété. Je recrée le propriétaire absent. Il vit non en face, mais autour de moi. C'est un élément fluide que je respire, qui entre en moi, qui gonfle mes poumons. Le début de l'opération va sans trop de peur. Elle arrive dès que j'ai enfin décidé de partir. La décision naît quand l'appartement ne contient plus aucun coin secret, quand j'ai pris la place du propriétaire. Et ce n'est pas forcément dès que j'ai découvert le trésor. Guy s'attable presque toujours et mange dans la cuisine ou le salon pillé. Certains casseurs vont aux chiottes après le sac. Je ne supporte pas l'idée de Lucien soumis à de tels rites. Sa nature n'est pas religieuse. Le trésor découvert il faut sortir. La peur alors envahit mon corps. Je voudrais tout précipiter. Non me précipiter, aller plus vite, mais faire que tout, magiquement, se presse. Que je sois hors d'ici et très loin, mais quels gestes faire pour aller plus vite? Les plus lourds, les plus lents. La lenteur amène la peur. Ce n'est plus mon cœur, mais tout mon corps qui bat. Je ne suis qu'une immense tempe, la tempe bourdonnante de cette chambre pillée. Il m'est arrivé de préférer m'endormir là, une heure derrière une porte, pour me calmer, plutôt que descendre dans la rue et me sauver, car bien que je sache n'être pas suivi, je multiplierai les zigzags, je passerai par des rues, je reviendrai sur mes pas, comme si je voulais brouiller une piste. Après un vol rapide, c'est encore plus émouvant : je vais plus vite, j'accélère, les sections composant les lignes brisées sont plus brèves. Je suis emporté, dirait-on, par l'allure même avec laquelle j'accomplis le vol. Je ne supporterais pas que Lucien s'expose ainsi. Son allure n'est pas furtive. Dans ses mouvements, dans son comportement, nous retrouvons comme une légère hésitation, une retenue, comparables à cette retenue des dernières syllabes au coin de la bouche humide des jeunes Américains. Lucien est pudique.

Un jour, je menaçai de le quitter.

— Ça va un moment, mais tout va craquer. Tes caprices, j'en ai marre.

Sans l'embrasser, je sortis. Pendant trois jours je refusai de le voir. Il ne se plaignit jamais.

— Comment me débarrasserai-je de lui, me demandai-je, alors? Des scrupules me visitèrent, m'assombrirent, empoisonnèrent, avec mes pensées, le cours d'une vie déjà très inquiète. J'espérais qu'il se jetterait à mon cou. J'attendis un miracle, mais il fallait un orage pour découvrir ce ciel. Le soir du troisième jour, j'entrai dans sa chambre.

— Tu n'as pas été bouffer?

— J'avais plus le sou.

— Tu pouvais pas m'en demander?

— Je croyais que tu voulais plus m'en donner.

Il parla simplement, puis il se tut. Il ne tenta rien pour se raccrocher à la vie. Son insensibilité à son propre malheur m'exaspérait.

— Peut-être brûle-t-il de le faire, pensai-je, seulement son manque d'imagination l'empêche de trouver les gestes qu'il faut.

Tout à coup, il me parut muré dans un souterrain d'où il ne pouvait faire entendre sa voix— une voix sans doute très discrète et très douce. C'était un paralytique dont l'âme se désole au fond d'un corps immobile. Mais ce qui acheva de fondre ma rigueur, c'est que je me souvins d'un mot qu'il m'avait dit à propos de son épaule démise : « C'est pas de ma faute. » Il avait prononcé d'un ton si humble cette excuse que je crus dans la nuit le deviner rougir.

— Je ne peux pas, me dis-je alors, laisser ce pauvre

gosse tout seul. Il peut se souvenir de m'avoir dit une telle phrase et il saura que j'ai un cœur de pierre.

Quand deux minutes plus tard il était dans mes bras, j'empoignais ses cheveux pour relever son visage qu'il avait enfoui dans mon cou, je vis qu'il pleurait. Pendant ces trois jours, il avait connu la détresse totale. J'éprouvais alors la paix avec mon âme, d'apporter la paix à cet enfant. J'étais fier d'être la cause des larmes, de la joie et de la douleur d'un gosse. Par ma grâce, il était une sorte de joyau que ses pleurs et sa peine durcissaient jusqu'au scintillement. Son désespoir l'embellissait et son retour à la vie. Ils le rendaient précieux. Ses larmes, ses sanglots sur mon cou prouvaient ma virilité. J'étais son homme. A peine eut-il éponge son visage, allongé près de moi sur le lit, Lucien défaisait l'ourlet de mon oreille. Il le roulait, le déroulait, le cassait.

— Il veut prendre un faux pli, dit-il.

Il abandonna l'oreille pour ma joue, pour mon front qu'il plissa avec ses doigts cruels. (Ses doigts pétrissent ma peau avec une dure précision. Son geste n'est pas machinal. Lucien porte une attention très grande à ce qu'il fait.) Il semblait m'essayer plusieurs visages dont aucun ne le satisfaisait. Je me laissais travailler par ce gosse à qui le jeu permet que plus de détresse encore sorte de lui. Inventer ces rides, ces creux, ces bosses, l'amusait, mais semblait l'amuser gravement. Il ne riait pas. Sous de tels doigts inventifs, j'éprouvais sa bonté. Par eux, il me paraissait béni d'être pétri, chantourné et j'éprouvais ce que la matière doit porter d'amour à qui la façonne avec tant de joie.

— Qu'est-ce que tu fais à ma joue?

Ma question est lointaine. Où suis-je? Que se passe-t-il ici, dans cette chambre d'hôtel, sur un lit de cuivre? Où suis-je? Ce qu'il fait m'est indifférent. Mon esprit se repose. Tout à l'heure cet avion qui ronfle va s'écraser au sol. Je resterai là, mon visage enfin dans son cou. Il ne bougera pas. Je serai pris dans l'amour, comme on l'est dans la glace, ou la boue, ou la peur.

Lucien tripotait, triturait ma peau, mes sourcils, mon menton, ma joue. J'ouvris les yeux plus larges, je le regardai et, sans sourire, car je n'en avais pas la force, je lui dis avec tristesse (je n'avais pas non plus la force de changer de ton) :

— Qu'est-ce que tu fais à ma joue?

— J'y fais des nœuds.

Il répondit simplement, comme on parle d'une chose naturelle à quelqu'un qui devrait comprendre, ou qui ne comprendra jamais une chose aussi simple, aussi mystérieuse. Sa voix était un peu sourde. Quand il remonta mon sourcil pour le malaxer, j'éloignai un peu la tête. Il tendit les mains pour la reprendre, la rapprocher de lui. Je l'éloignai encore. Il tendit les bras et appela plaintivement, presque comme un bébé :

— Jean, je t'en prie, laisse-moi.

— Tu me fais mal.

— Rien qu'un petit peu, mon petit Jean. Un petit peu ton petit sourcil.

Je comprends ce qui lie le sculpteur à sa terre,

le peintre à ses couleurs, chaque ouvrier à la matière qu'il travaille, et la docilité, l'acquiescement de la matière aux gestes de celui qui l'anime, je sais quel amour des doigts passe dans ces plis, ces trous, ces bosses.

L'abandonnerai-je? Lucien m'empêcherait de vivre. A moins que sa tranquille tendresse, sa pudeur effarouchée ne deviennent sous mon soleil d'amour un tigre ou un lion. S'il m'aime me suivra-t-il?

— Que deviendrait-il sans moi?

Orgueilleux, il refusera de retourner dans sa famille. Auprès de moi, il aura pris des habitudes de paresse et de luxe. Ira-t-il dans les bars? Il deviendra méchant, cruel par vengeance, par défi, par haine de tous les hommes. Au monde, entre tant d'autres, un malheur m'est indifférent, mais je souffre à l'idée de ce gosse prenant le chemin de la honte. Au bord de sa pente mon amour s'exalte. Sur le point de finir, il allume chaque soir l'apothéose du soleil couchant.

— Que deviendra-t-il?

La douleur déferle sur moi, me recouvre. Je vois Lucien : ses doigts gourds, violets, pesants, sensibles, gelés jusqu'à l'os, s'ouvrent avec peine pour entrer dans les poches aux bords crasseux et raides du pantalon; je le vois sur place battre la semelle, sous le froid sec, devant les cafés où l'on n'ose entrer, peut-être de ses pieds endoloris naîtrait-il une danse nouvelle, une parodie. Il remonterait le col de son veston. Malgré le vent qui gerce ses lèvres il sourira aux vieux pédés. La douleur déferle sur moi, mais quel bonheur dans mon corps et mon cœur répand ces parfums quand, par la même pensée qui me fait l'abandonner, je le sauve de tout le mal auquel je le voue? Il ne me haïra pas. De nauséabondes bouffées de mon Espagne remontent à mes narines.

Puis-je faire mieux que le placer, durant quelques pages, dans l'une des plus humiliantes postures que je connusse? Un maladroit, puéril, et peut-être orgueilleux sentiment de rédemption me fait croire que je me soumis à tant de hontes afin qu'elles soient à lui-même épargnées. Mais, pour que l'expérience soit plus efficace je ferai un instant revivre Lucien dans ma peau misérable. Dans un livre intitulé *Miracle de la Rose*, d'un jeune bagnard à qui ses camarades crachent sur les joues et sur les yeux, je prends l'ignominie de la posture à mon compte, et parlant de lui je dis : « Je... » Ici c'est l'inverse. Il pleuvait. Avec d'autres clochards sans noblesse, Lucien était accroupi contre un bloc de pierre, dans un terrain vague près du port, où l'on tolérait les mendiants. Chacun y faisait de brindilles un feu minuscule où il réchauffait du riz, des haricots d'une distribution à la porte des casernes, rapportés dans une boîte en fer-blanc. De venir des soldats magnifiques parmi lesquels il eût été le plus beau, laissée

par eux, mélangée par leur pitié ou leur dédain mê-
lés à elle, cette nourriture, cette soupe innommable
se pétrifiait pour passer dans sa gorge. Son cœur était
serré. Ses larmes retenues durcissaient ses paupières.
La pluie avait éteint tous les feux qui fumaient
encore. Les mendiants protégeaient leur soupe comme
ils pouvaient, la boîte cachée sous un pan de la veste,
sous un sac jeté sur leurs épaules. Le terrain vague
étant placé en contre-bas d'un mur soutenant le
boulevard qui rejoint les Ramblas, les promeneurs,
appuyés au parapet, dominaient une véritable cour
des Miracles où, à tous moments, on assistait à de
maigres disputes, à de maigres bagarres, à de pauvres
transactions. Chaque acte était une parodie. Les
pauvres sont grotesques. Ce qu'ils faisaient ici
n'était qu'un reflet déformé d'aventures sublimes qui
se poursuivaient peut-être dans de riches demeures,
sur des êtres dignes d'être vus et entendus. Les mendiants qui se battaient et s'insultaient atténuaient la
violence de leurs gestes et de leurs cris afin que par
elle ils ne se parassent d'aucun attribut noble, réservé
à votre monde. Les autres mendiants regardant ces
batailles posaient sur elles un œil léger car celui-ci
encore ne doit être qu'un reflet. A une boutade, à
une insulte sonore et drôle, à un soudain afflux
d'éloquence comme à un coup habilement, trop
savamment donné, ils refusaient le sourire ou le
mot admiratif. Au contraire, mais en silence, et
dans le secret de leur cœur, ils le blâmaient comme
s'il se fût agi d'une incongruité. C'en était une, que
refusait leur pudeur. Par exemple aucun pauvre
n'eût dit à l'autre, sur un ton pitoyable : « Pauvre

vieux, va. Ça passera. » Ces messieurs avaient du tact. Pour leur sécurité, afin d'éviter toute fêlure par où fût entrée la détresse, ils observaient une indifférence proche de la plus extrême politesse. Leur langage gardait la retenue des classiques. Se sachant ombres ou reflets, déformés et malheureux, ils travaillaient pieusement à posséder la discrétion malheureuse des gestes et des sentiments. Ils ne parlaient pas à voix basse, mais sur un ton intermédiaire entre bas et haut. La scène que je veux décrire se passait dans la pluie, mais même à midi, sous le soleil de juillet, sur eux la pluie semblait tomber doucement et les faire grelotter. Parfois, un soldat paraissait. Il disait quelques mots en espagnol, et cinq ou six des plus humbles, des plus vieux et des plus laids, se précipitaient misérablement : le soldat en emmenait deux jusqu'au lavoir où ils tordaient et étendaient du linge. A ces appels, Lucien ne répondait jamais. Il regardait devant soi, et du fond d'une guérite de tristesse, au loin la mer se mouiller. Ses yeux étaient fixes. Il était sûr de ne jamais sortir de ce rêve. La crasse précisait ses traits. La sueur rendait son visage huileux, lisse, parfait pour l'objectif. Il se rasait rarement et mal, savonnant sa barbe avec sa main. N'ayant pas, comme moi-même à cette époque, coupé les câbles qui retiennent captif celui dont la seule chance est le détachement, il demeurait en rapport avec votre monde par sa jeunesse, par sa beauté, par son souci de l'élégance, par sa faim, par son besoin de gloire terrestre. Il m'est douloureux de le dégrader. Ma joie serait grande de le pouvoir nommer fripon, fripouille,

canaille, crapule, voyou, filou, jolis noms chargés
d'évoquer ce que par dérision vous appelez un joli
monde. Or ces mots chantent. Ils fredonnent. Ils
évoquent aussi pour vous les plus doux et lestes plaisirs puisqu'en sourdine, les faisant précéder ou suivre
de tendre, cher, adorable ou bien-aimé qu'ils attirent
subtilement, vous les murmurez à vos amants. Que
Lucien se désespère et que j'en souffre! Déchiré le
voile de la pudeur, montrées les parties honteuses,
je connais, le feu aux joues, le besoin de me cacher ou
de mourir, mais je crois qu'affrontant ces pénibles
malaises et m'y maintenant, je serai par l'impudeur
mis au fait d'étranges beautés. (J'emploie ce mot à
tout hasard car je suppose découvrir un monde plus
clair où sans gêner l'émotion, sans gêner l'amour,
un rire discret — et futile — sera permis.) Lucien
souffrait, mais sourdement car il macérait. S'il
regardait ses mains sales, quelquefois un sursaut
de rage le précipitait à une fontaine. Il s'y lavait
le torse courageusement, puis les pieds, les mains,
il se débarbouillait et se peignait les cheveux avec
un peigne édenté. Cette tentative pour vous rejoindre était vaine. Quelques jours après la crasse rongeait
son courage. De plus en plus la bise le glaçait, la
faim l'affaiblissait — non de la noble faiblesse des
langueurs maladives : son corps restait aussi beau
et il ne pouvait s'en targuer car c'eût été de l'insolence — une odeur affreuse l'éloignait de vous.

J'ai dit assez ce qu'il devenait. Passèrent des
touristes français qui se penchèrent sur le parapet.
Un paquebot faisant escale à Barcelone, ils étaient
descendus à terre pour quelques heures. Étrangers à

ce pays, vêtus de belles gabardines, et riches, ils s'étaient en eux-mêmes reconnu le droit de trouver pittoresques ces archipels de misère dont la visite était peut-être le but secret et non avoué, de leurs croisières. Sans souci de les blesser, ils tinrent au-dessus des mendiants un dialogue précis, dont les termes étaient nets, presque techniques.

— L'accord est parfait entre la tonalité des ciels et les teintes un peu verdâtres des loques.

— ...ce côté Goya...

— Le groupe de gauche est très curieux à observer. Il y a des scènes de Gustave Doré dont la composition...

— Ils sont plus heureux que nous.

— Ils ont un côté plus sordide que ceux de Bidon-ville, vous vous souvenez, à Casa? Il faut dire que le vêtement marocain donne à un *simple* mendiant une dignité qu'un Européen ne possédera jamais.

— Nous les trouvons en plein engourdissement. Il faudrait les voir par beau temps.

— Au contraire, l'originalité des poses...

Du fond de leurs chauds capitons, les promeneurs observaient cette population recroquevillée, le men-ton aux genoux, mal abritée du vent et de l'eau. Jamais dans mon cœur je ne reconnus la haine, ou l'envie à l'égard des riches qui s'écartaient de nous avec dégoût. La prudence nous conseillait les senti-ments étouffés : la soumission, la servilité. Les riches obéissaient aux lois de la richesse. Quand il les vit s'approcher, Lucien éprouva une sorte d'angoisse. C'était la première fois qu'il voyait venir des hommes examiner ses mœurs, ses anomalies, ses étrangetés. D'un coup, vertigineusement, il fut précipité au fond de l'innommable et cette chute, lui coupant le souffle, fit son cœur bondir. Entre les mains gantées de ces gens il voyait luire méchamment l'objectif cruel des appareils photographiques. Quelques mendiants comprenaient le français mais lui seul distinguait les nuances entremêlées d'insolence et de bienveillance autoritaire. Chacun se défit avec ennui de ses couvertures ou de ses haillons, et redressa un peu la tête.

— Vous voulez gagner... ?

Comme les autres, Lucien se mit debout, s'accouda, s'accroupit, selon les scènes que voulaient fixer les touristes. Il sourit même, comme on le lui commandait, à un vieux mendiant, et il supporta qu'on emmêlât et qu'on les rabattît sur son front mouillé ses cheveux sales. Les poses furent longues car le temps était sombre. Les touristes se plaignirent de la lumière mais ils louèrent la qualité de leurs pellicules. Si les mendiants éprouvaient la naïve vanité de servir un pittoresque sans quoi l'Espagne serait moins belle, Lucien sentait déborder la honte, et le noyer. Ils appartenaient à un site illustre. Moi-même, à Marseille, quand j'avais seize ans, au milieu d'autres gosses attendant les messieurs qui nous choisiront, savais-je que je servais à composer ce groupe de quinze ou vingt voyous qu'on vient voir du bout du monde et qui sont l'élément extensible mais essentiel formant la ville chère aux pédés? J'en connais quelques-uns qui ont mon âge et s'ils me rencontrent ils disent :

— Oh! oui, je me souviens, t'étais de la rue Bouterie, ou : « T'étais du cours Belsunce. »

Par un surcroît de platitude, les clochards se disposèrent dans les endroits les plus sales, dédaigneux de la moindre précaution pour leur personne, Lucien s'était assis sur une marche trempée, les pieds dans une autre mare. Il ne tentait plus aucun effort pour regagner votre monde, il se désespérait. Sa pitoyable image était destinée à illustrer le voyage d'un amateur millionnaire.

— Vous, je vous ai pris cinq fois, dit un homme. Il tendit dix pesetas à Lucien qui remercia en espagnol. Les mendiants montrèrent une gratitude et une joie discrètes. Si quelques-uns allèrent boire, les autres reprirent leur position repliée, semblant dormir, en réalité sécrétant une sorte de vérité qui sera leur et qui les sauvera : le dénuement à l'état pur.

Cette scène n'est que l'une d'entre beaucoup par quoi je voudrais que se purifiât l'idée de Lucien afin d'arriver parfaite, et digne d'un bonheur que je lui gagnais alors.

Ce que je sais de lui : la tendresse, la gentillesse, la vulnérabilité, plutôt que des qualités, des défauts (mais comme on dit le défaut de la cuirasse), me le proposant dans ces postures où son malheur serait tel qu'il se tuerait. Cependant, pour l'aimer plus que moi-même faut-il que je le sache faible, fragile afin de n'être jamais tenté (contre moi) de l'abandonner. Mes aventures le servent. Je les ai vécues. A l'image que je veux de Lucien je donne de traverser, cruellement, les mêmes épreuves. Sauf que c'est mon corps qui les aura souffertes, et mon esprit. Puis, à partir d'elles, je formerai de lui une image qu'il imitera.

Je viens de mal décrire cette opération qui consiste à prendre pour soi la peine des autres mais, outre que j'en distingue assez confusément le mécanisme, c'est trop tard, je suis trop las pour que j'entreprenne de vous le montrer mieux.

Afin, non d'installer Lucien dans le bonheur, mais pour qu'il émette du bonheur, je veux le travailler selon une image de lui que j'aurai préparée, amenée, esquissée d'abord par mes propres aventures. Ainsi peu à peu l'habituerai-je à les entendre, à me savoir pétri d'elles, à lui-même en parler sans rougir, sans qu'il m'en plaigne ou s'en attendrisse, car il doit savoir que je décide qu'il bénéficiera d'elles. J'exige donc qu'il connaisse ma prostitution, et qu'il la reconnaisse. Qu'il connaisse le détail de mes plus vils larcins, qu'il en souffre et qu'il les accepte. Qu'il sache encore mon origine et ma pédérastie, ma lâcheté, mon étrange imagination qui me veut comme mère une vieille voleuse à la face blafarde et sournoise; mon geste pour demander l'aumône; ma voix que je cassais, voilais, selon une convention reconnue par les mendiants et les bourgeois; ma façon inventée, ingénieuse d'accoster les pédés; mes allures de tapette énervée; ma honte devant les beaux garçons; la scène où l'un d'eux refusa ma tendresse pour le toupet et la grâce d'un voyou; une autre où le consul de France se boucha le nez en me voyant entrer et qu'il me fit jeter à la porte; enfin ces interminables voyages à travers l'Europe poursuivis dans les haillons, dans la faim, dans le mépris, la fatigue et les amours viciées.

Quand de Stilitano j'eus été abandonne près de San-Fernando ma détresse fut encore plus grande, plus profond le sentiment de ma pauvreté. (Parlant des pauvres les Arabes disent « Meskine ». J'étais mesquin.) Ce n'était plus même son souvenir que je transportais avec moi mais l'idée d'un être fabuleux, origine et prétexte de tous les désirs, terrible et doux, lointain et proche au point de me contenir car, étant maintenant rêvé, il avait, encore que brutal et dur, l'inconsistance gazeuse de certaines nébuleuses, leurs dimensions gigantesques, leur éclat dans le ciel et jusqu'à leur nom. Terrassé par le soleil et la fatigue mes pieds foulaient Stilitano, la poussière que je soulevais c'était sa matière impalpable cependant que mes yeux brûlés cherchaient à percevoir les plus précieux détails d'une image de lui plus humaine et aussi inaccessible.

Pour obtenir ici la poésie, c'est-à-dire communiquer au lecteur une émotion que j'ignorais alors — que j'ignore encore — mes mots en appellent à la somptuosité charnelle, à l'apparat des cérémonies d'ici-bas, hélas non à l'ordonnance, qu'on voudrait rationnelle, de la nôtre, mais à la beauté des époques mortes ou moribondes. J'ai cru, en l'exprimant, la débarrasser de ce pouvoir qu'exercent les objets, les organes, les matières, les métaux, les humeurs, auxquels longtemps un culte fut rendu (diamants, pourpre, sang, sperme, fleurs, oriflammes, yeux, ongles, or, couronnes, colliers, armes, larmes, automne, vent, chimères, marins, pluie, crêpe), et me défaire du monde qu'ils signifient (non de celui qu'ils nomment mais de celui qu'ils évoquent et dans quoi je m'embourbe), ma tentative reste vaine. C'est toujours à eux que j'ai recours. Ils prolifèrent et me happent. Par leur faute je traverse les couches généalogiques, la Renaissance, le Moyen Age, les époques carolingienne, mérovingienne, byzantine, romaine, les épopées, les invasions, afin de parvenir à la Fable où toute création est possible.

Je me demandais ce que peut cacher ce voile de salive, le sens secret de l'onctuosité et de la blancheur de son crachat, non maladif, au contraire, d'une émouvante vigueur, capable de provoquer des débauches d'énergie. (Ému au hasard de lectures, par la rencontre de termes évoquant la religiosité, tout naturellement je m'en servais pour songer à mes amours qui d'être ainsi nommées prenaient des proportions monstrueuses. Avec elles je m'engouffrais dans une aventure originelle gouvernée par les forces élémentaires. Peut-être l'amour pour me créer mieux me remettait-il au fait de tels éléments qui appelaient les mots troublants qu'on emploie pour les nommer : cultes, cérémoniaux, visitations, litanies, royauté, magie... Par un tel vocabulaire, par l'univers informe qu'il propose et que je contenais, j'étais dispersé, anéanti.) Dans ce désordre, dans cette incohérence, de village en village je mendiais.

Le long des côtes espagnoles, tous les trois ou quatre kilomètres, les douaniers ont fabriqué de petites huttes d'où l'on peut surveiller la mer. Un soir quelqu'un entra dans celle où je m'étais allongé pour dormir. Quand j'étais misérable, marchant dans la pluie ou le vent, la plus petite anfractuosité, le moindre abri devenait habitable. Quelquefois je l'ornais d'un savant confort tiré de ses particularités : une loge de théâtre, la chapelle d'un cimetière, une caverne, une carrière abandonnée, un wagon de marchandises, que sais-je? Obsédé par l'idée de logis, selon sa propre architecture, en pensée, j'embellissais celui que je venais de choisir. Quand tout m'était refusé, je désirais être fait pour les cannelures des fausses colonnes ornant les façades, pour les cariatides, pour les balcons, pour la pierre de taille, pour cette lourde assurance bourgeoise qui s'exprime par eux.

— Il faudra que je les aime, me disais-je, que je les chérisse, que je leur appartienne afin qu'ils m'appartiennent et que l'ordre qu'ils épaulent soit le mien.

Hélas, je n'étais pas encore fait pour eux. Tout m'en écartait, empêchait cet amour. Il me manquait le goût du bonheur terrestre. Aujourd'hui que je suis riche mais las je prie Lucien de prendre ma place.

Plié en deux, recroquevillé dans mon paletot afin d'échapper à l'humidité de la mer, j'oubliais mon corps et sa fatigue en imaginant pour la hutte de joncs et de roseaux ces détails qui en feraient une habitation parfaite, construite exprès pour abriter l'homme qu'en quelques minutes je devenais afin que mon âme soit d'accord avec le site — la mer, le ciel, les rochers, les landes — et la fragilité de la construction. Un homme buta contre moi. Il jura. Je n'avais plus peur la nuit, au contraire. C'était un douanier d'une trentaine d'années. Armé de son fusil il venait pour épier les pêcheurs ou les marins qui font de la contrebande entre le Maroc et l'Espagne. Il voulut me faire sortir puis, éclairant ma figure de sa lampe, voyant que j'étais jeune il me dit de rester. Je partageai son souper : du pain, des olives, quelques harengs, et je bus du vin. Nous parlâmes un peu, puis il me caressa. Il me dit qu'il était Andalou. Je ne sais plus s'il était beau. Par l'ouverture on voyait la mer. Nous ne pûmes distinguer aucune barque mais nous entendîmes des rames battre l'eau et des voix parler. Il bougea pour sortir mais je fis plus savantes mes caresses. Il ne put s'en arracher, les contrebandiers durent atterrir tranquillement.

En me soumettant aux caprices du douanier, j'obéissais à un ordre dominateur qu'il était impossible de ne pas servir : celui de la Police. Pour un instant je n'étais plus le vagabond affamé et loqueteux que chassent les chiens et les enfants, je n'étais pas non plus le voleur audacieux narguant les flics, mais la favorite, sous une nuit étoilée, qui berce le vainqueur. Quand je compris qu'il ne tenait qu'à moi que les fraudeurs abordassent sans danger, ce n'est pas seulement à leur égard que je me sentis responsable mais à l'égard de tous les hors-la-loi. On me surveillait ailleurs et je ne pouvais m'y soustraire. L'orgueil me soutenait. Enfin, puisque c'est en feignant l'amour que je retenais le policier, je le retiendrai plus sûrement, me dis-je, si mon amour est plus puissant, et ne pouvant faire mieux je l'aimai de toutes mes forces. Je lui accordai la plus belle de mes nuits. Non pour qu'il soit heureux mais afin de me charger — et de l'en délivrer — de sa propre ignominie.

La trahison, le vol et l'homosexualité sont les sujets essentiels de ce livre. Un rapport existe entre eux, sinon apparent toujours, du moins me semble-t-il reconnaître une sorte d'échange vasculaire entre mon goût pour la trahison, le vol et mes amours.

Quand je l'eus comblé de plaisir, le douanier me demanda si j'avais entendu quelque chose. Le mystère de cette nuit, de cette mer où rôdaient d'invisibles voleurs me troubla.

L'émotion très particulière que j'ai à tout hasard nommée poétique laissait en mon âme une espèce de sillage d'inquiétude qui allait s'atténuant. Le murmure d'une voix la nuit, et sur la mer le bruit d'invisibles avirons, dans ma singulière situation m'avaient bouleversé. Je demeurai attentif à saisir ces instants qui, errants, me paraissaient à la recherche, comme l'est d'un corps une âme en peine, d'une conscience qui les enregistre et les éprouve. L'ayant trouvée ils cessent : le poète épuise le monde. Mais s'il en propose un autre ce ne peut être que de sa propre réflexion. Quand, à la Santé, je me pris à écrire ce ne fut jamais afin de revivre mes émois ou de les communiquer mais afin, de l'expression d'eux imposée par eux, que je compose un ordre (moral) inconnu de (moi-même d'abord).

— Oui, dis-je.

Il me demanda par où ils avaient dû aborder. Son regard voulait fouiller l'obscurité. Il tenait son fusil à la main, prêt à tirer. Or, tant mon souci de l'exactitude est grand je faillis indiquer la bonne direction : c'est à la réflexion que je dus ma loyauté à l'égard des fraudeurs. Ensemble, comme si j'eusse été son chien, nous fîmes quelques pas dans les rochers et nous rentrâmes dans la hutte pour de nouvelles caresses.

Sur la route du littoral je continuai mon voyage. Tantôt la nuit, tantôt le jour. J'enregistrais de stupéfiantes visions. La fatigue, la honte, la misère m'obligeaient à n'avoir de recours que dans un monde où chaque événement avait un sens que je ne puis définir mais qui n'est pas celui qu'il vous propose. Le soir j'entendais chanter : des paysans ramassaient des oranges. J'entrais le jour dans les églises afin de me reposer. L'ordre moral ayant son origine dans les préceptes chrétiens, je désirai me familiariser avec l'idée de Dieu : à la messe du matin, en état de péché mortel, je communiais. Le prêtre prenait une hostie dans le ciboire (un curé espagnol)!

— Dans quelle sauce trempent-elles? me demandais-je. La sauce était l'onction des doigts pâles du prêtre. Pour les décoller et n'en prendre qu'une, il les manipulait d'un geste onctueux, comme s'il eût remué dans le vase d'or un liquide épais. Or, sachant que les hosties sont une feuille de pâte blanche et sèche, je m'en étonnais. Refusant d'admettre un Dieu de lumière selon les explications des théologiens, Dieu m'était sensible — ou, plutôt que lui, une écœurante impression de mystère — par quelques détails mauvais, sordides (et relevant d'une puérile imagination) de la liturgie romaine.

— De cette nausée, me disais-je, est sortie la structure admirable des lois où je suis pris.

Dans l'ombre de l'église, devant le prêtre en chasuble j'avais peur. Mais puisque les hidalgos agenouillés à côté de moi ne s'écartaient pas de mes loques, puisqu'ils recueillaient sur le bout de la langue la même hostie, sachant bien que son pouvoir se manifeste à l'intérieur de notre âme et non ailleurs, pour la prendre en flagrant délit d'imposture et faire d'elle ma complice, je la mâchais en l'injuriant mentalement. D'autres fois je me recommandais non à Dieu mais à cette nausée que me procuraient les offices religieux, l'ombre des chapelles où veillent des vierges et des cierges habillés pour le bal, le chant des morts ou le simple éteignoir des cierges. Cette curieuse impression je la note car elle n'était pas sans analogie avec celle que durant toute ma vie je connaîtrai dans des circonstances très éloignées de ce que je décris. L'armée, les locaux de la police et leurs hôtes, les prisons, un appartement cambriolé, l'âme de la forêt, l'âme d'un fleuve (la menace — reproche ou complicité de leur présence la nuit) et, de plus en plus, chaque événement auquel j'assisterai, établissent en moi la même sensation de dégoût et de crainte qui me font penser que l'idée de Dieu je la nourris dans mes boyaux.

Toujours à pied, quittant le Sud, je remontai vers la France. Ce que je connus de Séville, de Triana, d'Alicante, de Murcie, de Cordoue, ce fut surtout l'asile de nuit et le bol de riz qu'on nous y servait. Toutefois je reconnaissais, sous tant d'oripeaux, de dorures idiotes, l'angulosité, la musculature qui, bandant soudain, les fera crever quelques années plus tard. A l'intérieur de ma détresse je n'ignorais pas la présence de la volupté, d'une pointe de fureur.

(D'un périodique communiste, je découpe un poème écrit dans le but de fustiger les guerriers de la Légion Azul, les fascistes, les hitlériens. Écrit contre eux, c'est eux qu'il chante. Je cite :

ROMANCE
DE LA LÉGION AZUL

Nous sommes bons catholiques,
Nous sommes bons assassins,
Parlez pas de république
Parlez donc de bonnes triques
Parlez des fleurs de ricin.

. . . .

Il neige dans les Castilles
Au sifflet des vents d'hiver,
Nous aurons des croix de fer
Qu'on nous habille de vert
Nous aurons des croix de fer
Toutes les lèvres des filles.
Il neige dans les Castilles.

Écrit par un Espagnol, médiocre rimeur, ce poème redit l'Espagne. La Légion Azul était une équipe de tueurs envoyée en Russie pour aider Hitler. La couleur du ciel à l'aide du diable!)

Les carabiniers ni les agents des polices municipales ne m'arrêtaient. Ce qu'ils voyaient passer ce n'était plus un homme mais le curieux produit du malheur, auquel on ne peut appliquer les lois. J'avais dépassé les bornes de l'indécence. J'eusse pu, par exemple, sans qu'on s'en étonnât, recevoir un prince du sang, grand d'Espagne, le nommer mon cousin et lui parler le plus beau langage. Cela n'eût pas surpris.

— Recevoir un grand d'Espagne. Mais dans quel palais?

Pour vous faire comprendre mieux à quel point j'avais atteint une solitude me conférant la souveraineté, si j'utilise ce procédé de rhétorique c'est que me l'imposent une situation, une réussite qui s'exprime avec les mots chargés d'exprimer le triomphe du siècle. Une parenté verbale traduit la parenté de ma gloire avec la gloire nobiliaire. Parent des princes et des rois je l'étais par une sorte de relation secrète, ignorée du monde, celle qui permet à une bergère de tutoyer un roi de France. Le palais dont je parle (car cela n'a pas d'autre nom) c'est l'ensemble architectural des délicatesses, de plus en plus ténues, qu'obtenait le travail de l'orgueil sur ma solitude. Jupiter enlève Ganymède et le baise : j'eusse pu me permettre toutes les débauches. Je possédais l'élégance simple, l'aisance des désespérés. Mon courage consista à détruire toutes les habituelles raisons de vivre et à m'en découvrir d'autres. La découverte se fit lentement.

De la discipline observée — non le règlement intérieur du pénitencier — à Mettray je découvrirai plus tard les vertus. Pour devenir un colon je me forçai. Comme la plupart des petits voyous j'aurais pu spontanément, sans les réfléchir, accomplir les nombreuses actions qui *réalisent le colon*. J'eusse connu les peines et les joies naïves, la vie ne m'eût proposé que de banales pensées, celles que pouvait énoncer n'importe qui. Mettray qui comblait mes goûts amoureux blessa toujours ma sensibilité. Je souffrais. Cruellement j'éprouvais la honte d'être tondu, vêtu d'un costume infâme, d'être consigné dans cet endroit vil; je connaissais le mépris des autres colons plus forts que moi ou plus méchants. Afin de survivre à ma désolation, quand mon attitude était davantage repliée, j'élaborais sans y prendre garde une rigoureuse discipline. Le mécanisme en était à peu près celui-ci (depuis lors je l'utiliserai) : à chaque accusation portée contre moi, fût-elle injuste, du fond du cœur je répondrai oui. A peine avais-je prononcé ce mot — ou la phrase qui le signifiait — en moi-même je sentais le besoin de devenir ce qu'on m'avait accusé d'être. J'avais seize ans. On m'a compris : dans mon cœur je ne conservais aucune place où se pût loger le sentiment de mon innocence. Je me reconnaissais le lâche, le traître, le voleur, le pédé qu'on voyait en moi. Une accusation peut être portée sans preuve, mais afin de me trouver coupable il semblera que j'eusse dû commettre les actes qui font les traîtres, les voleurs, les lâches, or il n'en était rien : en moi-même, avec un peu de patience, par la réflexion je découvrais assez de raisons d'être nommé de ces noms. Et j'avais la stupeur de me savoir composé d'immondices. Je devins abject. Peu à peu je m'accoutumai à cet état. Tranquillement je l'avouerai. Le mépris qu'on me portait se changea en haine : j'avais réussi.

Mais quels déchirements n'avais-je pas connus [1]!

Deux ans plus tard j'étais fort. Un tel entraînement — semblable aux exercices spirituels — m'aidera pour ériger en vertu la pauvreté. Cependant le triomphe je l'obtins sur moi seul. Même lorsque j'affrontais le mépris des enfants ou des hommes c'est moi seul que j'avais à vaincre puisqu'il s'agissait non de modifier les autres mais moi-même. Mon pouvoir sur moi devint grand, mais à l'exercer ainsi sur mon être intérieur je devins très maladroit sur le monde. Stilitano ni mes autres amis ne me serviront puisque en face d'eux je serai trop préoccupé de mon attitude de parfait amant. Mes courses à travers l'Europe eussent peut-être réussi à me donner un peu d'adresse si je n'eusse refusé les soucis quotidiens au profit d'une sorte de contemplation. Avant ce que je vais rapporter j'avais accompli quelques actions mais aucune d'elles je ne l'avais examinée

1. J'envie, comme un privilège, la honte que connurent deux jeunes fiancés, dont le journal « France-Dimanche » publie l'aventure. A Nadine, la jeune fille, les habitants de Charleville offrirent une dérisoire croix gammée fleurie, le jour de ses noces. Pendant l'occupation allemande, Nadine avait été la maîtresse d'un capitaine berlinois qui mourut sur le front russe. « Elle fit dire une messe et porta le deuil. » La photo du journal représente Nadine et son mari, sortant de l'église où le curé vient de les marier. Elle enjambe la croix gammée. Les habitants de Charleville la regardent méchamment. — « Donne-moi le bras et ferme les yeux », lui aurait murmuré son mari. Devant les drapeaux français cravatés de crêpe, elle passe en souriant.

J'envie l'amer, le hautain bonheur de cette jeune femme. Je « donnerais » le monde entier pour le goûter encore.

avec l'acuité que j'apportais à ma vie morale. Je connus la griserie de l'action quand j'eus réussi à ligoter un homme qui m'emmena un soir à Anvers, près des quais. Stilitano avec Robert était parti danser. J'étais seul et triste, jaloux. J'entrai dans un bar et bus un peu d'alcool. J'eus un instant l'idée de rechercher mes deux amis, mais l'idée seule de recherche me prouvait qu'ils étaient perdus. Les bars enfumés et bruyants où ils buvaient et dansaient étaient la traduction terrestre d'une région morale où ils s'étaient, le matin même, isolés de moi et du reste du monde, quand je vis, en entrant dans la chambre, Stilitano sur le point de sortir tendre sa main gantée, la lever un peu, et Robert en souriant, sans presque y toucher, appuyer sur le bouton-pression du gant. Je n'étais plus le bras droit de Stilitano.

Un gros homme me demanda du feu et m'offrit un verre. Quand nous sortîmes il voulut m'emmener chez lui mais je refusai. Il hésita puis il se décida pour les docks. J'avais remarqué sa montre en or, son alliance et son portefeuille. Je savais qu'il n'appellerait pas au secours mais il paraissait fort. Je ne pourrais en venir à bout qu'avec la ruse. Je ne préparai rien. Je songeai tout à coup à utiliser la cordelette que Stilitano m'avait remise. Quand nous fûmes arrivés dans un coin des docks l'homme me demanda de l'aimer.

— D'accord.

Je m'arrangeai pour qu'il descendît son pantalon jusqu'aux talons afin qu'il s'y empêtrât s'il voulait courir.

— Écarte...

Avec ses deux mains il fit ce que j'ordonnais, et très vite je les liai ensemble, derrière son dos.

— Qu'est-ce que tu fais?

— Tu le vois pas, hé tronche!

Je venais d'employer la formule même et le ton de sa voix que j'avais entendue par Stilitano un jour que nous fûmes surpris volant un vélo.

Posé sur les plus humbles choses, le regard de Stilitano était allégé par la gentillesse : son unique main prenait sur la table du restaurant, avec bonté, le menu graisseux. Les objets pouvaient s'attacher à lui, qui n'avait pour eux aucun mépris. En touchait-il un, Stilitano reconnaissait sur-le-champ sa qualité essentielle et d'elle tirait un parti magnifique. En souriant il l'épousait.

Plus que leurs moues c'est le sourire des gosses qui me charme. Je le contemple parfois longtemps : il me fascine. Il devient une chose détachée du visage, animée d'une âme singulière. Il est plutôt un animal précieux, à la vie dure et pourtant fragile, c'est une chimère adorable. Si je parvenais à le découper, à l'enlever du visage où il joue, à l'emporter dans ma poche, son ironie malicieuse me ferait accomplir des prodiges. Il arrive que j'essaie de m'en parer — c'est vouloir m'en garder aussi — en vain. Il est, ce sourire, le véritable voleur.

— Quoi, tu m'attaches? Écoute, je vais te donner...

— Ta gueule, je vais me servir.

La peur d'être surpris ou que l'homme cassât la corde me donna l'intelligence des tours et des nœuds les plus sûrs. Je fouillai ses poches. Avec la joie toujours aiguë mes doigts reconnurent les billets de banque et les papiers intimes. Tremblant de peur il n'osait bouger.

— Laisse-moi un peu...

— Boucle!

Il n'y a pas de raisons pour que cessent de pareils instants. A ma merci je tenais l'un de mes volés et je lui voulais faire payer cher de l'être. L'endroit était sombre mais peu sûr. Un douanier pouvait faire une ronde et nous découvrir.

— Espèce de vieux salaud, tu croyais que j'allais...

De la boutonnière du gilet où la retenait sa chaîne j'arrachai la montre.

— C'est un souvenir, murmura-t-il.

— Justement. J'aime les souvenirs.

Je lui donnai un coup de poing dans la gueule. Il geignit, mais en silence. Devant lui, avec la même promptitude que Stilitano, j'ouvris mon couteau et je lui montrai la lame. Avec plus de précision je voudrais dire ce que me fut ce moment. La cruauté à quoi je me forçais donnait une puissance étonnante non seulement à mon corps mais à mon âme. Je me sentis capable d'être magnanime avec ma victime et de la détacher. Capable aussi de la tuer. Elle-même devait reconnaître ma force. Malgré l'obscurité je la savais humble, bienveillante, disposée à servir ma griserie.

— Et ne gueule pas ou je te crève [1].

1. René, de qui je reparlerai plus tard, m'a conté qu'à Nice une tapette agissait de la même façon avec les pédés. L'anecdote qu'il me raconte me rapproche encore de lui.

Je fis un pas dans la nuit.

— Écoute...

— Quoi?

Il murmura d'une voix douce, tremblant peut-être de pressentir mon refus :

— Laisse-moi au moins...

Quand je retrouvai Stilitano j'avais quelques milliers de francs belges et une montre en or. J'eus l'idée d'abord de lui raconter mon exploit afin qu'il en fût vexé et Robert avec lui. Puis, peu à peu, ma démarche se ralentissant je me fis moins glorieux. Je décidai de rester le seul dépositaire de cette aventure. Je savais, et j'étais seul à le savoir, de quoi j'étais capable. Je dissimulai mon butin. C'était la première fois que je voyais la gueule que font mes volés : elle est laide. J'étais la cause d'une telle laideur et je n'en éprouvais qu'un plaisir cruel qui, croyais-je, devait transfigurer mon visage, me faire resplendissant. J'avais alors vingt-trois ans. Je me sentis dès cet instant capable d'aller loin dans la cruauté. La possession de cet argent et de la montre abolit ce qui restait en moi d'un goût de la pauvreté misérable. (Sans détruire le goût du malheur mais d'un malheur pompeux.) Cependant je bénéficiais, pour persévérer dans la cruauté ou l'indifférence à la peine des autres, de ma discipline rigoureuse en mendicité. Je provoquai de nouvelles agressions. Elles réussirent. J'étais donc sauvé de la sournoise condition du voleur honteux. Pour la première fois je m'attaquais à l'homme. Je le combattais à visage découvert. J'avais le sentiment de devenir vibrant, méchant, glacé, raide, luisant, tranchant comme une lame d'épée. De cette transformation personne, Stilitano ni Robert ne s'apercevaient. Ils vivaient dans la camaraderie partagée, cherchant des femmes ou les négligeant ensemble. Avec Stilitano mon attitude ne changea pas. Je lui témoignais la même déférence et Robert à son égard la même impertinence. Afin que me protège la cuirasse d'un héros, la personnalité de Stilitano, au fond de qui le plus précieux de moi-même veillait et ordonnait, me couvrait ou bien utilisais-je la voix, les mots, les gestes de mon ami comme on touche des reliques dont il est urgent d'éprouver la magie? C'est Stilitano qui combattait à ma place. Il acceptait de boire avec les pédés, il se déhanchait devant eux, il les dépouillait. Il me hantait, je souffrais de le savoir mais je savais encore qu'orgueilleusement débarrassé d'un tel support je me fusse effondré. Lui, il ignorait à quoi je le faisais secrètement servir et qu'il était ce qu'on appelle la patrie : l'entité qui combat à la place du soldat et le sacrifie. Je tremblais en descendant l'escalier de la chambre où je venais d'obliger le client à me livrer son argent car Stilitano se retirait de moi, précipitamment. Ce n'était plus avec l'idée de le lui offrir que je dénombrais mon butin. Alors j'étais seul.

Je redevenais inquiet. J'étais dominé par le monde des mâles. Quand l'ombre les confondait, chaque groupe de gars me proposait une énigme dont la solution ne pouvait m'être donnée par le front. Les mâles immobiles et silencieux avaient la violence de corpuscules électroniques gravitant autour d'un soleil d'énergie : l'amour.

— Si, me disais-je, je parvenais à bombarder

l'un d'eux, quelle désintégration s'en produirait, quel anéantissement soudain? Ils doivent, me disais-je encore, obscurément le savoir pour aussi sévèrement se tenir à leur place.

L'effort qui venait de me permettre d'affronter les hommes m'ayant épuisé, j'étais livré aux puissances ténébreuses. Je devenais lucide. Une peur rétrospective m'envahissait. Je décidais de cesser d'aussi dangereux travaux : à peine, le soir, un homme se retournait-il sur mon passage, Stilitano subtilement s'introduisait en moi, il me musclait, il assouplissait ma démarche, il épaississait mes gestes, il me colorait presque. Il agissait. Je sentais dans mes pas, sur le trottoir, son corps pesant, lourd, de monarque faubourien faire craquer ses souliers de peau de crocodile. Possédé, je me savais capable de toutes les cruautés. Mon œil était plus clair. Au lieu qu'elle effarouchât, ma transformation me parait de grâces viriles. Je me sentais devenir fringant, impétueux. Un soir, dans la colère, devant la morgue d'un pédé, mes poings firent le geste de battre un invisible tambour.

— Sale con, disais-je entre les dents, cependant qu'en moi-même ma conscience se désolait de blesser, d'insulter ceux qui étaient l'expression misérable de mon plus cher trésor : la pédérastie.

Exclu par ma naissance et par mes goûts d'un ordre social je n'en distinguais pas la diversité. J'en admirais la parfaite cohérence qui me refusait. J'étais stupéfait devant un édifice si rigoureux dont les détails se comprenaient contre moi. Rien au monde n'était insolite : les étoiles sur la manche d'un général, les cours de Bourse, la cueillette des olives, le style judiciaire, le marché du grain, les parterres de fleurs... Rien. Cet ordre, redoutable, redouté, dont tous les détails étaient en connexion exacte avait un sens : mon exil. C'est dans l'ombre, sournoisement, que jusqu'alors j'avais agi contre lui. Aujourd'hui j'osais y toucher, montrer que j'y touchais en insultant ceux qui le composent. Du même coup, me reconnaissant le droit de le faire, j'y reconnaissais ma place. Il me parut naturel que m'appelassent « monsieur » les garçons de café.

Cette brèche avec un peu de patience et de chance je l'eusse pu aggraver. J'étais toutefois retenu par ma trop longue habitude à vivre tête basse et selon une morale inverse de celle qui régit ce monde. Je craignais enfin de perdre le bénéfice de ma laborieuse et pénible démarche dans le sens opposé au vôtre.

Avec sa femme, Stilitano se conduisait d'une façon brutale, que j'enviais, tandis que par Robert il tolérait d'être moqué gentiment. Il souriait alors, délicieusement, découvrant ses dents blanches. S'il me souriait le sourire était pareil mais, était-ce parce que je ne le surprenais pas, je n'y pouvais lire la même fraîcheur, la même complicité. Aux pieds de Stilitano ce n'étaient que bondissements de faons. Robert autour de lui enroulait ses guirlandes. Ils étaient, le manchot la colonne, et l'autre les glycines. Qu'ils s'aimassent à ce point et ne fissent jamais l'amour me troublait. Stilitano m'apparaissait de plus en plus inaccessible. Je découvris, j'ai oublié de quelle façon, qu'il n'avait pas volé la moto noire au policier. Il ne l'avait même pas volée du tout. Ils s'étaient entendus au préalable : abandonnée quelques secondes, Stilitano n'aurait eu qu'à enfourcher la moto et la vendre. Ils en partagèrent l'argent. Une telle découverte aurait dû m'éloigner de lui, elle me le rendit plus cher. J'étais amoureux d'un faux voyou, en combine avec un flic. Ils étaient ensemble un traître et un imposteur. Fait de boue et de buée Stilitano était bien une divinité à qui je pouvais me sacrifier encore. Dans les deux sens de ce mot, j'étais possédé.

De Stilitano, outre son passé à la Légion étrangère, que je sus à force de détails assez piteux que de temps à autre il évoquait, je connus l'emploi de son temps, de notre séparation à notre rencontre. Il s'était écoulé je crois quatre ou cinq ans pendant lesquels il avait parcouru la France en vendant très cher des dentelles à bon marché. Voici ce qu'il me raconta en souriant. Un ami lui fabriqua une carte de représentant qui l'autorisait — et lui seul — à vendre les dentelles exécutées par les jeunes tuberculeux du sanatorium de Cambo.

— De Cambo, je te dis, parce qu'à Cambo y a pas de sana. Comme ça on pouvait pas m'accuser d'escroquerie. Alors dans chaque patelin j'allais trouver le curé. Je lui montrais ma carte, ma main coupée, et mes dentelles. Je lui disais que ça ferait bien dans son église des nappes d'autel faites par des petits malades. Le curé, ça coupait pas, y m'envoyait à toutes les rombières au pèze. Comme je venais de la part du curé, elles osaient pas me foutre à la porte. Elles osaient pas ne pas acheter. Alors je vendais cent balles des petits carrés de dentelles à la machine que j'avais payés cent sous rue Myrrha.

Stilitano me le racontait ainsi, sans ornements, de sa voix neutre. Il me dit qu'il avait gagné beaucoup d'argent mais je ne le crus pas, car il était peu industrieux. L'idée surtout de cette filouterie avait dû le séduire.

Enfin un jour qu'en son absence, dans un tiroir je découvris un tas de médailles militaires, de croix de guerre, de Nissam, de Ouissam-Alaouite, d'Éléphant blanc, il m'avoua, revêtant un uniforme français s'en être bardé la poitrine et dans le métro avoir fait la quête en montrant son moignon.

— Je gagnais mes dix livres par jour, me dit-il. Je me foutais drôlement de la gueule des Parisiens.

Il m'apprit d'autres détails que je n'ai pas le temps de rapporter. Je l'aimais toujours. Ses qualités (comme celles de Java) font songer à certaines drogues, à certaines odeurs dont on n'ose dire qu'elles sont agréables mais dont on ne peut s'échapper.

Cependant Armand revint quand je ne l'attendais plus. Je le trouvai couché dans le lit, fumant une cigarette.

— Salut gars, me dit-il.

Il me tendit la main pour la première fois.

— Alors, ça s'est bien passé? Y a pas eu d'accrocs?

J'ai déjà parlé de sa voix. Il me semble qu'elle avait la froideur de son œil bleu. Comme il regardait sans poser son œil sur les objets ou les personnes, il parlait, la voix irréelle de si peu prendre part à la conversation. De certains regards on peut dire leurs rayons (ceux de Lucien, de Stilitano, de Java), non d'Armand. Pas davantage ne rayonnait sa voix. Au fond de son cœur, ce qui l'émettait était un groupe de minuscules personnages qu'il gardait secrets. Ne trahissant rien, elle n'eût pu trahir. On y discernait toutefois un accent vaguement alsacien : les personnages de son cœur étaient Boches.

— Oui, ça s'est bien passé, dis-je. J'ai gardé tes affaires, tu vois.

Encore aujourd'hui il m'arrive de désirer que la police m'arrête pour me dire : « En effet, monsieur, je vois que ce n'est pas vous qui avez commis les vols dont les coupables sont arrêtés. » Je voudrais être innocent de tout. En faisant à Armand cette réponse j'eusse aimé qu'il sût qu'un autre que moi — qui pourtant était moi — l'aurait dévalisé. Frissonnant presque je triomphais dans ma fidélité.

— Oh ça, j'avais confiance.

— Et toi, ça va?

— Moi oui, ça a marché.

J'osai m'asseoir au bord du lit, et poser ma main sur les draps. Il avait, ce soir, sous la lumière tombant de haut, sa force, sa musculature des grands jours. J'entrevis tout à coup la possibilité d'échapper au malaise, à l'inquiétude où les rapports inexplicables pour moi de Stilitano et de Robert m'engloutissaient. S'il acceptait, non de m'aimer mais que je l'aime, Armand, par son âge et sa vigueur plus grands m'eût sauvé. Il arrivait à point nommé. L'admirant déjà j'étais prêt à poser, sur son torse couvert de mousse brune, tendrement ma joue. J'avançai la main. Il sourit. Il me sourit pour la première fois et cela suffit, je l'aimai.

— J'ai pas fait de mauvaises affaires, dit-il.

Il se tourna sur le côté. Un très léger roidissement m'enseigna que j'espérais sa main terrible inclinant ma tête selon ce geste impérieux dont il exigeait que je me penchasse pour son plaisir. Aujourd'hui amoureux, j'eusse un peu résisté afin qu'il s'énervât, qu'il me désirât davantage.

— J'ai envie de boire un verre. Je vais me lever.

Il sortit du lit et s'habilla. Quand nous fûmes dans la rue il me félicita de réussir si bien mes coups avec les tantes. J'étais ébahi.

— Qui c'est qui te l'a dit?

— T'occupe pas de ça.

Il savait même que j'en avais ligoté une.

— C'est du beau travail. J'aurais pas cru.

Il m'apprit alors que les hommes du port connaissaient ma méthode. Chaque victime me signalait à une autre ou au docker (ils ont tous marché avec les pédés) qu'elle emmenait pour une nuit. J'étais maintenant connu et redouté des pédés. Armand arrivait pour m'apprendre ma réputation, et qu'elle m'était un danger. Lui-même l'avait sue dès son retour. S'ils l'ignoraient encore, Robert et Stilitano seraient très vite renseignés.

— C'est bien, ce que t'as fait, petit. Ça me plaît.

— Oh, c'est pas dur. Ils ont les foies.

— C'est bien, je te dis. J'aurais pas cru. Viens boire.

Quand nous rentrâmes, il n'exigea rien de moi, et nous nous endormîmes. Les jours suivants, nous revîmes Stilitano. Armand connut Robert, et dès qu'il le vit il le désira mais, malicieux, le gosse lui échappait. Un jour, il dit en riant :

— Tu as Jeannot, ça ne te suffit pas?

— Lui, c'est pas pareil.

En effet, depuis qu'il savait mes audaces nocturnes, Armand me traitait comme un pote. Il me parlait, il me donnait des conseils. Son mépris disparut, remplacé par une sollicitude un peu attendrie, maternelle. Pour m'habiller, il me conseillait. Et le soir, dès que nous avions fini notre cigarette, il me souhaitait bonne nuit et s'endormait. Auprès de lui que j'aimais maintenant je me désolais de ne pouvoir lui donner des preuves de mon amour en inventant les caresses les plus adroites. La forme d'amitié qu'il m'accordait me contraignait à la plus haute sévérité. Encore que dans mes forfaits je reconnusse ce qu'y entrait de truquage, dans mon audace de crainte, je m'efforçai d'être l'homme qu'Armand voyait en moi. A d'héroïques actions ne doivent correspondre, me disais-je, les gestes qui, conventionnellement les nient. Simple, Armand n'eût admis que je servisse son plaisir. Le respect même empêchait qu'il utilisât comme avant, mon corps, alors qu'un tel usage m'eût gonflé de plus de force et de courage.

Stilitano et Robert vivaient avec l'argent gagné par Sylvia. Ayant oublié vraiment nos sournois procédés avec les pédés, le second feignait de mépriser mon travail.

— T'appelles ça du boulot? Du beau boulot, dit-il un jour. Tu t'attaques aux vieux qui tiennent encore debout grâce à leurs faux-cols et à leurs cannes.

— Il a raison, il fait mieux de choisir.

Je ne savais pas qu'aussitôt cette réplique d'Armand amènerait en morale une des révolutions les plus hardies. Avant même que Robert eût répondu, d'une voix un peu plus grave il continua :

— Et moi, qu'est-ce que tu crois, hein? Et tourné vers Stilitano : Qu'est-ce que tu crois? Quand c'est utile moi, tu m'entends, c'est pas aux vieux que je m'attaque, c'est aux vieilles. C'est pas aux hommes c'est aux femmes. Et je choisis les plus faibles. Ce qui me faut c'est le fric. Le beau boulot c'est de réussir. Quand t'auras compris que c'est pas dans la chevalerie qu'on travaille t'auras compris beaucoup. Lui (ne m'appelant jamais par mon prénom ou son diminutif, Armand me désignait de la main), lui il est en avance sur vous et il a raison.

Sa voix ne tremblait pas mais mon émotion était si grande qu'au milieu d'elle je craignis qu'Armand n'entreprît de bouleversantes confidences. La solide matière du dernier mot me rassura. Il se tut. En moi je sentis sourdre (éclore dans une mer de regrets) une foule de pensées qui toutes me reprochaient d'avoir cédé aux apparences de l'honneur. Jamais Armand ne reprit la question (que Stilitano ni Robert n'osèrent discuter) mais elle déposa dans mon esprit son germe. Le code de l'honneur particulier aux voyous me parut risible. Armand peu à peu devenait la Toute-Puissance en matière de morale. Cessant de le voir comme un bloc je lui devinais une somme d'expériences douloureuses. Cependant son corps restait aussi massif, et je l'aimais de me protéger. Trouvant chez un homme où la peur n'affleurait pas — je veux le croire — une telle autorité, voici que je me sentais penser, avec une allégresse étrange et nouvelle. Sans aucun doute, c'est plus tard que je déciderai de développer et les exploiter les nombreux sentiments d'ambiguïté où avec la honte mêlée à ma délectation, je me découvris siège et confusion des contraires, mais déjà je pressentais qu'il nous appartient de déclarer ce qui nous servira de principes. Plus tard, ma volonté, dégagée des voiles de morale par la réflexion et l'attitude d'Armand, je l'appliquerai dans la façon de considérer la police.

C'est à Marseille que je rencontrai Bernardini. Quand je le connaîtrai mieux je l'appellerai Bernard. Seule à mes yeux la police française possède la monstrueuse puissance d'une mythologie. Quand j'avais vingt-deux ans, Bernard en avait trente. Je voudrais rendre avec précision son portrait, ma mémoire ne garde que l'impression de force physique et morale qu'il me fit alors. Nous étions dans un bar de la rue Thubaneau. Un jeune Arabe me le désigna.

— C'est un maquereau fini, dit-il. Il a toujours des belles filles.

Celle qui était avec lui me parut très jolie. Peut-être eût-il passé inaperçu si l'on ne m'eût dit que c'était un flic. Les polices des différents pays d'Europe me causaient la peur qu'elles inspirent à tout voleur, la française m'émouvait encore par une sorte d'effroi ayant son origine plutôt dans le sentiment de ma native et irrévocable culpabilité que par le danger où me plaçaient les fautes accidentelles. Comme le monde des voyous, celui des policiers était un monde où je n'accéderais jamais, la lucidité (la conscience) m'empêchant de me confondre avec cet univers informe, mouvant, vaporeux, sans cesse se créant, élémentaire et fabuleux dont les motocyclistes en uniforme sont la délégation parmi nous avec ses attributs de force. Plus qu'une autre la police française m'était cela. Peut-être par le fait de son langage où je découvrais des abîmes. (Elle n'était plus une institution sociale mais une puissance sacrée, agissant directement sur mon âme, me troublant. Les Allemands seuls, à l'époque de Hitler réussirent à être à la fois la Police et le Crime. Cette magistrale synthèse des contraires, ce bloc de vérité étaient épouvantables, chargés d'un magnétisme qui nous affolera longtemps.)

Bernardini était sur terre, visible à mes yeux, la manifestation, peut-être brève, d'une organisation démoniaque aussi écœurante que les rites funèbres, les ornements funéraires, aussi prestigieuse cependant que la gloire royale. Sachant là, dans cette peau, dans cette chair une parcelle de ce que je n'eusse jamais espéré pour la mienne, frémissant, je le regardai. Comme autrefois Rudolph Valentino il portait ses cheveux noirs plaqués, lustrés, séparés sur le côté gauche par une raie droite et blanche. Il était fort. Son visage me parut rugueux, un peu granitique et je lui désirai une âme brutale et cruelle.

Peu à peu je comprenais sa beauté. Je crois même que je la créais, décidant qu'elle serait ce visage et ce corps, à partir de l'idée de police qu'ils devraient signifier. L'expression populaire qui désigne l'organisation tout entière ajoutait à mon trouble :

— La Secrète. Il est de la Secrète.

Habilement je m'arrangeai pour le suivre, le rencontrer de loin les jours suivants. J'organisai une filature subtile. Sans qu'il s'en doutât il appartint à ma vie. Enfin je quittai Marseille. En secret je conservai de lui un souvenir à la fois douloureux et tendre. Deux ans plus tard je fus arrêté à la gare Saint-Charles. Les inspecteurs me brutalisèrent, espérant me faire avouer. La porte du commissariat s'ouvrit et stupéfait je vis paraître Bernardini. Je craignais qu'il n'ajoutât ses coups à ceux de ses collègues, il les fit cesser. Jamais il ne m'avait remarqué quand je le suivais amoureusement. Mon visage, l'eût-il entrevu deux ou trois fois, après deux ans il l'eût oublié. Ce n'est pas la sympathie ni la bonté qui lui commandèrent de m'épargner. Comme les autres c'était une vache. Je ne puis expliquer pourquoi, il me protégea. Mais quand je fus relâché, deux jours après je m'arrangeai pour le voir. Je le remerciai.

— Vous, au moins vous avez été chic.

— Oh, c'est normal. C'est pas la peine d'abrutir les gars.

— Vous prenez un verre avec moi.

Il accepta. Le lendemain je le rencontrai encore. Ce fut lui qui m'invita. Nous étions les seuls clients du bar. Le cœur battant, je dis :

— Il y a longtemps que je vous connais.

— Ah? Depuis quand?

La gorge serrée, craignant qu'il ne se fâchât, je fis l'aveu de mon amour et de mes ruses pour le suivre. Il sourit :

— Alors, t'avais le béguin? Et maintenant?

— Encore un peu.

Il rit davantage, peut-être flatté. (Java vient de m'avouer qu'il est fier de l'amour ou de l'admiration que lui porte un homme plus que de ceux d'une fille.) J'étais debout à côté de lui et je lui disais mon amour avec un peu de clownerie car je craignais encore que la gravité de cet aveu ne lui rappelât la gravité de ses fonctions. En souriant, d'un air un peu crapule, je dis :

— Qu'est-ce que vous voulez, moi, j'aime les beaux gars.

Il me regarda avec indulgence. Sa virilité le protégeant, empêchait la cruauté.

— Et si je t'avais tabassé, l'autre jour?

— Franchement, ça m'aurait fait de la peine.

Mais je me retins d'en dire davantage. Sur ce ton je n'eusse plus fait seulement l'aveu d'une cocasse passade mais d'un si profond amour qu'il eût talé la pudeur du policier.

— Ça te passera, me dit-il en riant.

— J'espère bien.

Cependant il ne savait pas qu'auprès de lui, devant ce comptoir, écrasé par sa carrure et son assurance, ce qui m'émouvait le plus c'était la présence invisible de sa plaque d'inspecteur. Cet objet de métal avait pour moi la puissance d'un briquet dans les doigts d'un ouvrier, d'une boucle de ceinturon, d'un cran d'arrêt, d'un calibre, où s'amasse violemment la vertu des mâles. Seul avec lui, dans un coin d'ombre, j'eusse peut-être eu l'audace de frôler l'étoffe, de glisser la main sous le revers du veston où d'habitude les flics portent l'insigne. Sa virilité avait son siège dans cette plaque autant que dans son sexe. S'il se fût ému sous mes doigts celui-ci eût tiré d'elle une force qui peut-être l'eût gonflé davantage, lui eût donné de monstrueuses proportions.

— Je peux vous revoir, oui?

— Bien sûr, viens me serrer la main.

Afin que mon empressement ne l'irritât, je me retins quelques jours de le voir, enfin nous finîmes par nous aimer. Il me fit connaître sa femme. J'étais heureux. Un soir, alors que nous longions les quais de la Joliette, la solitude où nous nous trouvâmes soudain, la proximité du Fort Saint-Jean regorgeant de légionnaires, l'affolante désolation du port (que me pouvait-il arriver de plus désespérant qu'être avec lui en cet endroit?) me donna soudain une audace extrême. J'eus la lucidité de remarquer que lui-même ralentissait le pas, alors que je me rapprochais de lui. D'une main tremblante je lui touchai maladroitement la cuisse, puis ne sachant comment poursuivre j'employai machinalement la formule qui me servait à aborder les pédés timides :

— Il est quelle heure? dis-je.

— Hein? Regarde, je marque midi.

Il rit.

Je le revis souvent. Dans la rue je marchais à côté de lui, calquant mon pas sur le sien. Si c'était en plein jour je m'arrangeais pour qu'il projetât sur mon corps son ombre. Ce simple jeu me comblait.

Je continuais mon métier de voleur, dépouillant la nuit le pédé qui m'avait choisi. Les putains de la rue Bouterie (ce quartier n'était pas encore détruit) m'achetaient les objets volés. J'étais le même. Peut-être usais-je un peu trop de chaque occasion pour sortir et la mettre sous les yeux des flics la carte d'identité toute neuve qu'il avait timbrée lui-même, d'un cachet de la préfecture. Bernard connaissait ma vie, qu'il ne me reprocha jamais. Une fois pourtant il essaya de se justifier d'être flic, il me parla de morale. Du seul point de vue de l'esthétique considérant un acte, je ne pouvais l'entendre. La bonne volonté des moralistes se brise contre ce qu'ils appellent ma mauvaise foi. S'ils peuvent me prouver qu'un acte est détestable par le mal qu'il fait, moi seul puis décider, par le chant qu'il soulève en moi, de sa beauté, de son élégance; moi seul puis le refuser ou l'accepter. On ne me ramènera pas dans la voie droite. Tout au plus pourrait-on entreprendre ma rééducation artistique — au risque toutefois pour l'éducateur, de se laisser convaincre et gagner à ma cause si la beauté est prouvée par, de deux personnalités, la souveraine.

— Je ne te reproche pas d'être un poulet, tu sais.
— Ça ne t'emmerde pas?

Sachant qu'il serait impossible de lui expliquer le vertige qui me précipitait vers lui, malicieusement je voulus le blesser un peu.

— Ça me chiffonne un petit peu.
— Tu crois qu'il ne faut pas du courage pour être dans la police? C'est plus dangereux qu'on ne croit.

Mais il parlait du courage et du danger physiques. D'ailleurs il s'interrogeait peu. Sauf quelques-uns (Pilorge, Java, Soclay, dont le visage cependant annonce une dure virilité mais dissimule des marécages fangeux comme ces régions tropicales nommées savanes tremblantes) les héros de mes livres et les hommes que je choisissais d'aimer avaient la même massive apparence, la sérénité la plus immorale. Bernard leur ressemblait. Vêtu d'un complet de confection, il avait l'élégance outrée des Marseillais dont il se moquait. Il était chaussé de souliers jaunes à talons bottiers assez hauts, et tout son corps en était cambré. C'était la plus belle gueule de métèque que j'aie connu. Dans son âme je découvrais heureusement l'inverse des loyales, des rigoureuses qualités qu'on prête aux flics de cinéma. C'était un salaud. Avec tous ses défauts, quelle merveilleuse connaissance du cœur il eût pu avoir, et quelle bonté s'il fût devenu intelligent!

Je l'imaginais poursuivant un criminel dangereux, en pleine course l'attrapant, comme certains rugbymen l'adversaire qui tient le ballon, se jettent sur lui, l'étreignent à la ceinture, et par lui sont traînés, leur tête plaquée sur une cuisse ou sur la braguette ennemies. Le voleur tiendrait son trésor, il le protégerait, il se débattrait un peu, puis les deux hommes, ne pouvant ignorer qu'ils ont le même corps solide prêt à toutes les audaces, et la même âme, échangeraient un sourire amical. Imposant à ce bref drame une suite, c'est le bandit que je livrais au policier.

En exigeant (avec quelle ferveur!) que chacun de mes amis possédât son double dans la police, à quel obscur désir obéissais-je? Ni le voyou ni le flic je ne les parai de ces vertus chevaleresques qu'on accorde aux héros. L'un ne fut jamais l'ombre de l'autre mais l'un comme l'autre me paraissant hors de la société, rejetés par elle et maudits, peut-être les voulais-je confondre afin de préciser encore la confusion où les mêle le commun lorsqu'il dit :

— C'est pas parmi les enfants de chœur qu'on recrute la police.

Si je voulais qu'ils fussent beaux, policiers et voyous, c'est afin que leurs corps éclatants se vengeassent du mépris où vous les tenez. Des muscles durs, un visage harmonieux devaient chanter et glorifier les immondes fonctions de mes amis, vous les imposer. Quand je rencontrais un beau gosse je tremblais à l'idée que peut-être son âme était noble, mais je souffrais qu'une âme retorse et méprisable habitât un corps malingre. La droiture étant de votre bord, je n'en voulais plus, cependant que j'en reconnaissais souvent les appels nostalgiques. Je devais lutter contre sa séduction. Policiers et criminels sont l'émanation la plus virile de ce monde. On jette sur elle un voile. Elle est vos parties honteuses, qu'avec vous cependant je nomme les parties nobles. Les injures qu'échangent les ennemis disent une feinte haine, elles me paraissent encore chargées de tendresse.

Parfois je le rencontrais au bar, je me promenais avec lui dans la rue. Je pouvais alors me croire quelque machiavélique voleur qui joue « à la loyale » avec le flic, flirte avec lui, délicatement le nargue en attendant d'être pincé. Jamais nous n'échangions d'impertinences, d'outrecuidantes ou d'ironiques menaces, sauf une seule : soudain saisissant mon bras, d'un ton décidé il disait :

— Viens, je t'emmène...

Et d'une voix douce, se traînant dans un sourire, il ajoutait :

— ... boire un verre.

Les policiers utilisent un certain nombre de pareilles facéties, Bernardini s'y livrait avec moi. En le quittant je disais :

— Je me sauve.

Peut-être machinal chez lui, ce jeu me troublait. J'avais le sentiment de pénétrer au plus intime de la police. Il fallait qu'en effet je fusse égaré profondément en elle pour qu'un policier ironise avec moi de sa fonction. Toutefois, me semble-t-il, ce jeu nous indiquait dérisoire notre réciproque condition, d'elle nous échappions pour nous rejoindre en souriant dans la seule amitié. De nos rapports l'invective était bannie. J'étais son ami, que je voulais le plus cher, et si j'éprouvais que nous ne nous aimions dans nos deux qualités majeures : de policier et de voleur (c'est par elles que nous étions liés) savions-nous qu'elles n'étaient qu'un moyen, quelque chose de comparable à la nature d'électricités contraires dont la rencontre donne l'étincelle incomparable. Sans doute j'eusse pu aimer un homme, à Bernard égal en charmes, mais, ayant à le choisir, plutôt que voyou je l'eusse préféré flic. Près de lui, j'étais surtout soumis par sa magnifique allure, par le jeu de ses muscles devinés sous les vêtements, par son regard, enfin par ses qualités singulières, mais quand j'étais seul et que je pensais à notre amour c'est par la puissance nocturne de toute la police que j'étais dominé (« Nocturne » ou « Ténébreuse » sont les mots qui s'imposent pour parler d'elle. Comme n'importe qui les policiers se vêtent de coloris variés, pourtant sur leur visage et leurs vêtements, en les pensant, j'y vois comme une ombre).

Un jour il me demanda de lui « donner » des copains. En acceptant de le faire je savais rendre encore plus profond mon amour pour lui, mais il ne vous appartiendra pas d'en savoir davantage à ce propos.

On dit habituellement d'un juge qu'il plane. Dans le symbolisme de l'Empire byzantin, calqué sur l'ordre du ciel, les Eunuques dit-on représentent les Anges. A leurs robes les juges doivent une ambiguïté qui est le signe de l'angélisme orthodoxe. J'ai dit ailleurs le malaise que l'idée de ces êtres célestes me cause. Ainsi les juges. Leurs vêtements sont cocasses. Leurs mœurs comiques. Si je les considère je les juge et m'inquiète de leur intelligence. A une audience où je comparaissais pour vol je dis au président Rey :

— Voulez-vous me permettre de préciser (il s'agissait d'établir certaines provocations d'indicateurs appointés par la police) ce qu'il est interdit de dire à un tribunal, et d'abord me permettre de vous interroger?

— Hein? Mais pas du tout. Le Code...

Il avait flairé le danger d'un rapport trop humain. Son intégrité eût été atteinte. J'éclatai de rire car je vis ce juge se dérober : se retirer sous sa robe. On peut les railler, non les flics qui ont des bras pour étreindre les criminels, des cuisses pour enfourcher et dominer des motos puissantes. Je respectais la police. Elle peut tuer. Non à distance et par procuration mais de sa main. Ses meurtres, s'ils sont ordonnés, n'en relèvent pas moins d'une volonté particulière, individuelle, impliquant, avec sa décision, la responsabilité du meurtrier. Au policier on enseigne à tuer. J'aime ces machines sinistres mais souriantes destinées à l'acte le plus difficile : le meurtre. Dans les Waffen S. S. on entraînait ainsi Java. Afin qu'il devienne un bon garde de corps — il le fut d'un général allemand — on lui apprit dit-il l'usage rapide du poignard, de certaines prises de judo, d'un fin lasso, ou de ses mains nues. La police sort d'une semblable école comme les jeunes héros de Dickens des écoles de vol à la tire. Par la fréquentation des locaux de la brigade mondaine ou de la brigade de la route, je connais la stupidité des inspecteurs : elle ne me gêne pas. Ni la laideur mesquine de la plupart d'entre eux. Ceux-là ne sont pas des policiers, pas encore, mais la maladroite tentative vers l'insecte parfait. Ces existences ridicules et chétives, peut-être sont-elles les avatars nombreux conduisant vers une forme plus achevée que réalisent seuls quelques rares exemplaires. Toutefois ce n'est pas dans leur fonction héroïque que je chérissais les policiers : la poursuite périlleuse des criminels, le sacrifice de soi, quelque attitude qui les rend populaires; mais dans leurs bureaux, consultant les fiches et les dossiers. Aux murs, les bulletins de recherches affichés, les photos et les signalements d'assassins en fuite, le contenu des sommiers, les objets sous scellés, créent une atmosphère de sourde rancœur, de crapuleuse infamie, que j'aime savoir respirée par ces costauds qu'elle corrompt, dont elle corrode méchamment l'esprit. C'est à cette police — notez que j'en exige encore des représentants très beaux— qu'allait ma dévotion. Continuant un corps souple et fort, habitué aux luttes physiques, leurs mains larges, épaisses, pouvaient déranger — avec une maladresse brutale et touchante — des dossiers chargés de questions subtiles. Ces crimes qu'ils contiennent ce n'est pas les plus éclatants que je voudrais connaître mais les plus sombres, ceux dont on dit qu'ils sont sordides et dont les héros sont ternes. Par les décalages moraux qu'ils provoquent, les crimes font naître des féeries : ces jumeaux dont l'un est assassin, l'autre mourant quand on guillotine son frère; les enfants nouveau-nés étouffés par le pain chaud; quelque merveilleuse trouvaille d'une mise en scène macabre afin de retarder la découverte d'un meurtre; la stupeur du criminel qui s'égare dans son itinéraire, tourne sur soi-même et revient se faire prendre aux lieux de son forfait; la clémence d'une neige qui tombe afin de protéger la fuite d'un voleur; le vent qui brouille des pistes; les découvertes grandioses du hasard, dont la décapitation d'un homme est le but; l'acharnement des objets contre vous; votre ingéniosité à les vaincre; autant de secrets que les prisons contiennent mais ici ils furent arrachés des poitrines, exhalés lentement, lambeau par lambeau, par la menace et la peur. J'enviais l'inspecteur Bernardini. Il pouvait d'un casier sortir un meurtre ou un viol, s'en gonfler, s'en repaître, et rentrer chez soi. Je ne veux pas dire qu'il s'en puisse distraire comme avec un roman policier. Non se distraire, au contraire. Tirer à soi les plus inattendues situations, les plus malheureuses, prendre sur soi les plus humiliantes confessions : ce sont les plus riches. N'en jamais sourire : ce sont les plus capables de susciter les merveilles de l'orgueil. Au témoin lucide et sympathique de tant d'aveux misérables, l'intelligence la plus vaste semblait permise. C'est peut-être sa recherche aussi qui me conduit vers ces incroyables aventures du cœur. Que ne contenait pas la police de Marseille? Jamais cependant je n'osai demander à Bernard de m'y faire retourner avec lui, jamais non plus de me laisser lire ses rapports.

Je savais qu'il fréquentait quelques gangsters du quartier de l'Opéra, ceux des bars de la rue Saint-Saëns. Peu sûr de moi, il ne m'en fit connaître aucun. Jamais je ne me souciai de savoir s'il était mal d'aimer un flic.

Dans la chambre d'un ami, en regardant son lit et tout le bourgeois ameublement :

— Là je ne pourrais certainement pas faire l'amour. Un tel endroit me glace. Pour le choisir j'aurais dû utiliser de telles qualités, avoir des préoccupations si éloignées de l'amour que j'en aurais désenchanté ma vie. Aimer un homme ce n'est seulement me laisser troubler par quelques-uns de ces détails que je qualifie de nocturnes parce qu'ils établissent en moi une ténèbre où je tremble (les cheveux, les yeux, un sourire, le pouce, la cuisse, la toison, etc.), c'est obliger ces détails à rendre en ombre tout ce qu'ils peuvent, développer l'ombre de l'ombre, donc l'épaissir, multiplier son domaine et le peupler de noir. Ce n'est pas seulement le corps avec ses ornements qui me trouble ni les seuls jeux de l'amour, mais le prolongement de chacune de ses qualités érotiques. Or ces qualités ne peuvent être que ce qu'elles seront faites par les aventures vécues de celui qui en porte le signe, qui porte ces détails où je crois découvrir le germe de telles aventures. Ainsi de chaque zone d'ombre, chez chaque garçon, tirais-je la plus inquiétante image afin que mon trouble s'augmentât, et de toutes les zones d'ombres un univers nocturne où s'enfonçait mon amant. Il va de soi que celui dont ces détails sont nombreux m'attire plus que les autres. Et moi tirant d'eux ce qu'ils peuvent donner, je les prolonge par des aventures audacieuses qui sont la preuve de leur puissance amoureuse. Chacun de mes amants suscite un roman noir. C'est donc l'élaboration d'un cérémonial érotique, d'une pariade parfois très longue, ces aventures nocturnes et dangereuses où par des sombres héros je me laisse entraîner.

Bernardini possédait de nombreux détails pareils dont l'épanouissement devait donner son étonnante carrière dans la police qui, elle-même, donnait un sens et justifiait de tels détails. Je quittai Marseille au bout de quelques semaines, de nombreuses victimes me menaçaient, se plaignaient. J'étais en danger.

— Si on te donnait l'ordre de m'arrêter, tu le ferais? demandai-je à Bernard.

Il ne parut pas gêné plus de six secondes. Un sourcil plissé il répondit :

— Je m'arrangerais pour ne pas le faire moi-même. Je le demanderais à un copain.

Plutôt que me révolter tant de bassesse augmente mon amour. Je le quittai néanmoins et je vins à Paris. J'étais plus calme. Cette brève rencontre avec un policier, l'amour que je lui portais, celui que j'en avais reçu, le mélange amoureux de nos deux destins opposés, cela m'avait purifié. Reposé, débarrassé pour un temps de toutes les scories que dépose le désir, je me sentais lavé, purgé, prêt pour un bond plus léger. Quand plus tard, quinze ou seize ans après j'aurai le béguin pour le fils d'un flic c'est en un voyou que j'essaierai de le transformer.

(*Le gosse a vingt ans. Il s'appelle Pierre Fièvre. Il m'a écrit pour que je lui achète une moto. Quelques pages plus loin je dirai son rôle.*)

Maintenant aidé par lui, Armand me donnait la moitié de nos gains. Il exigeait que je prisse quelque indépendance, et il voulut que j'eusse une chambre pour moi. Par prudence peut-être car encore qu'il me protégeât, le danger s'aggravait, il la choisit dans un autre hôtel, dans une autre rue. Vers midi j'allais chez lui et nous mettions au point notre expédition du soir. Nous allions déjeuner. Il continuait également son trafic d'opium où Stilitano avait sa part.

J'aurais été heureux si mon amour pour Armand n'eût pris une importance telle que je me demande si jamais il ne le remarqua. Sa présence m'affolait. Son absence m'inquiétait. Après que nous avions dévalisé une victime, nous passions une heure ensemble, dans un bar, mais ensuite? Je ne savais rien de ses nuits. Je devins jaloux de tous les jeunes voyous du port. Enfin le comble fut mis à mon angoisse quand un jour, devant moi, Robert, en riant, le rabroua :

— Et moi, tu crois que je pourrais pas en dire long, sur toi?

— Qu'est-ce que tu peux dire?

— Ben quoi, j'ai des droits sur toi.

— Toi, petite salope?

Robert éclata de rire.

— Justement. C'est parce que je suis une petite salope. Je suis ta femme, quoi.

Il le dit sans gêne et sans fanfaronnade, avec une malicieuse œillade à mon adresse. Je crus qu'Armand frapperait, ou que sa réplique serait si sévère que Robert se tairait, mais il sourit. Il ne semblait mépriser ni la familiarité du gosse ni sa passivité. De moi j'en suis sûr, ces deux attitudes l'eussent rendu féroce. Ainsi je venais d'être mis au fait de leurs amours. J'étais peut-être l'ami qu'Armand estimait, hélas j'eusse préféré qu'il me choisît pour être sa maîtresse bien-aimée.

Adossé au chambranle de la porte, attitude d'un janissaire gardant les jardins, Armand un soir m'attendait. En retard d'une heure, j'étais sûr qu'il m'engueulerait, me frapperait peut-être, j'avais peur. De la dernière ou de l'avant-dernière marche de l'escalier je le vis nu jusqu'à la ceinture : son pantalon de toile bleue, large, écrasé sur ses pieds servait de socle non au buste d'Armand mais à ses bras croisés. Peut-être sa tête les dominait-elle, je ne sais, ses bras seuls existaient, solides, musclés, formant une lourde torsade de chair brune, ornés, l'un d'eux, d'un tatouage délicat représentant une mosquée, avec le minaret, la coupole, et un palmier penché par le simoun. Sur eux tombait, s'amoncelait, venant du cou, suspendue à la nuque, une longue écharpe de mousseline beige dont s'enveloppent la tête les légionnaires ou les coloniaux pour se protéger du sable. Écrasés sur ses pectoraux entièrement cachés par eux, les biceps saillaient. Ces bras existaient seuls c'est-à-dire qu'ils étaient là, posés devant lui, l'écusson d'Armand et, en relief, ses armes.

Sur les systèmes planétaires, les soleils, les nébuleuses, les galaxies, une méditation, fulgurante ou nonchalante, ne me permettra, ne me consolera jamais de ne pas contenir le monde : devant l'Univers je suis perdu mais le simple attribut d'une virilité puissante me rassure. Cessent les pensées inquiètes, les angoisses. Ma tendresse — la représentation dans le marbre ou l'or, et la plus admirable, ne vaut pas le modèle de chair — dépose sur cette force des bracelets de folle avoine. La peur — à cause de mon retard — qui me faisait presque frissonner facilitait sans doute mon émotion et m'en faisait découvrir le sens. Le bizarre tortil de ces bras noués était suffisamment les armes d'un guerrier nu, mais ils portaient encore le souvenir des campagnes africaines. Leur tatouage — minaret et coupole — me troublait enfin, me rappelant l'abandon de Stilitano quand j'avais sous les yeux la vision de Cadix dans la mer. Je passai devant lui, Armand ne bougea pas.

— Je suis en retard.

Je n'osais regarder ses bras. Ils étaient si fort Armand que je craignais de m'être jusqu'alors trompé en m'adressant à ses yeux ou à sa bouche. Ceux-ci, ou ce qu'ils exprimaient n'avaient d'autre réalité que celle qui, soudain venait de se créer par l'entrelacs de ces bras devant un torse de lutteur. Qu'ils se dénouent, la plus aiguë, la plus exacte réalité d'Armand sera dissoute.

Or j'apprends aujourd'hui que ce nœud de muscles j'eusse rougi de le regarder parce qu'il me découvrait Armand. Si l'étendard du roi porté par un cavalier au galop apparaît seul, nous pouvons être émus, nous découvrir, si le roi l'apportait lui-même nous serions terrassé. Le raccourci que propose le symbole porté par ce qu'il doit signifier donne et détruit la signification et la chose signifiée. (Et tout s'aggravait de ce que la torsade couvrait le torse!)

— J'ai fait ce que j'ai pu pour arriver à l'heure, mais je suis en retard, c'est pas de ma faute.

Armand ne répondit pas. Toujours adossé il pivota sur son axe, d'un seul bloc. Comme les portes d'un temple.

(Le but de ce récit, c'est d'embellir mes aventures révolues, c'est-à-dire obtenir d'elles la beauté, découvrir en elles ce qui aujourd'hui suscitera le chant. seule preuve de cette beauté.)

Ses bras restèrent noués. Armand demeurait statue de l'Indifférence. Signes encore d'une arme magistrale qui négligeait de s'ériger derrière la toile bleue du pantalon, ses bras évoquaient la nuit — leur couleur ambrée, leur pelage, leur masse érotique (sans qu'il osât se fâcher, un soir qu'il était couché, comme un aveugle reconnaît du doigt un visage, de mon sexe je parcourus ses bras croisés) mais surtout le tatouage bleu faisait apparaître au ciel la première étoile. Au pied des murs de cette mosquée, appuyé au palmier penché un légionnaire m'avait attendu souvent au crépuscule dans cette même attitude indifférente et souveraine. Il semblait garder un invisible trésor et maintenant il me vient à l'esprit qu'il protégeait, malgré nos amours, son intacte virginité. Il était plus âgé que moi. Il était toujours le premier aux rendez-vous dans les jardins de Meknès. L'œil vague — ou sur une vision précise? — il fumait une cigarette. Sans qu'il bougeât d'une ligne (il me disait à peine bonsoir, il ne me tendait pas la main) je lui accordais le plaisir qu'il voulait, je rajustais mon froc et je le quittais. J'eusse aimé qu'il me serrât dans ses bras. Il était beau, et si j'ai perdu son nom je me souviens qu'il prétendait être le fils de la Goulue.

La contemplation des bras d'Armand, je le crois, était ce soir l'unique réponse à toutes les inquiétudes métaphysiques. Derrière eux Armand disparaissait, détruit, davantage présent cependant et plus efficace que le pouvait être sa personne, car il était l'animateur du blason.

Du fait lui-même je conserve peu de précision, sauf qu'Armand me donna deux ou trois gifles qu'il serait impoli que je vous dissimule. Il ne supportait pas que je le fasse attendre une seconde. Peut-être craignait-il que je disparaisse tout à fait. Pendant quelques jours je feignis de considérer leurs disputes entre Robert et lui avec indulgence mais je souffrais, d'amour, de dépit, de rage. Une telle angoisse je l'eusse peut-être aujourd'hui résolue en travaillant à l'accouplement de ces deux hommes que j'aimais : l'un pour sa force, l'autre sa grâce. Une charité possible, familière maintenant à mon cœur, m'eût fait entreprendre le bonheur non de deux hommes mais de ces êtres plus parfaits qu'ils indiquent : la force et la beauté. Si l'une et l'autre en moi ne se peuvent unir que ma bonté, d'elle, hors de moi, réussisse un nœud de perfection — d'amour. J'avais quelques économies. Sans prévenir personne, Stilitano, Armand, Sylvia ni Robert, je pris le train et je revins en France.

Dans ces forêts de Maubeuge, je compris que le pays que j'avais tant de mal à quitter, la région enveloppante dont j'éprouvai la soudaine nostalgie en franchissant cette dernière frontière, c'était la rayonnante bonté d'Armand, et qu'elle était faite de tous les éléments, vus à l'envers, qui composaient sa cruauté.

A moins que ne survienne, d'une telle gravité, un événement qu'en face de lui mon art littéraire soit imbécile et qu'il me faille pour dompter ce nouveau malheur un nouveau langage, ce livre est le dernier. J'attends que le ciel me tombe sur le coin de la gueule. La sainteté c'est de faire servir la douleur. C'est forcer le diable à être Dieu. C'est obtenir la reconnaissance du mal. Depuis cinq ans j'écris des livres : je peux dire que je l'ai fait avec plaisir mais j'ai fini. Par l'écriture j'ai obtenu ce que je cherchais. Ce qui, m'étant un enseignement, me guidera, ce n'est pas ce que j'ai vécu mais le ton sur lequel je le rapporte. Non les anecdotes mais l'œuvre d'art. Non ma vie mais son interprétation. C'est ce que m'offre le langage pour l'évoquer, pour parler d'elle, la traduire. Réussir ma légende. Je sais ce que je veux. Je sais où je vais. Les chapitres qui suivront (j'ai dit qu'un grand nombre est perdu) je les livre en vrac.

(Par légende je n'entendais pas l'idée plus ou moins décorative que le public connaissant mon nom se fera de moi, mais l'identité de ma vie future avec l'idée la plus audacieuse que moi-même et les autres, après ce récit, s'en puissent former. Il reste à préciser si l'accomplissement de ma légende consiste dans la plus audacieuse existence possible dans l'ordre criminel.)

Dans la rue, tant j'ai peur qu'un policier me reconnaisse, je sais rentrer en moi. Le plus essentiel de moi-même s'étant réfugié dans la plus secrète, profonde retraite (un endroit au fond de mon corps où je veille, où j'épie sous forme de petite flamme) je ne crains plus rien. J'ai l'imprudence de croire mon corps débarrassé de tous signes distinctifs, et qu'il paraît vide, impossible à identifier tant, de moi tout a bien abandonné mon image, mon regard, mes doigts dont les tics s'évaporent, et que les inspecteurs aussi voient que ce qui marche sur le trottoir à côté d'eux, c'est une coquille vide, débarrassée de son homme. Mais que je passe par une rue tranquille, la flamme grandit, occupe mes membres, monte jusqu'à mon visage et le colore de ma ressemblance. J'accumule les imprudences : monter dans les voitures volées, passer devant les magasins où j'ai opéré, montrer des papiers trop manifestement faux. J'éprouve le sentiment que d'ici peu de temps tout doit lâcher. Mes imprudences sont graves et je sais que la catastrophe aux ailes de lumière, sortira d'une très, très légère erreur [1]. Mais, cependant que j'espère comme une grâce le malheur, il est bien que je m'évertue aux jeux habituels du monde. Je veux m'accomplir en une destinée des plus rares. Je vois très mal ce qu'elle sera, je la veux non d'une courbe gracieuse légèrement inclinée vers le soir, mais d'une beauté jamais vue, belle à cause du danger qui la travaille, la bouleverse, la mine. O faites que je ne sois que toute beauté! J'irai vite ou lentement, mais j'oserai ce qu'il faut oser. Je détruirai les apparences, les bâches tomberont brûlées et j'apparaîtrai là, un soir, sur la paume de votre main, tranquille et pur comme une statuette de verre. Vous me verrez. Autour de moi, il n'y aura plus rien.

Par la gravité des moyens, par la magnificence des matériaux mis en œuvre pour qu'il se rapproche

---

[1]. Mais qui empêchera mon anéantissement? Parlant de catastrophe je ne puis pas ne pas évoquer un rêve : une locomotive me poursuivait. Je courais sur la voie ferrée. J'entendais le halètement proche de la machine. Je quittai les rails pour courir dans la campagne. Méchante, la locomotive me poursuivit toujours mais elle s'arrêta gentiment, poliment, devant une petite et fragile barrière de bois que je reconnus comme l'une des barrières fermant un pré appartenant à mes parents nourriciers et où, enfant, je menais paître les vaches. A un ami racontant ce rêve je dis : « ... le train s'arrêta à la barrière de mon enfance... ».

des hommes, je mesure à quel point le poète était loin d'eux. La profondeur de mon abjection l'a forcé à ce travail de bagnard. Or, mon abjection était mon désespoir. Et le désespoir la force même — et en même temps la matière pour l'abolir. Mais si l'œuvre est la plus belle, qui exige la vigueur du plus grand désespoir, il fallait que le poète aimât les hommes pour entreprendre un pareil effort. Et qu'il réussît. Il est bien que les hommes s'éloignent d'une œuvre profonde si elle est le cri d'un homme enlisé monstrueusement en soi-même.

A la gravité des moyens que j'exige pour vous écarter de moi, mesurez la tendresse que je vous porte. Jugez à quel point je vous aime par ces barricades que j'élève dans ma vie et dans mon œuvre (l'œuvre d'art ne devant être que la preuve de ma sainteté, il n'importe pas seulement que cette sainteté soit réelle afin de féconder l'œuvre, mais aussi pour que, sur une œuvre forte déjà de la sainteté, je m'appuie pour un effort plus grand vers une destination inconnue) afin que votre haleine (je suis corruptible à l'extrême), ne me puisse pourrir. Ma tendresse est d'une pâte fragile. Et le souffle des hommes troublerait les méthodes de recherches d'un nouveau paradis. Du mal, j'imposerai la vision candide, dussé-je à cette recherche y laisser ma peau, mon honneur et ma gloire.

Créer n'est pas un jeu quelque peu frivole. Le créateur s'est engagé dans une aventure effrayante qui est d'assumer soi-même jusqu'au bout les périls risqués par ses créatures. On ne peut supposer une création n'ayant l'amour à l'origine. Comment mettre en face de soi aussi fort que soi, ce qu'on devra mépriser ou haïr. Mais alors le créateur se chargera du poids du péché de ses personnages. Jésus devint homme. Il expie. Après, comme Dieu, les avoir créés, il délivre de leurs péchés les hommes : on le flagelle, on lui crache au visage, on le moque, on le cloue. Voilà le sens de l'expression : « Il souffre dans sa chair. » Négligeons les théologiens. « Prendre le poids du péché du monde » signifie très exactement : éprouver en puissance et en effets tous les péchés; avoir souscrit au mal. Tout créateur doit ainsi endosser — le mot serait faible — faire sien au point de le savoir être sa substance, circuler dans ses artères — le mal donné par lui, que librement choisissent ses héros. Nous voulons voir là l'une des nombreuses utilisations de ce mythe généreux de la Création et de la Rédemption. S'il accorde à ses personnages le libre arbitre, la libre disposition de soi, tout créateur dans le secret de son cœur espère qu'ils choisissent le Bien. Tout amant fait de même espérant être aimé pour soi.

Je désire un instant porter une attention aiguë sur la réalité du suprême bonheur dans le désespoir : quand on est seul, soudain, en face de sa perte soudaine, lorsqu'on assiste à l'irrémédiable destruction de son œuvre et de soi-même. Je donnerais tous les biens de ce monde — il faut en effet les donner — pour connaître l'état désespéré — et secret — que personne ne sait que je sais. Hitler seul, dans les caves de son palais, aux dernières minutes de la défaite de l'Allemagne, connut sûrement cet instant de pure lumière — lucidité fragile et solide — la conscience de sa chute.

Mon orgueil s'est coloré avec la pourpre de ma honte.

Si la sainteté est mon but, je ne puis dire ce qu'elle est. Mon point de départ c'est le mot lui-même qui indique l'état le plus proche de la perfection morale. Dont je ne sais rien, sauf que sans elle ma vie serait vaine. Ne pouvant réussir une définition de la sainteté — pas plus que de la beauté — à chaque instant je la veux créer, c'est-à-dire faire que tous mes actes me conduisent vers elle que j'ignore. Que me guide à chaque instant une volonté de sainteté jusqu'au jour où ma luminosité sera telle que les gens diront : « C'est un saint », ou avec plus de chance : « C'était un saint. » De longs tâtonnements m'y conduisent. Il n'existe pas de méthode. C'est obscurément et sans autres preuves que la certitude de faire de la sainteté que j'accomplis les gestes m'y portant. Qu'on la gagne par une discipline mathématique il se peut, mais je crains qu'on obtienne une sainteté facile, polie, aux formes éprouvées, pour tout dire, académique. Or, c'est obtenir un simulacre. Parti des principes élémentaires des morales et des religions le saint arrive à son but s'il se débarrasse d'eux. Comme la beauté — et la poésie — avec laquelle je la confonds, la sainteté est singulière. Son expression est originale. Toutefois, il me semble qu'elle ait pour base unique le renoncement. Je la confondrai donc encore avec la liberté. Mais surtout je veux être un saint parce que le mot indique la plus haute attitude humaine, et je ferai tout pour y parvenir. J'y emploierai mon orgueil et l'y sacrifierai.

La tragédie est un moment joyeux. Les sentiments joyeux seront portés par le sourire, par une allégresse de tout le corps, et du visage. Le héros ne connaît pas le sérieux d'un thème tragique. Il ne doit pas le voir, s'il l'entrevit jamais. Il connaît nativement l'indifférence. Dans les bals des faubourgs, il y a des jeunes gens graves, indifférents à la musique qu'ils semblent davantage conduire que subir. D'autres sèment joyeusement sur les filles une syphilis cueillie dans l'une d'elles : à la déchéance de leurs corps admirables, annoncée par les figures de cire des baraques, ils vont tranquilles, le sourire aux lèvres. Si c'est à la mort qu'il va — dénouement nécessaire — à moins que ce soit au bonheur, c'est comme à la plus parfaite réalisation, donc la plus heureuse, de soi, il y va d'un cœur joyeux. Le héros ne saurait faire la moue à une mort héroïque. Il n'est héros que par cette mort, elle est la condition si amèrement recherchée par les êtres sans gloire, elle est la gloire, elle est, enfin (cette mort et l'accumulation des apparents malheurs qui y conduisent) le couronnement d'une vie prédisposée, mais surtout le regard de notre propre image dans un miroir idéal qui nous montre resplendissant éternellement (jusqu'à l'usure de cette lumière qui portera notre nom).

La tempe saigna. Deux soldats venant de se battre pour une raison qu'ils avaient depuis longtemps oubliée, le plus jeune tomba, la tempe éclatée sous le poing de fer de l'autre qui regarda le sang couler, devenir une touffe de primevères. Rapidement, cette floraison se répandit. Elle gagna le visage qui fut bientôt recouvert de milliers de ces fleurs serrées violettes et douces comme le vin que vomissent les soldats. Enfin, tout le corps du jeune homme écroulé dans la poussière, ne fut qu'un tertre dont les primevères grandirent assez pour être des marguerites où passait le vent. Seul un bras resta visible et s'agita, mais le vent bougeait toutes ces herbes. Le vainqueur bientôt ne vit plus qu'une main disant le maladroit signe de l'adieu et de l'amitié désespérée. A son tour, cette main disparut, prise dans le terreau fleuri. Le vent cessa lentement, avec regret. Le ciel s'obscurcit qui éclairait d'abord l'œil du jeune soldat brutal et meurtrier. Il ne pleura pas. Il s'assit sur ce tertre qu'était devenu son ami. Le vent bougea un peu, mais un peu moins. Le soldat fit le geste de chasser les cheveux de ses yeux et il se reposa. Il s'endormit.

Le sourire de la tragédie est encore commandé par une sorte d'humour à l'égard des Dieux. Le héros tragique délicatement nargue son destin. Il l'accomplit si gentiment que l'objet cette fois ce n'est pas l'homme, mais les Dieux.

Condamné déjà pour vol, je puis l'être à nouveau sans preuves, sur une seule accusation légère, sur le doute. La loi me dit alors capable du fait. Le danger n'est pas seulement quand je vole, mais à chaque moment de ma vie, parce que j'ai volé. Une vague inquiétude embrume ma vie, à la fois l'alourdit et l'allège. Pour conserver la limpidité, l'acuité de mon regard, ma conscience doit effleurer tout acte afin que je puisse vite le corriger, changer sa signification. Cette inquiétude me tient en éveil. Elle me donne l'attitude étonnée du chevreuil arrêté dans la clairière. Mais l'inquiétude m'entraîne aussi comme une sorte de vertige, fait bourdonner ma tête et me laisse chavirer dans un élément de ténèbres où je me terre, si j'entends sous les feuilles résonner le sol d'un sabot.

Mercure, m'a-t-on dit, chez les anciens était le dieu des voleurs qui savaient ainsi quelle puissance invoquer. Mais nous, nous n'avons personne. Il paraîtrait logique de prier le diable, aucun voleur n'oserait le faire sérieusement. Pactiser avec lui serait profondément s'engager, tant il s'oppose à Dieu que l'on sait être le vainqueur définitif. L'assassin lui-même n'oserait prier le diable.

Pour abandonner Lucien, j'organiserai autour de l'abandon, afin qu'il paraisse entraîné par elles, une avalanche de catastrophes. Il sera un fétu au centre de la tornade. Même s'il apprend que je voulus un pareil malheur, il me haïra, mais sa haine ne me touchera pas. Le remords, le reproche de ses beaux yeux, n'auront pas assez de force pour m'émouvoir, puisque je serai au centre d'une tristesse désespérée. Je perdrai des choses qui me sont plus chères que Lucien, et qui me sont moins chères que mes scrupules. Ainsi tuerais-je volontiers Lucien afin d'engloutir sous un faste criminel ma honte. Hélas, une crainte religieuse m'écarte du meurtre, et me tire à lui. Il risque de faire de moi un prêtre, de la victime Dieu. Pour détruire l'efficacité du meurtre, peut-être me suffira-t-il de la réduire à l'extrême par la nécessité pratique de l'acte criminel. Je saurais tuer un homme pour quelques millions. Le prestige de l'or peut combattre celui du meurtre.

Obscurément l'ancien boxeur Ledoux l'aurait-il compris? Par vengeance il tue un complice. Dans la chambre du mort il fait le désordre pour simuler un vol, et, voyant un billet de cinq francs traînant sur la table Ledoux le prend et explique à son amie étonnée :

— Je le garde comme fétiche. Il ne sera pas dit que j'aurai tué sans que cela me rapporte.

Je fortifierai assez vite mon esprit. Il importe, en y songeant, de ne pas laisser sa paupière, ni ses narines prendre un pli tragique, mais d'examiner l'idée de meurtre avec une grande aisance, l'œil large, ouvert par la peau du front qui se plisse comme sous l'effet de l'étonnement naïf, de l'émerveillement. Aucun remords, aucun chagrin préalable ne sauraient alors se loger dans le coin de votre œil, ni sous vos pieds creuser des précipices. Un sourire gouailleur, un air tendre sifflé entre les dents, un peu d'ironie dans les doigts qui cueillent la cigarette suffiraient à me remettre en contact avec la désolation dans la solitude satanique (à moins que je ne chérisse quelque assassin à qui ce geste, ce sourire, cet air tendre sont habituels). Après avoir dérobé la bague de B. R.

— S'il vient à le savoir? me disais-je, je l'ai vendue à quelqu'un qu'il connaît!

J'imagine, car il m'aime, son chagrin et ma honte. J'envisage donc le pire : la mort. La sienne.

Boulevard Haussmann, j'ai vu l'endroit où des cambrioleurs se sont fait arrêter. Pour s'enfuir du magasin, l'un d'eux essaya d'en traverser la glace. Accumulant les dégâts autour de son arrestation croyait-il lui donner une importance qu'on retirerait au fait la précédant : le cambriolage. Déjà il cherchait à entourer sa personne d'une pompe sanglante, étonnante, intimidante, au centre de laquelle il fût lui-même demeuré pitoyable. Le criminel magnifie son exploit. Il veut disparaître sous le faste, dans une mise en scène énorme, provoquée par le destin. En même temps qu'il décompose son acte en moments rigides, qu'il le disloque.

— Que me peuvent les outrages des hommes quand mon sang...

Sans rougir, pourrais-je encore admirer les beaux criminels, si je n'avais pas connu leur nature? S'ils ont eu le malheur de servir à la beauté de nombreux poèmes, je veux les aider. L'utilisation du crime par un artiste est impie. Quelqu'un risque sa vie, sa gloire, afin de servir à l'ornement d'un dilettante. Le héros fût-il imaginaire, un être vivant l'inspira. Je refuse de me délecter de ses peines si je ne les ai pas encore partagées. Je vais encourir d'abord le mépris des hommes, leur jugement. La sainteté de Vincent de Paul, je m'en méfie. Il devait accepter de commettre le crime à la place du galérien dont il prit la place dans les fers.

Le ton de ce livre risque de scandaliser l'esprit le meilleur et non le pire. Je ne cherche pas le scandale. Je groupe ces notes pour quelques jeunes gens. J'aimerais qu'ils les considérassent comme la consignation d'une ascèse entre toutes délicate. L'expérience est douloureuse et je ne l'ai pas encore achevée. Que son point de départ soit une rêverie romanesque, il n'importe, si je la travaille avec la rigueur d'un problème mathématique; si je tire d'elle les matériaux utiles à l'élaboration d'une œuvre d'art, ou à l'accomplissement d'une perfection morale (à l'anéantissement peut-être de ces matériaux eux-mêmes, à leur dissolution) proche de cette sainteté qui n'est encore pour moi que le plus beau mot du langage humain.

Limité par le monde, auquel je m'oppose, découpé par lui, je serai d'autant plus beau, étincelant, que les angles qui me blessent et me donnent forme, sont plus aigus, cruelles mes découpures.

Il faut poursuivre les actes jusqu'à leur achèvement. Quel que soit leur point de départ la fin sera belle. C'est parce qu'elle n'est pas achevée qu'une action est infâme.

Quand je tournai la tête, mon œil fut ébloui par le triangle gris que formaient les deux jambes de l'assassin dont un pied était appuyé sur le court rebord du mur quand l'autre demeurait immobile dans la poussière du préau. Ces deux jambes étaient vêtues de bure rêche, roide, désolée. J'eus un second éblouissement, car cessant de mâcher la tige d'une rose blanche que je gardais entre les dents, je venais de la lancer par mégarde (au visage peut-être d'un voyou) quand elle s'accrocha, avec une habileté sournoise, à la braguette formant l'angle sévère d'étoffe grise. Ce simple geste échappa au gardien. Il échappa même aux autres détenus et à l'assassin qui n'éprouva qu'un très léger choc. Quand il regarda son froc, il rougit de honte. Crut-il découvrir un crachat ou le signe de quelque volupté que lui accordait le fait seul d'être pour un instant sous le ciel de France le plus clair? Bref, le visage cramoisi, d'un geste négligent, essayant de se dissimuler, il arracha la rose saugrenue, furtivement accrochée par la pointe extrême d'une épine, et il la fourra dans sa poche.

Je nomme sainteté, non un état, mais la démarche morale qui m'y conduit. C'est le point idéal d'une morale dont je ne puis parler car je ne l'aperçois pas. Il s'éloigne quand je m'approche de lui. Je le désire et je le redoute. Cette démarche peut paraître imbécile. Cependant encore que douloureuse, elle est joyeuse. C'est une folle. Sottement elle prend la figure d'une Caroline enlevée sur ses jupes et hurlant de bonheur.

Je fais, non tellement de la solitude, mais du sacrifice la plus haute vertu. C'est la vertu créatrice par excellence. Il devrait y avoir damnation. S'étonnera-t-on quand je prétends que le crime peut me servir à assurer ma vigueur morale?

Quand pourrai-je enfin bondir au cœur de l'image, être moi-même la lumière qui la porte jusqu'à vos yeux? Quand serai-je au cœur de la poésie?

Je risque de me perdre en confondant la sainteté avec la solitude. Mais par cette phrase, ne risqué-je pas de redonner à la sainteté le sens chrétien que je veux détacher d'elle?

Cette recherche de la transparence est peut-être vaine. Atteinte elle serait le repos. Cessant d'être « je », cessant d'être « vous », le sourire subsistant c'est un sourire égal posé sur les choses.

Le jour même de mon arrivée à la Santé — pour l'un des nombreux séjours que j'y fis — je comparus devant le directeur: j'avais bavardé au guichet d'un ami reconnu au passage. Je fus puni de quinze jours de mitard, où l'on me conduisit tout de suite. Trois jours après que j'étais au cachot, un auxiliaire me fit passer des mégots. C'étaient les détenus de ma cellule où, sans y avoir encore mis les pieds, j'étais affecté, qui me les envoyaient. En sortant du cachot je les remerciai. Guy me dit:

— On a vu qu'il y avait un nouveau, c'était marqué sur la porte: Genet. Genet on savait pas qui c'est. On te voyait pas arriver. On a compris que t'étais au mitard et on t'a fait passer les clops.

Parce que mon nom, sur les registres, m'établissait dans cette cellule, déjà ses occupants se savaient solidaires d'une peine inconnue, encourue pour un délit auquel ils n'avaient aucune part. Guy était l'âme de la cellule. Il en était cet adolescent, blanc et bouclé, beurré, la conscience inflexible, la rigueur.

S'adressait-il à moi, chaque fois j'éprouvais le sens de cette expression étrange : « Dans les reins une décharge de parabellum. »

Il fut arrêté par la police. Devant moi s'échangea ce dialogue :

— C'est toi qui as fait le coup de la rue de Flandre.

— Non, c'est pas moi.

— C'est toi. La concierge te reconnaît.

— C'est un type qui a ma gueule.

— Elle dit qu'il s'appelle Guy.

— C'est un type qui a ma gueule et mon nom.

— Elle reconnaît tes fringues.

— Il a ma gueule, mon nom et mes fringues.

— C'est les mêmes cheveux.

— Il a ma gueule, mon nom, mes fringues et mes cheveux.

— On a relevé tes empreintes.

— Il a ma gueule, mon nom, mes fringues, mes cheveux et mes empreintes.

— Ça peut aller loin.

— Jusqu'au bout.

— C'est toi qui as fait le coup.

— Non, c'est pas moi.

C'est de lui que je reçus la lettre où se trouve ce passage (je venais d'être encore enfermé à la prison de la Santé...) : « Mon petit Jeannot, je suis trop fauché pour t'envoyer un colis. Je n'ai plus le rond, mais je tiens à te dire ceci qui va te faire plaisir je l'espère, c'est que, pour la première fois, j'ai voulu me branler en pensant à toi et j'ai joui. Tu peux au moins être sûr qu'au dehors il y a un copain qui pense à toi... »

Je lui reproche quelquefois sa familiarité avec l'inspecteur Richardeau. J'essaie d'expliquer qu'un policier est plus vil encore qu'un mouchard, Guy m'écoute à peine. Il marche à petits pas. Autour de son cou il connaît le col flottant de sa chemise de soie trop souple, sur ses épaules, son veston bien coupé; il tient la tête haute et devant soi, il regarde droit, sévèrement, la rue triste et grise, morne, de Barbès, mais où un mac, derrière les rideaux d'un hôtel meublé, peut le voir passer.

— Oui, au fond, t'as raison, dit-il. C'est tous des salauds.

Au bout d'un instant, quand je crois qu'il ne songe plus à ce que je disais (en effet s'écoula un certain temps sans qu'il songe afin de mieux sentir à son poignet peser une gourmette d'argent, ou pour qu'un vide en lui se fasse où trouver place pour cette idée) il murmure :

— Oui. Pourtant un flic c'est pas pareil.

— Ah! Tu trouves?

Malgré mes arguments qui veulent confondre le flic avec le mouchard, condamner davantage le premier, je sens comme Guy, et ne lui avoue pas, que ce n'est pas pareil. J'aime secrètement, oui, j'aime la police. Je ne lui dirai pas mon émoi quand je passais à Marseille, cours Belsunce, devant la cantine réservée aux policiers. L'intérieur était peuplé de flics marseillais, en uniforme et en civil. La cantine me fascinait. Ce sont des serpents qui s'y lovent et s'y frôlent dans une familiarité que ne gêne pas — que favorise peut-être — l'abjection.

Impassible, Guy marche. Sait-il que le dessin de

sa bouche est trop mou? Elle donne à son visage une joliesse enfantine. Blond naturellement, il s'est teint en brun. Il veut passer pour un Corse — lui-même se prendra à son jeu — et je le soupçonne d'aimer les fards.

— J'suis recherché, me dit-il.

L'activité du voleur est une succession de gestes étriqués, mais brûlants. Venant d'un intérieur calciné, chaque geste est douloureux, pitoyable. Ce n'est qu'après le vol, et grâce à la littérature, que le voleur chante son geste. Sa réussite chante en son corps un hymne que sa bouche redira. Son échec enchante sa détresse. A mon sourire, à mon haussement d'épaules, Guy répond :

— J'ai l'air trop jeune. Avec les autres voyous, il faut paraître un homme.

J'admire sa volonté qui ne fléchit jamais. Un seul de ses éclats de rire, me dit-il, le trahirait. J'ai pour lui la même pitié qu'à l'égard d'un lion que son dompteur fait marcher sur la corde raide.

D'Armand — de qui je parle peu, la pudeur m'en empêche, et peut-être la difficulté de dire qui il fut et ce qu'il fut pour moi, de rendre exactement sa valeur d'autorité morale — la bonté était je crois une sorte d'élément où mes qualités secrètes (inavouables) trouvaient leur justification.

C'est après que je l'eus quitté, que j'eus mis entre lui et moi la frontière, que je l'éprouvai. Il m'apparut intelligent. C'est-à-dire qu'il avait osé franchir les règles morales, non inconsciemment, avec la décevante facilité des gars qui les ignorent, au contraire c'était au prix d'un effort très grand, dans la certitude de perdre un trésor inestimable, mais avec la certitude encore d'en créer un autre, plus précieux que celui qu'il perdait.

Les gangsters d'une bande internationale s'étant rendus — « sans lutte à la police, lâchement », écrivirent les journaux belges, — nous l'apprîmes un soir dans un bar où chacun commentait leur attitude.

— C'est des dégonflés, quoi, dit Robert. C'est pas ton avis?

Stilitano ne lui répondit pas. Devant moi il redoutait d'évoquer la frousse ou l'audace.

— Tu dis rien, c'est pas ton avis? Ils prétendent qu'ils ont fait des coups formidables, des attaques de banques, des attaques de trains, et ça vient se remettre gentiment dans les bras des poulets. Ils auraient pu se défendre, jusqu'à la dernière balle. De toute façon leur compte est bon, puisqu'on va les extrader. La France les réclame. Y vont être raccourcis. Moi j'aurais...

— Et moi tu me chauffes!

La colère d'Armand fut soudaine. Son regard était indigné. Plus humble, Robert dit :

— Quoi, t'es pas de mon avis?

— A ton âge j'en avais fait un peu plus que toi et je causais pas des hommes, surtout de ceux qui sont pris. Pour eux y a plus que les tribunaux. T'as pas la taille de juger.

Ce ton explicatif redonna un peu d'audace à Robert. Il osa répondre :

— N'empêche qu'ils se sont déballonnés. Si ils avaient fait tout ce qu'on prétend...

— Sale petit con, c'est justement parce qu'ils
ont fait tout ce qu'on prétend qu'ils se sont déballonnés, comme tu dis. Tu sais ce qu'ils ont
voulu? Hein, tu le sais? Je vais te le dire, moi. Du
moment que c'est la fin, pour eux, ils ont voulu
se payer un luxe qu'ils n'avaient pas eu le temps de
s'offrir pendant leur vie : le déballonnage. Tu comprends? C'est une fête pour eux de pouvoir s'aller
remettre à la police. Ça les repose.

Stilitano ne bronchait pas. Au fin sourire de sa
bouche je crois avoir deviné que le sens lui était
familier de la réponse d'Armand. Non sous cette
forme affirmative, héroïque, insolente, mais d'un
style diffus. Robert ne répondit pas. A cette explication il ne comprenait rien, sauf peut-être qu'elle
venait de le placer un peu au dehors de nous trois.

J'eusse de moi-même, mais plus tard, trouvé
cette justification. La bonté d'Armand consistait
à me permettre de m'y trouver à l'aise. Il comprenait tout. (J'entends qu'il avait résolu mes pro-
blèmes.) Non que je veuille dire que l'explication qu'il osait donner de la capitulation des gangsters
était valable pour ces gangsters, mais qu'elle l'était
pour moi s'il se fût agi de justifier ma capitulation
en de telles circonstances. Sa bonté consistait encore
à transformer en fête, en parade solennelle et dérisoire ce qui n'était qu'un vil abandon de poste. Le
souci d'Armand était la réhabilitation. Non des autres
ou de soi : de la misère morale. Il lui accordait les
attributs qui sont l'expression des plaisirs du monde
officiel.

Je suis loin d'avoir sa stature, ses muscles et leur

pelage, mais il y a des jours, quand je me vois dans une glace, que je crois retrouver dans mon visage un peu de sa sévère bonté. Alors je suis fier de moi, de ma gueule écrasée et lourde. J'ignore dans quelle fosse commune il est enterré, ou s'il est toujours debout, promenant avec indolence un corps souple et fort. Il est le seul de qui je veux transcrire le nom exact. Le trahir même si peu serait trop. Quand il se levait de sa chaise, il régnait sur le monde. Il eût pu recevoir des gifles sans broncher, être insulté dans son corps, il fût demeuré intact, aussi grand. Dans notre lit il occupait toute la place, ses jambes ouvertes selon l'angle le plus obtus, dans quoi seulement je trouvais un peu de place où me blottir. Je dormais à l'ombre de son sexe qui quelquefois retombait sur mes yeux et quelquefois, au réveil ornait mon front d'une massive et curieuse corne brune. S'éveillant, son pied, non brutal mais d'une impérieuse pression, me chassait du lit. Il ne parlait pas. Il fumait, pendant que je préparais le café et les toasts de ce Tabernacle où reposait — où s'élaborait la Science.

Une conversation maladroite un soir nous apprit qu'Armand, de Marseille à Bruxelles, de ville en ville, de café en café, pour gagner de quoi manger découpait des dentelles en papier devant les clients. Le docker qui nous renseigna, Stilitano et moi, ne se moquait pas. Il parlait, avec beaucoup de naturel, des napperons, des pochettes, des mouchoirs, d'un délicat travail de mercerie obtenu avec une paire de ciseaux et du papier plié.

— Moi je l'ai vu, moi, Armand, je l'ai vu faire son numéro, dit-il.

Supposer mon maître massif et calme accomplir une besogne de femme m'émouvait. Aucun ridicule ne pouvait l'atteindre. Je ne sais de quel bagne il remontait, s'il en était libéré ou évadé mais ce que j'apprenais de lui prouvait cette école de toutes les délicatesses : les bords du Maroni ou les centrales de France.

En écoutant le docker, Stilitano souriait méchamment. Je redoutais qu'il ne cherchât à blesser Armand : j'avais raison. La dentelle mécanique avec quoi il dupait les pieuses châtelaines était un signe de noblesse, elle indiquait sur Armand la supériorité de Stilitano. Cependant je n'osais l'implorer de se taire : montrer à l'égard d'un pote une telle élégance morale eût révélé chez moi, dans mon cœur, de bizarres paysages, éclairés de lumières si douces qu'un coup de pouce les eût froissées. Je feignis d'être indifférent.

— On en apprend tous les jours, dit Stilitano.

— Y a pas de mal à ça.

— C'est ce que je dis. On se défend comme on peut.

Pour me rassurer sans doute, pour étayer mon inconsistance, j'avais besoin de supposer mes amants taillés dans la plus dure des matières. Voici que j'apprenais composé de misères humaines celui qui m'en imposait le plus. Aujourd'hui, le souvenir qui me visite le plus souvent c'est Armand, que je ne vis jamais dans cette occupation, s'approchant des tables des restaurants et découpant — en point de Venise — sa dentelle de papier. Peut-être était-ce alors qu'il avait découvert, sans l'aide de personne, l'élégance, non de ce qu'on nomme les manières, mais du jeu *nombreux* des attitudes. Soit par paresse, soit qu'il voulût me soumettre, soit encore qu'il éprouvât le besoin d'un cérémonial qui mît en valeur sa personne, il exigeait que j'allumasse sa **cigarette** à ma bouche et qu'ensuite je la misse à la sienne. Je ne devais même pas attendre que se manifestât son désir mais le prévenir. Je fis ainsi dans les débuts mais, fumeur moi-même, afin d'aller plus vite, pour économiser les gestes, je portais à ma bouche deux cigarettes que j'allumais, puis j'en tendais une à Armand. Brutalement il m'interdit ce procédé qu'il jugeait sans beauté. Je dus, comme avant, prendre dans le paquet une cigarette, l'allumer, la lui piquer dans la bouche, et en reprendre une autre pour moi.

Mener le deuil étant d'abord me soumettre à une douleur à quoi j'échapperai car je la transforme en une force nécessaire pour sortir de la morale habituelle, je ne puis voler des fleurs et les porter sur la tombe d'un mort qui m'était cher. Voler détermine une attitude morale qui ne s'obtient pas sans effort, c'est un acte héroïque. La douleur, par la perte d'un être aimé, nous découvre des liens avec les hommes. Elle exige de celui qui demeure l'observance d'une dignité d'abord formelle. A tel point que le souci de cette dignité nous fera voler des fleurs, si nous ne pouvions en acheter. Ce geste fut amené par le déses-poir de ne pouvoir accomplir les formules habituelles de l'adieu aux morts. Guy vint me voir pour me dire comment Maurice B venait d'être descendu.

— Il faut des couronnes.

— Pourquoi?

— Pour le cortège.

Sa voix était brève. En allongeant les syllabes, il eût craint de laisser toute son âme s'alanguir. Et, pensait-il peut-être, le moment ne doit pas être aux larmes, ni aux plaintes. De quelles couronnes voulait-il parler, de quel cortège, de quelle cérémonie?

— L'enterrement, il faut des fleurs.

— T'as du fric?

— Pas un sou. On va faire la quête.

— Où?

— Pas dans l'église bien sûr. Chez les potes. Dans les bars.

— Tout le monde est fauché.

Ce n'est pas une sépulture que Guy pour un mort réclamait. Il voulait d'abord que les fastes du monde fussent accordés au voyou son ami descendu par les balles d'un flic. Au plus humble, tresser de fleurs le manteau le plus riche selon les hommes. Honorer l'ami, mais surtout glorifier, avec les moyens que s'accordent ceux qui les considèrent, les établissent même, les plus misérables.

— Ça ne te fait pas râler de savoir que les flics qu'on descend ont des enterrements de première classe?

— Ça te chiffonne?

— Pas toi? Et les présidents, quand on les enterre, avec la Cour d'assises qui marche derrière.

Guy était exalté. Son indignation l'illuminait. Il était généreux et sans retenue.

— Personne n'a de fric.

— Faut en trouver.

— Va faucher des fleurs avec ses potes.

— T'es fou!

Il le dit d'une voix sourde, avec honte, avec regret, peut-être. Un fou peut à ses morts rendre des funérailles insolites. Il peut, il doit inventer les rites. Guy déjà a l'émouvante attitude d'un chien qui chie. Il pousse, son regard est fixe, ses quatre pattes sont rapprochées sous son corps arc-bouté; et il tremble, de la tête à l'étron fumant. Je me souviens de ma honte, en plus de mon étonnement devant un geste aussi inutile, quand au cimetière, un dimanche, après avoir regardé autour d'elle, ma mère nourricière arracha d'une tombe inconnue et toute fraîche, un pied de soucis qu'elle repiqua sur la tombe de sa fille. Voler n'importe où des fleurs pour en couvrir le cercueil d'un mort adoré, c'est un geste, Guy le comprenait, qui ne comblera pas le voleur. Aucun humour là n'est toléré.

— Alors, qu'est-ce que vous allez faire?
— Faire un casse, en vitesse. Une agression.
— T'as quelque chose en vue?
— Non?
— Alors?

Avec deux copains, la nuit, ils pillèrent de ses fleurs le cimetière Montparnasse. Ils franchirent le mur de la rue Froidevaux, près de la pissotière. Ce fut, me raconta Guy, une rigolade. Peut-être, comme chaque fois qu'il va faire un cambriolage, alla-t-il aux chiottes. La nuit, s'il fait sombre, il pose culotte, devant la porte cochère généralement, ou au bas de l'escalier, dans la cour. Cette familiarité le rassure. Il sait qu'en argot un étron, c'est une sentinelle.

— J'vais poser une sentinelle, dit-il. Nous montons alors plus tranquilles. L'endroit nous est moins étranger.

Avec une lampe électrique, ils cherchèrent les roses. On les distinguait, paraît-il, très peu du feuillage. Une ivresse joyeuse les faisait voler, courir, blaguer parmi les monuments. « On aura tout vu », me dit-il. Les femmes furent chargées de tresser les couronnes et de faire les bouquets. Ce sont leurs mâles qui réussirent les plus beaux.

Le matin tout était fané. Ils jetèrent les fleurs aux ordures et la concierge dut se demander à quelle orgie cette nuit on s'était livré dans ces chambres où d'habitude n'entre jamais de bouquet sauf parfois une orchidée. La plupart des macs n'osèrent pas assister à un enterrement aussi pauvre, il fallait à leur dignité, à leur insolence, la solennité mondaine. Ils y envoyèrent leurs femmes. Guy s'y rendit. Quand il revint il m'en raconta la tristesse.

— On avait l'air cloche! C'est malheureux que tu ne sois pas venu. Y avait que des putes et des voyous.

— Oh! tu sais, j'en vois tous les jours.

— C'est pas ça, Jean, c'était pour que quelqu'un réponde quand les croque-morts ont demandé la famille. Moi j'avais honte.

(Quand j'étais à la colonie pénitentiaire de Mettray, on m'ordonna d'assister à l'enterrement d'un jeune colon, décédé à l'infirmerie. Nous l'accompagnâmes au petit cimetière du pénitencier. Les fossoyeurs étaient des enfants. Après qu'ils eurent descendu le cercueil, je jure que si un croque-mort, comme à la ville, eût demandé : « La famille? »

je me serais avancé, minuscule dans mon deuil.)

— Pourquoi t'avais honte?

Guy s'étira un peu, puis il sourit.

— C'était trop moche, dis. Enterrement de pauvre.

« On a drôlement piccolé, toute la nuit. J'suis content de rentrer. J'vais tout de même pouvoir retirer mes souliers. »

Très jeune, je désirai cambrioler les églises. Plus tard je connus la joie d'en retirer les tapis, les vases et parfois les tableaux. A M..., G... ne remarqua pas la beauté des dentelles. Quand je lui eus dit que les surplis et les nappes d'autel valaient très cher, son front carré se plissa. Il voulut un chiffre. Dans la sacristie, je murmurai :

— Je ne sais pas.

— Combien, cinquante?

Je ne répondis pas. J'étais pressé de sortir de cette salle où les prêtres s'habillent, se déshabillent, boutonnent leurs soutanes, nouent les aubes.

— Hein? Combien, cinquante?

Son impatience me gagnant, je répondis :

— Plus, cent mille.

Les doigts de G... tremblaient, devenaient lourds. Ils cassaient les étoffes et les dentelles anguleuses. Quant à son visage, mal éclairé et par la cupidité bouleversé, je ne sais s'il faut dire qu'il était hideux ou admirable. Nous reprîmes notre calme sur les bords de la Loire. Nous nous assîmes dans l'herbe en attendant le premier train de marchandises.

— T'as de la chance de t'y connaître. Moi, les dentelles je les aurais laissées.

C'est alors que Guy me proposa de m'associer à lui davantage. « Tu n'auras qu'à m'indiquer les coups, moi j'agirai », me dit-il. Je refusai. On ne peut, dans le métier de cambrioleur, réaliser ce qu'un autre a conçu. Celui qui agit doit être assez habile pour corriger ce qu'apporte l'imprévu dans la ligne décidée. Enfin, la vie de voleur, Guy ne la voit que magnifique, éclatante, écarlate et d'or. Elle est pour moi sombre et souterraine, hasardeuse et périlleuse autant que la sienne, mais c'est d'un autre péril que se rompre les os d'un toit, en auto poursuivie s'écraser contre un mur, mourir d'une balle de 6/35. Je ne suis pas fait pour ces hautains spectacles où l'on se déguise en cardinal pour dévaliser le trésor des basiliques, où l'on prend l'avion pour dépister la bande rivale. Que m'importent ces jeux luxueux.

Quand il volait une voiture, Guy s'arrangeait pour démarrer à l'apparition du propriétaire. Il se payait la gueule de l'homme qui voit sa voiture, docile au voleur, l'abandonner. C'était une fête pour lui. Il éclatait d'un immense rire métallique, un peu forcé, artificiel, et démarrait en tempête. A la vue du volé, de sa stupéfaction, de sa rage et de sa honte, il était rare que moi je ne souffrisse pas.

Quand je sortis de prison, nous nous retrouvâmes dans un bar de souteneurs. A « La Villa ». Les murs étaient couverts de photos dédicacées; portraits d'entraîneuses, mais surtout de boxeurs et de danseurs. Il n'avait pas d'argent. Lui-même venait de s'évader.

— Tu ne connais rien à faire, non?
— Si.

A voix basse je lui dis mon intention de dévaliser un ami qui possède quelques objets d'art qu'on vendrait à l'étranger. (Je venais d'écrire un roman intitulé *Notre-Dame des Fleurs*, dont la publication me valut quelques riches relations.)

— Y faut démolir le mec?

— Pas la peine. Écoute.

Je repris ma respiration, je me penchai vers lui. Je changeai la disposition de mes mains sur la barre d'appui du comptoir, je déplaçai ma jambe, enfin je m'apprêtais à sauter.

— Écoute. On pourrait envoyer le type en tôle pour huit jours.

Je ne puis dire que, précisément, bougèrent les traits de Guy, pourtant toute sa physionomie se transforma. Son visage s'immobilisa peut-être et se durcit. Je fus tout à coup épouvanté par la dureté du regard bleu. Guy pencha un peu la tête sur le côté, sans cesser de me dévisager, ou plus exactement, de me fixer, de me clouer. J'eus la révélation soudaine de l'expression : « Je vais t'épingler! » Sa voix, pour me répondre ce qui suivra, était basse, égale, mais braquée vers mon estomac. Elle sortait de sa bouche avec la rigidité d'une colonne, d'un bélier. D'être contenue, monotone, la faisait paraître tassée, compacte.

— Comment, c'est toi qui me dis ça, Jeannot. C'est toi qui me dis d'envoyer un mec en cabane?

Mon visage demeura aussi immobile que le sien, aussi dur, mais plus volontairement tendu. A l'orage du sien où s'amoncelaient des nuages noirs, j'opposai mon visage de roc, à ses éclairs, à sa foudre, mes angles et mes pointes. Sachant que sa rigueur doit crever et s'écrouler en mépris, je fis front, pour un instant. Je réfléchis très vite comment me rattraper sans qu'il se doutât que j'avais voulu une action abjecte. Il fallait que j'eusse le temps pour moi. Je me tus. Je laissais son étonnement et son mépris se déverser sur moi.

— Je peux descendre un type. Si tu veux je le bute, je le saccage ton mec. T'as qu'à me le dire. Hein, dis, Jeannot, tu veux que je le descende?

Je me tus encore et le regardai fixement. Je supposais mon visage impénétrable. Guy devait me voir tendu, me croire au fait d'un moment extrêmement dramatique par le fait d'une volonté arrêtée, d'une décision qui l'étonnait au point de l'émouvoir. Or, je redoutais sa sévérité d'autant plus que jamais il ne parut plus viril que ce soir. Assis sur le haut tabouret, ses cuisses musculeuses saillaient sous l'étoffe rase du pantalon où posée sur elles sa main était forte, épaisse et rêche. Dans je ne puis définir quel élément commun avec eux de méchanceté, de sottise, de virilité, d'élégance, de pompe, de viscosité, il était l'égal des souteneurs qui nous entouraient, et leur ami. Il m'écrasait. « Ils » m'écrasaient.

— Tu t'rends compte de ce que c'est que d'envoyer un type là-bas. On y est passé tous deux. Allons, on peut pas faire ça.

Lui-même avait-il trahi, vendu ses amis? Son intimité avec un inspecteur de la P. J. m'avait fait craindre — et espérer — qu'il soit une donneuse. Le craindre car je risquais d'être dénoncé, craindre encore car il me précéderait dans la trahison. L'espérer parce que j'aurais un compagnon et un soutien dans l'abjection. Je compris la solitude et le désespoir du voyageur ayant perdu son ombre. Je me taisais toujours et je regardais Guy fixement. Mon visage demeurait immobile. Le moment n'était pas encore venu de me reprendre. Qu'il barbotât dans l'étonnement jusqu'à perdre pied. Toutefois je ne pus ne pas déjà percevoir son mépris, car il dit :

— Mais, Jeannot, je te considère comme mon frangin. Tu te rends compte? Si un mec, un mec d'ici, y voulait te faire tomber, je me charge de sa peau. Et toi tu me dis...

Il baissa la voix car des macs s'étaient rapprochés de nous. (Des putains aussi pourraient nous entendre. Le bar était bondé.) Mon regard se voulut plus dur. Mes sourcils se joignirent. Je mâchonnais à l'intérieur de mes lèvres et je gardais encore le silence.

— Tu sais, si c'était un aut' que toi qui me propose ça...

Malgré la carapace de volonté dont je me protégeais j'étais humilié par la douceur fraternelle de son mépris. Le ton de sa voix, ses paroles me laissèrent indécis. Est-il ou n'est-il pas lui-même un mouchard? Je ne le saurai jamais avec certitude. S'il l'est, il peut aussi bien me mépriser pour une action qu'il accepterait de commettre. Il se peut encore qu'il lui répugne de m'avoir comme compagnon dans l'abjection parce que je suis moins prestigieux à ses yeux, moins étincelant que tel autre voleur qu'il accepterait. Je connaissais son mépris. Il s'en fallut de peu qu'il ne me dissolve comme un rocher de sucre. Je devais sans trop de fixité pourtant, conserver ma rigidité.

— Mais, Jeannot, un aut' que toi je l'aurais esquinté. Je ne sais pas pourquoi je t'ai laissé dire ça.
Non, j'en sais rien.

— Ça va comme ça.

Il releva la tête, sa bouche resta entrouverte. Le
ton l'avait surpris.

— Hein?

— Je dis que ça va.

Je me penchai plus près de lui et je posai ma main
sur son épaule.

— Mon petit Guy; j'aime autant ça. J'ai eu la
frousse quand je t'ai vu avec R. (le policier) si bien
copain, je te le cache pas. J'ai eu les jetons. Je les ai
eus que tu sois devenu une donneuse.

— T'es fou. J'étais en cheville avec lui, d'abord
parce qu'il est aussi truand qu'un truand, et puis pour
qu'il m'ait des papiers. C'est un type qui marche au fric.

— Ça va. Maintenant j'en suis sûr, mais hier, quand
je vous ai vus boire le coup ensemble, je te jure que
ça ne gazait pas. Parce que moi, les donneuses j'ai
jamais pu les encaisser. Tu te rends compte de ce que
ça pouvait m'être comme coup de massue de douter
de toi? De croire que tu pouvais en croquer?

Je n'eus pas la prudence que lui-même avait montrée durant ses reproches et j'élevai un peu la voix.
Le soulagement de n'être plus sous son mépris me
redonnait le souffle, me faisait trop haut et trop vite
rebondir. Je m'exaltais de la joie d'émerger du mépris,
d'être sauvé aussi d'une bagarre qui eût, contre moi,
mis tous les souteneurs du bar, de dominer Guy à
mon tour par une autorité que m'accordait ma maîtrise du langage. Enfin, une sorte d'apitoiement sur

moi-même me fit sans effort trouver des inflexions émouvantes, car j'avais perdu, encore que je retombe sur mes pattes. Ma dureté, mon intransigeance étaient fêlées, et l'affaire du cambriolage (dont aucun de nous n'osa reparler) définitivement s'échappait. De très précieux maquereaux nous entouraient. Ils causaient fort mais très poliment. Guy me parla de sa femme. Je répondis comme je pus. Une grande tristesse me voilait, que perçaient quelquefois les éclairs de ma rage. La solitude (dont l'image pourrait être une sorte de brouillard ou de vapeur qui sort de moi) un instant déchirée par l'espoir, la solitude se referma sur moi. J'eusse pu avoir un compagnon dans la liberté (car enfin je suis sûr que Guy est une donneuse), il m'est refusé. J'eusse aimé trahir avec lui. Car je veux pouvoir aimer mes complices. Il ne faut pas que cette situation (de cambrioleur) extraordi-nairement solitaire me laisse muré avec un garçon sans grâce. Durant l'action, la peur qui est la matière (ou plutôt la lumière) dont presque totalement je suis fait risque de me laisser m'effondrer dans les bras de mon complice. Je ne crois pas le choisir grand et fort, afin qu'il me protège en cas d'échec, mais afin qu'une trop forte peur me précipite dans le creux de ses bras, de ses cuisses, refuges adorables. Ce choix est dangereux qui souvent a laissé la peur si totalement se fléchir, devenir tendresse. Trop aisément je m'aban-donne à ces belles épaules, à ce dos, à ces hanches. Guy était désirable dans le travail.

Il vient me voir, affolé. Il m'est impossible de savoir si sa panique est réelle. Ce matin sa mine est piteuse. Il était plus à son aise dans les couloirs et les escaliers de la Santé avec les macs dont le prestige tient dans la robe de chambre qu'ils revêtent pour rendre visite à leur avocat. La sécurité qu'offre la prison lui donnait-elle encore une allure plus légère?

— Il faut me sortir de la merde. Indique-moi un coup que je me tire en province.

Il s'obstine à vivre parmi les macs et je reconnais dans son énervement, dans le mouvement fatal de sa tête, le ton tragique des tapettes et des actrices. « Est-il possible, me dis-je, qu'à Montmartre les " hommes " s'y trompent. »

— Tu me prends au dépourvu. On n'a pas un casse tout près sous la main.

— N'importe quoi, Jeannot. Je descends un mec, s'il le faut. Je suis capable de brûler un mec pour vingt raides. Hier, j'ai risqué le bagne.

— Ça ne m'avance pas, dis-je en souriant.

— Toi tu te rends pas compte. Tu vis dans un palace.

Il m'agace, qu'ai-je à craindre des hôtels dorés, des lustres, des salons, de l'amitié des hommes? Le confort permettra peut-être des audaces de mon esprit. Et, l'esprit déjà loin, je suis sûr que mon corps suivra.

Tout à coup il me regarde et sourit.

— Monsieur me reçoit au salon. On peut pas aller dans ta chambre? Y a ton môme?

— Oui.

— Il est gentil? Qui c'est?

— Tu vas le voir.

Quand il nous eut quittés je demandai à Lucien ce

qu'il pensait de Guy. Secrètement, j'eusse été heureux qu'ils s'aimassent.

— Il a une drôle de touche, avec son chapeau. Drôlement mal habillé.

Et tout de suite, il me parle d'autre chose. Ni les tatouages de Guy, ni ses aventures, ni son audace n'auront intéressé Lucien. Il n'a vu que le ridicule de son accoutrement. L'élégance des voyous peut être contestée par un homme de goût, mais ils se parent le jour, le soir surtout, avec une émouvante gravité, d'autant de soins qu'une cocotte. Ils veulent briller. L'égoïsme réduit au corps seul leur personnalité (indigence de la demeure d'un mac vêtu mieux qu'un prince). Mais cette recherche de l'élégance presque toujours atteinte, qu'indique-t-elle chez Guy? Que signale-t-elle quand les détails sont ce ridicule petit chapeau bleu, cette veste étroite, cette pochette? Pourtant s'il n'a pas la grâce enfantine et le ton discret de Lucien, chez Guy un tempérament passionné, un cœur plus chaud, une vie plus ardente, plus brûlée me le rendent encore cher. Il est capable, comme il le dit, d'aller jusqu'à l'assassinat. Il sait se ruiner en un soir pour lui seul ou un ami. Il a du cran. Et peut-être toutes les qualités de Lucien n'ont-elles pas à mes yeux la valeur d'une seule vertu de ce ridicule voyou.

Mon amour pour Lucien et mon bonheur dans cet amour déjà m'invitent à reconnaître une morale plus conforme à votre monde. Non que je sois plus généreux, je le fus toujours, mais ce but rigide où je vais, féroce comme la hampe de fer au sommet d'un glacier, si désirable, si cher à mon orgueil et à mon désespoir, m'apparaît menacer trop mon amour. Lucien

ne me sait pas sur la route de ces régions infernales.
J'aime encore aller où il m'emmène. Combien plus
grisant, jusqu'au vertige, la chute et le vomissement,
serait l'amour que je lui voue, si Lucien était un voleur
et un traître. Mais alors, m'aimerait-il? N'est-ce à sa
soumission aux ordres de la morale, à la douceur que
je dois sa tendresse et sa confusion légère en moi-
même? Pourtant je voudrais me lier à quelque monstre de fer, souriant mais glacé, qui tue, vole et livre
aux juges père et mère. Je le désire encore afin d'être
moi-même l'exception monstrueuse que s'accorde
un monstre, délégué de Dieu, et qui satisfait mon
orgueil avec mon goût de la solitude morale. De
Lucien l'amour me comble, mais que je passe par
Montmartre où je vécus longtemps, et ce que j'y
vois, ce que j'y devine de crasse, fait battre mon cœur,
oander mon corps et mon âme. Mieux que quiconque,
ie sais qu'il n'y a rien dans les quartiers mal famés,
ils sont sans mystère, pourtant ils me demeurent mystérieux. Revivre dans de tels endroits, afin d'y être
d'accord avec le milieu exigerait un retour impossible
au passé, car ils ont l'âme pâle les voyous du coin à
la pâle gueule, et les macs plus terribles sont d'une
désolante bêtise. Mais la nuit, quand Lucien est
rentré dans sa chambre, je me recroqueville peureu-
sement sous les draps et je souhaite contre moi le
corps d'un voleur plus dur, plus dangereux, et plus
tendre. Je projette pour bientôt une vie périlleuse de
hors-la-loi dans les plus crapuleux quartiers du plus
crapuleux des ports. J'abandonnerai Lucien. Qu'il devienne ce qu'il pourra. Moi, je partirai. J'irai à Barcelone, Rio ou ailleurs et d'abord en prison. J'y re-

trouverai Sek Gorgui. Doucement le grand nègre s'allongera sur mon dos. Le nègre, plus immense que la nuit, me recouvrira. Tous ses muscles sur moi auront cependant conscience d'être les affluents d'une virilité qui converge à ce point si dur, si violemment chargé, le corps entier tressaillant par ce bien et cet intérêt de lui-même, qui ne sont que pour mon bonheur. Nous serons immobiles. Il s'enfoncera davantage. Une sorte de sommeil, sur mes épaules terrassera le nègre, sa nuit m'écrasant où peu à peu je me diluerai. Ma bouche ouverte, je le saurai engourdi, retenu dans cet axe ténébreux par son pivot d'acier. Je serai léger. Je n'aurai plus aucune responsabilité. Sur le monde je porterai le regard clair prêté par l'aigle à Ganymède.

Plus j'aime Lucien et plus de moi s'éloigne mon goût du vol et des voleurs. Je suis heureux de l'aimer, mais une grande tristesse, fragile comme une ombre et lourde comme le nègre, s'étend sur toute ma vie, sur elle repose à peine, l'effleure et l'écrase, entre dans ma bouche entr'ouverte : c'est le regret de ma légende. Mon amour pour Lucien me fait connaître les hideuses douceurs de la nostalgie. Pour l'abandonner je peux quitter la France. Il faudrait alors que je le confondisse dans ma haine pour elle. Mais cet enfant charmant a les yeux, les cheveux, la poitrine, les jambes qui sont aux idéals voyous, à ceux que j'adore et que j'aurais le sentiment d'abandonner en l'abandonnant. Son charme le sauve.

Ce soir, je promenais mes doigts dans ses boucles. Rêveusement, il me dit :

— Je voudrais bien voir mon gosse.

Au lieu de lui donner quelque dureté cette phrase l'attendrit. (Lors d'une escale, il fit un gosse à une fille.) Sur lui mes yeux se posent avec plus de gravité, de tendresse aussi. Ce gamin au visage fier, au sourire, aux yeux vifs et doux, malicieux, je le considère avec le regard que j'aurais pour une jeune épouse. La blessure que je fais à ce mâle m'oblige à un soudain respect, à de nouvelles délicatesses et cette sourde, lointaine et presque étroite blessure l'alanguit comme le souvenir des souffrances de l'accouchement. Il me sourit. Davantage de bonheur me gonfle. Je sens qu'est devenue plus grande ma responsabilité comme si — à la lettre — le ciel venait de bénir notre union. Mais lui, pourra-t-il plus tard, auprès de ses maîtresses oublier ce qu'il fut pour moi? Qu'en sera son âme? De quel mal jamais guéri? Aura-t-il à cet égard l'indifférence de Guy, le même sourire accompagnant le haussement d'épaules pour rejeter derrière soi, la laisser aller au vent de sa démarche vive, cette peine lourde et profonde : la mélancolie du mâle blessé? A l'égard de toutes choses n'en naîtra-t-il quelque désinvolture?

Souvent Roger m'avait recommandé de ne pas le laisser trop longtemps avec les pédés qu'il venait de lever. Nos précautions étaient les suivantes : dès qu'il sortait de la pissotière, d'un bosquet où une tante venait de l'accoster, tantôt Stilitano et tantôt moi nous le suivions de loin jusqu'à la chambre — généralement dans un petit hôtel tenu par une ancienne putain, dans une rue crasseuse et puante —

j'attendais (ou Stilitano) quelques minutes, et nous montions.

— Mais pas trop tard, hein Jeannot. Tu entends? Pas trop tard.

— Il faut quand même qu'il ait le temps de se déshabiller.

— Sûrement. Mais enfin tu fais vite. Devant la porte je laisserai toujours tomber une petite boule de papier.

Il me fit cette recommandation si souvent d'un ton pressant qu'un jour je lui dis :

— Mais pourquoi tu veux que je fasse si vite? Tu n'as qu'à m'attendre.

— T'es fou. J'ai peur.

— Peur de quoi?

— Si le type a le temps de me peloter je suis foutu. Je suis pas sûr de pas me laisser faire.

— Eh bien, tu te laisses faire.

— Penses-tu. Bien excité, oui. Mais ça y faut pas. Mais le dis pas à Stil.

Égaré dans la forêt, conduit par l'ogre, Roger semait des petits cailloux blancs; enfermé par un geôlier méchant il signalait sa présence par un message laissé devant sa porte. Sottement un soir je m'amusai avec sa peur. Stilitano et moi nous attendîmes longtemps avant de monter. Quand nous eûmes trouvé la porte nous l'ouvrîmes avec d'infinies précautions. Une minuscule entrée, étroite comme une alcôve, nous séparait de la chambre. Un œillet rouge serré par l'orteil, couché nu sur le lit, Roger charmait un vieux monsieur qui se déshabillait lentement devant la glace. Dans cette glace d'ailleurs nous vîmes ce spectacle : Roger d'un mouvement adroit portait son pied à sa bouche et saisissait l'œillet. Quand il l'eut quelques secondes humé, il le promena sous son aisselle. Le vieux était agité. Il s'embrouillait dans ses boutons, ses bretelles, et convoitait le jeune corps, habile à se couvrir de fleurs. Roger souriait.

— Tu es mon rosier grimpant, dit le vieux.

Avant qu'il n'ait commencé cette phrase, frétillant sous les draps anguleux, Roger se retourna sur le ventre et plantant l'œillet dans son derrière, la joue écrasant l'oreiller il cria en riant :

— Et çui-là, tu viens le grimper.

— J'arrive, dit Stilitano qui se mit en marche.

Il était calme. Sa pudeur — j'ai dit comme elle ornait sa violence presque bestiale parfois, pourtant, sachant mieux aujourd'hui que cette pudeur n'est pas un objet, sorte de voilette sur son front et ses mains (elle ne colorait pas Stilitano), pas davantage un sentiment mais une gêne, le frottement empêchant de jouer avec souplesse, noblement, les différentes pièces d'un mécanisme intérieur, le refus d'un organisme de participer à la joie d'un autre, le contraire de la liberté, que peut-être ce qui la provoquait c'est une lâcheté niaise, j'ai scrupule de la nommer un ornement, non que je veuille dire que la sottise ne sache quelquefois accorder aux gestes — soit par l'hésitation, soit par la brusquerie — une grâce que sans elle ils n'auraient pas et que cette grâce ne leur soit une parure, mais la pudeur de Stilitano était pâleur, ce qui la provoquait n'était pas l'afflux de pensées troubles, de vagues mystérieuses, ce n'était pas confusion l'enlevant vers des contrées nouvelles, inconnues et cependant pressenties, je l'eusse trouvé charmant d'hésiter au seuil d'un monde dont la révélation émouvait ses joues, ce n'était pas l'amour mais reflux de la vie même, ne laissant place qu'au vide effrayant de l'imbécillité. J'explique comme je peux, d'après la seule coloration de son épiderme, l'attitude de Stilitano. C'est peu. Mais peut-être de la sorte réussis-je à dire le personnage desséché que ma mémoire contient — sa pudeur cette fois ne gêna ni sa voix, ni sa marche. Il avança vers le lit, menaçant. Plus prompt, beaucoup plus, Roger bondit et se précipita sur ses vêtements.

— Salope.

— Mais vous n'avez pas le droit...

Le vieux monsieur tremblait. Il était pareil aux dessins des caricaturistes qui représentent un flagrant délit d'adultère. Il tournait le dos à la glace où se miraient ses épaules étroites et sa calvitie un peu jaune. Une lumière rose éclairait cette scène.

— Toi ta gueule. Et toi, dit-il à Roger, habille-toi en vitesse.

Debout près du tas de ses vêtements, Roger innocent tenait encore l'œillet pourpre. Avec la même innocence il bandait encore. Pendant qu'il se vêtait, Stilitano exigeait les trésors du vieux.

— Salaud. Toi tu t'imagines que tu vas baiser mon frère?

— Mais je n'ai pas...

— Ta gueule. Passe-moi le fric.

— Combien voulez-vous?

— Tout.

Stilitano le dit si froidement que le vieux n'insista plus.

271

— La montre.

— Mais...

— Je compte jusqu'à dix.

Par cette réflexion habituelle à mes jeux d'enfant, Stilitano m'apparut plus cruel encore. Il me sembla qu'il jouait, et qu'il pourrait aller très loin puisque ce n'était qu'un jeu. Le vieux défit la chaîne où pendait la montre et il la tendit en s'approchant à Stilitano qui la prit.

— Tes bagues.

— Mes bagues...

Maintenant le vieux bégayait. Immobile au milieu de la chambre, Stilitano désignait avec précision les objets convoités. J'étais derrière lui un peu à sa gauche, les mains dans les poches, et je le regardais dans la glace. J'étais sûr qu'il serait ainsi, en face de cette vieille tapette tremblante, plus cruel que nature. En effet, le vieux lui ayant dit que ses articulations noueuses empêchaient les bagues de quitter ses doigts, il m'ordonna de faire couler l'eau

— Savonne-toi.

Avec une grande conscience, le vieux savonna ses mains. Il essaya de retirer les deux chevalières d'or mais en vain. Désespéré, craignant qu'on lui coupât les phalanges il tendit à Stilitano la main, avec la timide inquiétude de la fiancée au pied de l'autel. De Stilitano, massif — mon émotion lui sera presque visible quand, dans son parc, monsieur B. me laisse planté devant un tertre chargé d'œillets : « C'est un de mes plus beaux massifs », me dit-il — allais-je assister aux noces avec un vieillard tremblant, à la main mouillée? Avec une délicatesse et une précision où je croyais enfermée une étrange ironie, Stilitano essaya d'arracher les bagues. Le vieux, d'une main, soutenait celle qu'on opérait. Peut-être éprouvait-il une joie secrète à être ainsi dépouillé par un beau garçon. (Je note l'exclamation d'un pauvre bossu à qui René sans permettre un instant de plaisir venait d'arracher son seul billet de mille francs : « Quel dommage que j'ai pas touché ma paye. Je t'aurais tout donné! » Et la réponse de René : « Ne te gêne pas pour me l'envoyer. ») Comme on le fait aux bébés, ou comme à lui-même je savonnais l'unique main, à son tour soigneusement Stilitano savonnait celle du vieux. Maintenant l'un et l'autre étaient très calmes. Ils collaboraient à une opération simple, et qui allait de soi. Stilitano ne s'acharnait pas, il utilisait sa patience. J'étais sûr que ses frottements useraient le doigt jusqu'à la minceur voulue. Enfin il se recula du vieux et, toujours posément il le gifla deux fois. Il renonçait aux bagues.

J'ai fait un peu longue cette narration pour deux raisons. La première c'est qu'elle me permet de revoir une scène dont la séduction ne s'épuise pas. A l'impudeur de Roger s'offrant aux vieillards s'ajoutaient quelques-uns des éléments qui sont à l'origine de mon lyrisme. Les fleurs d'abord accompagnant la robustesse d'un garçon de vingt ans. Sans qu'il cessât de sourire, ce garçon confrontait sa vaillance virile — et la soumettait — au désir tremblant d'un vieillard. La brutalité de Stilitano pour détruire cette rencontre, et sa cruauté à poursuivre la destruction jusqu'au bout. Enfin, dans cette chambre, devant un miroir où tant de jeunesse, malgré les apparences, complice et amoureuse — me semblait-il — d'elle-même, la présence d'un vieux monsieur à moitié dévêtu, ridicule, *pitoyable*, et dont la personne accablée, précisément parce qu'il m'arrive de la dire *pitoyable*, me symbolisait.

La seconde raison : je pense que tout n'est pas perdu pour moi puisque Stilitano avouait ainsi aimer Roger, et celui-ci aimer l'autre. Dans la honte ils s'étaient reconnus.

A pas de loup si Lucien vient dans ma chambre ou s'il entre en coup de vent j'éprouve toujours la même émotion. Les tortures imaginaires que j'inventai pour lui me causent une peine plus aiguë que s'il les avait souffertes. Dois-je croire que l'idée que j'ai de lui m'est plus chère que l'enfant qui en est le prétexte, le support? Sa personne physique non plus je ne puis la voir en peine. Parfois, dans certains moments de tendresse, son regard légèrement se voile; les cils se rapprochent, une sorte de buée trouble son œil. La bouche alors esquisse un sourire ému. L'horreur de ce visage, car il me fait horreur, c'est une plongée dans mon amour pour ce gosse. Je m'y noie comme dans l'eau. Je me vois m'y noyer. La mort m'y enfonce. Je ne dois pas, lorsqu'il est couché, surplomber trop souvent son visage : j'y perdrais ma force, et celle que j'y puise n'est que pour me perdre et le sauver. L'amour que je lui porte est fait de mille signes d'une gentillesse profonde venue de lui, du fond de son cœur, signes qui semblant émis au hasard n'accrochent que moi.

Parfois je me dis que si nous volions ensemble il

pourrait m'aimer davantage, il accepterait mes caprices d'amant.

— La détresse briserait sa honte, me dis-je, l'écorce de la honte.

Je me réponds alors que son amour s'adressant à un égal aurait plus de violence, notre vie de tumulte, il n'en serait pas plus fort. Afin de lui éviter toute peine venant de moi je le tuerais plutôt. Lucien, qu'ailleurs j'ai nommé mon ambassadeur sur la terre, me relie aux mortels. Mon industrie consiste à servir — pour lui et par lui — cet ordre qui nie celui auquel je voudrais tous mes soins. Je travaillerai pourtant à faire de lui un chef-d'œuvre visible et mouvant. Le danger réside dans les éléments qu'il me propose : la naïveté, l'insouciance, la paresse, l'ingénuité de son esprit, son respect humain. Voici que j'aurai à utiliser ce qui m'est peu habituel, mais avec je veux réussir une solution heureuse.

Lui-même m'offrant les qualités inverses je les eusse travaillées avec le même cœur ardent aux fins d'une solution contraire mais aussi rare.

J'ai dit plus haut que son élégance est le seul critère d'un acte. Je ne me contredis pas en affirmant mon choix de la trahison. Trahir peut être un geste beau, élégant, composé de force nerveuse et de grâce. J'abandonne décidément l'idée de noblesse qui distrait au profit d'une forme harmonieuse, une beauté plus cachée, presque invisible, qu'il faudrait déceler ailleurs que dans les actes et les objets réprouvés. Personne ne se méprendra si j'écris : « La trahison est belle », et n'aura la lâcheté de croire — feindre de croire — que je veuille parler de ces cas où elle est rendue nécessaire et noble, quand elle permet que s'accomplisse le Bien. Je parlais de la trahison abjecte. Celle que ne justifiera aucune héroïque excuse. Celle qui est sourde, rampante, provoquée par les sentiments les moins nobles : l'envie, la haine (encore qu'une certaine morale ose classer la haine dans les sentiments nobles), la cupidité. Il suffit pour cela que le traître ait conscience de sa trahison, qu'il la veuille et qu'il sache briser ces liens d'amour qui l'unissaient aux hommes. Indispensable pour obtenir la beauté : l'amour. Et la cruauté le brisant.

S'il a du cœur — que l'on m'entende — le coupable décide d'être celui que le crime a fait de lui. Trouver une justification lui est facile, sinon, comment vivrait-il ? Il la tire de son orgueil. (Noter l'extraordinaire pouvoir de création verbale de l'orgueil comme de la colère.) Il s'enferme dans sa honte par l'orgueil, mot qui désigne la manifestation de la plus audacieuse liberté. A l'intérieur de sa honte, dans sa propre bave, il s'enveloppe, il tisse une soie qui est son orgueil. Ce vêtement n'est pas naturel. Le coupable l'a tissé pour se protéger, et pourpre pour s'embellir. Pas d'orgueil sans culpabilité. Si l'orgueil est la plus audacieuse liberté — Lucifer ferraillant avec Dieu — si l'orgueil est le manteau merveilleux où se dresse ma culpabilité, tissé d'elle, je veux être coupable. La culpabilité suscite la singularité (détruit la confusion) et si le coupable a le cœur dur (car il ne suffit pas d'avoir commis un crime, il faut le mériter et mériter de l'avoir commis), il le hisse sur un socle de solitude. La solitude ne m'est pas donnée, je la gagne.

Je suis conduit vers elle par un souci de beauté. J'y veux me définir, délimiter mes contours, sortir de la confusion, m'ordonner.

D'être un enfant trouvé m'a valu une jeunesse et une enfance solitaires. D'être un voleur me faisait croire à la singularité du métier de voleur. J'étais, me disais-je, une exception monstrueuse. En effet, mon goût et mon activité de voleur étaient en relation avec mon homosexualité, sortaient d'elle qui déjà me gardait dans une solitude inhabituelle. Ma stupeur fut grande quand je m'aperçus à quel point le vol était répandu. J'étais plongé au sein de la banalité. Pour en sortir, je n'eus besoin que de me glorifier de mon destin de voleur et de le vouloir. C'est là que l'on vit une boutade dont sourirent les sots. L'on me dit un mauvais voleur? Qu'importe. Le mot voleur détermine celui dont l'activité principale est le vol. Le précise en éliminant — pendant qu'il est ainsi nommé — tout ce qu'il est autre que voleur. Le simplifie. La poésie consiste dans sa plus grande conscience de sa qualité de voleur. Il se peut que la conscience de toute autre qualité capable de devenir essentielle au point de vous nommer est également la poésie. Pourtant il est bien que la conscience de ma singularité soit nommée par une activité asociale : le vol.

Sans doute, le coupable, et qui s'enorgueillit de l'être, à la société doit-il sa singularité, mais il devait l'avoir déjà pour que la société la reconnût et lui en fît un crime. J'ai voulu m'opposer à elle, mais elle m'avait déjà condamné, punissant moins le voleur en fait, que l'irréductible ennemi dont elle redoutait l'esprit solitaire. Or, elle contenait cette singularité qui luttera contre elle, qui lui sera un fer dans le flanc, un remords — un trouble — une plaie par où s'écoule son sang qu'elle-même n'ose verser. Si je ne puis avoir le plus brillant, je veux le destin le plus misérable, non pour une solitude stérile, mais afin d'obtenir d'une si rare matière, une œuvre nouvelle.

Non plus à Montmartre ni aux Champs-Élysées, je rencontrai Guy un jour à Saint-Ouen. Il était sale, en guenilles, couvert de crasse. Et seul dans un groupe d'acheteurs plus pauvres et plus sales que les marchands. Il essayait de vendre une paire de draps, sans doute volés dans une chambre d'hôtel. (Je me suis chargé souvent de ces fardeaux qui ridiculisaient ma silhouette et ma démarche : livres sous l'aisselle, qui empêchaient mes bras de bouger, draps ou couvertures enroulés à la taille et me faisant paraître obèse, parapluies le long de la jambe, médailles dans une manche...) Il était triste. Java m'accompagnait. Nous nous reconnûmes aussitôt. Je dis :

— C'est toi, Guy?

Je ne sais ce qu'il lut sur mon visage, le sien devint terrible.

— Ça va, laisse-moi.

— Écoute...

Les draps étaient posés sur ses avant-bras, dans l'attitude très noble dont les mannequins présentent les étoffes dans les vitrines. Sa tête faisant le geste de se pencher un peu sur le côté comme pour insister sur les mots, il dit :

— Oublie-moi.

— Mais...

— Mon pote, oublie-moi.

La honte, l'humiliation devaient lui refuser la salive pour une plus longue phrase. Java et moi nous continuâmes notre chemin.

Afin de retrouver en soi — par des gestes qui les nient ou les veulent détruire — les cambrioleurs séduisants, dont les occupations, le métier me charment, Maurice R. invente, et les applique, des trucs contre eux. Son ingéniosité prouve sa manie et qu'en secret (l'ignorant peut-être) il poursuit en soi-même la quête du mal. De dispositifs savants il a bardé sa maison : dans une plaque de tôle sur la barre d'appui des fenêtres passe un courant à haute tension, un système de sonnerie est installé, des serrures compliquent ses portes, etc. Il a peu de choses à protéger, mais de la sorte il demeure en contact avec l'esprit agile et retors des malfaiteurs.

Dieu : mon tribunal intime.

La sainteté : l'union avec Dieu.

Elle sera quand va cesser ce tribunal, c'est-à-dire que le juge et le jugé seront confondus.

Un tribunal départage le bien et le mal. Il prononce une sentence, il inflige une peine.

Je cesserai d'être le juge et l'accusé.

Les jeunes gens qui s'aiment s'épuisent dans la recherche de situations érotiques. Elles sont d'autant plus *curieuses* que l'imagination, semble-t-il, qui les découvre est pauvre et plus profond l'amour qui les suscite. Dans le sexe de sa femme, René broyait des raisins, puis les partageant avec elle il les mangeait. Quelquefois il en offrait à ses amis, étonnés qu'on leur offrît cette étrange confiture. Il enduit aussi sa queue de mousse au chocolat.

— Ma femme elle est gourmande, dit-il.

Un autre de mes amants orne de rubans sa toison intime. Un autre a tressé pour la tête de nœud de son ami, minuscule, une couronne de pâquerettes. Avec ferveur un culte phallique se célèbre en chambre, derrière le rideau des braguettes boutonnées. Si, profitant du trouble, une imagination foisonnante s'en empare quelles fêtes, où seront conviés les végétaux, les animaux, se dérouleront et d'elles, au-dessus d'elles, quelle spiritualité! Moi, dans les poils de Java j'arrange les plumes qui s'échappent la nuit de l'oreiller crevé. Le mot couilles est une rondeur dans ma bouche. Je sais que ma gravité, quand j'invente cet endroit du corps. devient ma plus essentielle vertu. Comme de son chapeau le prestidigitateur tire cent merveilles, d'elles je peux tirer toutes les autres vertus.

René me demande si je connais des pédés qu'il puisse dévaliser.

— Pas tes copains, forcément. Tes copains c'est sacré.

Je réfléchis quelques minutes, enfin je songe à Pierre W. chez qui Java fut logé quelques jours.

Pierre W., une vieille tante (50 ans), chauve, maniérée, portant des lunettes à branches d'acier. « Pour faire l'amour il les pose sur la commode », me dit

Java qui le rencontra sur la Côte d'Azur. Par jeu, un jour, je demandai à Java si Pierre W. lui plaisait.

— Tu l'aimes, avoue.

— Tu es fou. Je ne l'aime pas. Mais c'est un bon copain.

— Tu l'estimes?

— Ben oui, il m'a nourri. Il m'a même envoyé du fric.

Il me dit cela il y a six mois. Aujourd'hui je lui demande :

— Et chez Pierre W. il n'y a rien à faucher?

— Y a pas grand-chose, tu sais. Il a une montre en or.

— C'est tout?

— Il a peut-être de l'argent mais il faudrait chercher.

René veut des précisions. Il en obtient de Java qui accepte même de prendre un rendez-vous avec son ancien amant, et de l'amener dans un guet-apens où René le dévalisera. Quand il nous a quittés René me dit :

— Il est drôlement salingue, Java. Faut être dégueulasse pour faire ce qu'il fait. Moi, tu vois, j'oserais pas.

Une curieuse atmosphère, de deuil et d'orage, assombrit le monde : j'aime Java qui m'aime et la haine nous dresse l'un contre l'autre. Nous n'en pouvions plus, nous nous haïssions. Cette haine rageuse apparaissant, je me sens disparaître, je le vois disparaître.

— Tu es un salaud!

— Et toi une petite ordure!

Pour la première fois il se décide, il enrage, il veut me tuer, la colère le durcit : cessant d'être une apparence c'est une apparition. Mais celui qu'il était pour moi disparaît. Celui que j'étais pour lui cesse d'être cependant que demeure, dans l'un et l'autre, veillant, surveillant notre délire, la certitude d'une réconciliation si profonde que nous pleurerons de nous y retrouver.

Sa lâcheté, veulerie, vulgarité de manières et de sentiments, sa bêtise, sa couardise n'empêchent que j'aime Java. J'ajoute sa gentillesse. Ou la confrontation, ou leur mélange de ces éléments, ou leur interpénétration, donne une qualité nouvelle — sorte d'alliage — qui n'a pas de nom. J'ajoute la personne physique de Java, son corps massif et ténébreux. Pour traduire cette qualité nouvelle s'impose l'image d'un cristalloïde, dont chacun des éléments énumérés plus haut serait une facette. Java étincelle. Son eau — et ses feux — sont précisément la vertu singulière que je nomme Java et que j'aime. Je précise : je n'aime la lâcheté ni la bêtise, je n'aime Java *pour* l'une ou *pour* l'autre, mais leur rencontre là me fascine.

L'on s'étonnera que la réunion de qualités aussi molles obtienne les arêtes vives du cristal de roche; l'on s'étonnera que je compare — non des actes — mais l'expression morale des actes à des attributs du monde mesurable. J'ai dit que j'étais fasciné. Ce seul mot contient l'idée de faisceaux — et plutôt de faisceaux lumineux pareils aux feux des cristaux. Ces feux sont le résultat d'une certaine disposition des

surfaces. C'est à eux que je compare la qualité nouvelle — vertu — obtenue par la veulerie, la lâcheté, etc.

Cette vertu n'a pas de nom, sinon celui de qui
l'émet. Que sortis de lui, ces feux projetés m'em-
brasent, ayant trouvé une matière inflammable, c'est
l'amour. M'étant attaché à la recherche de ce que
je compare en moi à cette matière, par la réflexion
j'obtiens l'absence de telles qualités. Leur rencontre
sur la personne de Java m'éblouit. Il scintille. Je
brûle, car il me brûle. Ma plume suspendue pour
une brève méditation, les mots qui se pressent à
mon esprit évoquent la lumière et la chaleur, par
quoi d'habitude on parle de l'amour : éblouissement,
rayons, brasier, faisceaux, fascination, brûlure. Cependant les qualités de Java — celles qui composent ses
feux — sont glaciales. Chacune d'elles séparément
évoque une absence de tempérament, de tempéra-
ture [1].

1. Le rêve de Java. En entrant dans ma chambre — car,
s'il couche avec sa maîtresse il vient me voir dans la journée — Java me raconte son rêve. Mais d'abord que la
veille il rencontra dans le métro un matelot.
— C'est la première fois que je me retourne sur un beau
mec, me dit-il.
— Tu n'as pas essayé de frotter?
— T'es fou. Mais je suis monté dans son wagon. S'il
me l'avait proposé je crois que j'aurais accepté de faire
l'amour avec lui.
Puis avec complaisance il me décrit le matelot. Enfin
il me raconte le rêve qu'il fit la nuit, après cette rencontre.
Étant, dans ce rêve, mousse sur un bateau, un autre marin

Ce que je viens d'écrire, je le sais, ne traduit pas Java mais donne l'idée d'un moment qu'il fut, devant moi. Précisément le moment de notre rupture. C'est maintenant qu'il m'abandonne que j'explique par l'image pourquoi je souffre. Notre séparation vient d'être brutale, douloureuse pour moi. Java me fuit. Ses silences, ses rapides baisers, ses rapides visites — il arrive en vélo — sont une fuite. Sous les marronniers des Champs-Élysées je lui ai dit mon amour passionné. J'ai beau jeu. Ce qui m'attache encore à lui et justement au moment de le quitter c'est son émotion, son égarement devant ma résolution, la brutalité de cette rupture soudaine. Il est bouleversé. Ce que je lui dis — de nous, de lui surtout — fait de nous deux êtres si poignants que ses yeux s'embuent. Il est triste. Il se désole en silence et cette désolation le nimbe d'une poésie qui le rend plus séduisant car voici qu'il étincelle dans la brume. Je m'attache à lui davantage quand il faut que je le quitte.

Sa main qui saisit la cigarette que je lui tendais, est trop faible, trop fine pour son corps musclé

le poursuivait avec un couteau. Quand celui-ci l'eut rattrapé dans les cordages, tombant sur les genoux, devant le couteau levé, Java dit :

— Je compte jusqu'à trois. Tue-moi si tu n'es pas un lâche.

A peine eut-il prononcé le dernier mot que toute la scène s'anéantit.

— Après, me dit-il, j'ai vu un cul.

— Et après ?

— Je me suis réveillé.

lourdement. Je me lève, je l'embrasse et je lui dis que ce baiser est le dernier.

— Non, Jeannot, je t'en donnerai d'autres, dit-il.

Quelques minutes plus tard, songeant à cette scène, j'ai tout à coup la certitude que la fragilité de sa main, sans que d'abord je le distingue clairement, venait de rendre définitive, irrévocable ma décision.

Les doigts englués par les boules de gui écrasées au nouvel an. Son sperme plein les mains.

Notre chambre est obscurcie de linge mouillé séchant sur des cordes tendues en zigzag d'un mur à l'autre. Cette lessive — de chemises, slips, mouchoirs, chaussettes, serviettes de toilette, caleçons — attendrit l'âme et le corps des deux garçons partageant la chambre. Fraternellement nous nous endormons. Si la paume de ses mains, longtemps dans l'eau savonneuse, est plus douce il le compense par plus de violence dans nos amours.

(Un texte — réconciliation avec Java — est supprimé par les soins de l'auteur commandé par sa tendresse pour le héros.)

Dans chaque ville importante de France, je connais au moins un voleur avec qui j'ai travaillé — ou, l'ayant connu en prison, avec qui j'ai fait des projets, préparé, monté des coups. Auprès d'eux je suis sûr de trouver appui si je me vois seul dans la ville. Ces gars égrenés par toute la France, parfois à l'étranger, sans même que je les voie souvent, me sont un réconfort. Je suis heureux et calme de les savoir vivants, actifs et beaux, tapis dans l'ombre. Dans ma poche le petit carnet où leurs noms sont chiffrés est doué de puissance consolatrice. Il a la même autorité qu'un sexe. C'est mon trésor. Je transcris : Jean B. à Nice. Rencontré une nuit dans les jardins Albert-Ier. Il n'eut pas le courage de m'assommer pour voler mon argent, mais il me signala l'affaire du Mont-Boron. René D. à Orléans, Jacques L. et Martino, des matelots qui sont restés à Brest. Je les connus à la prison du Bougen. Nous trafiquâmes ensemble des stupéfiants. Dédé le Niçois, à Cannes, un mac. A Lyon, des poisses, un nègre et un tenancier de bordel. A Marseille, j'en connais vingt. Gabriel B. à Pau. Etc. J'ai dit qu'ils sont beaux. Non d'une beauté régulière, mais d'une autre, faite de puissance, de désespoir, de nombreuses qualités dont l'énoncé suppose un commentaire : la honte, la malice, la paresse, la résignation, le mépris, l'ennui, le courage, la lâcheté, la peur... La liste serait longue. Ces qualités sont inscrites dans le visage ou le corps de mes amis. Elles s'y bousculent, s'y chevauchent, s'y combattent. C'est pour cela que je dis qu'ils une âme. A la complicité qui nous unit, s'ajoute un accord secret, une sorte de pacte ténu, que peu de chose, semble-t-il, pourrait déchirer, mais que je sais protéger, traiter avec des doigts déliés : c'est le souvenir de nos nuits d'amour, ou quelquefois d'une brève conversation amoureuse, ou de frôlements acceptés avec le sourire et le soupir retenu d'un pressentiment de volupté. Tous acceptèrent gentiment que je me recharge à chacune de leurs aspérités comme à des bornes où se polarise un courant. Je crois qu'ils savaient tous obscurément ainsi m'encourager davantage, m'exalter, me donner du cœur à l'ouvrage, et me permettre d'accumuler assez de force — émanée d'eux — afin de les protéger. Cependant je suis seul. Le carnet que j'ai dans la poche est la preuve écrite que j'eus de tels amis; mais leur vie est aussi incohérente apparemment que la mienne et je ne sais réellement rien d'eux. La plupart sont peut-être en prison. Où, les autres? S'ils vagabondent, quel hasard me les fera rencontrer et sous quelle forme chacun de nous? Toutefois si les oppositions de vil et de noble devaient demeurer, aurai-je su démêler chez eux les moments de fierté, de rigueur, les reconnaître comme les éléments épars d'une sévérité que je veux rassembler en moi, afin d'en obtenir un chef-d'œuvre volontaire.

D'Armand — stature marine, massive et lasse, œil lourd, le crâne ras, le nez écrasé non par un poing d'homme mais pour s'être heurté, buté aux glaces qui nous coupent de votre monde — l'apparence physique, sinon alors, aujourd'hui, évoque le bagne dont il me paraissait le plus significatif, le plus illustre représentant. Vers lui j'étais appelé, précipité, et c'est maintenant que j'ose, désespéré, m'y engloutir. Ce qu'en lui je discernai maternel n'est pas féminin. Les hommes s'interpellent ainsi quelquefois :

— Alors, la Vieille?
— Salut, la Roulante!
— C'est toi, la Cavale?

Cette mode appartient au monde de la misère et du crime. Du crime puni qui porte sur soi — ou en soi-même — la marque de flétrissure. (J'en parle comme d'une fleur, et plutôt d'un lis, quand le signe de flétrissure était la fleur de lis.) Ces interpellations indiquent la déchéance d'hommes forts autrefois. Ils peuvent aujourd'hui qu'ils sont blessés supporter l'équivoque. Ils la désirent même. La tendresse qui les incline n'est pas féminité mais découverte de l'ambiguïté. Je crois qu'ils sont prêts à se féconder eux-mêmes, à pondre et à couver leur ponte sans que s'émousse l'aiguillon cruel des mâles.

Si, parmi les mendiants les plus humbles, on se dit :
— Ça marche, la Grinche (ou la Chine)? la Guyane est un nom féminin. Elle contient tous ces mâles qu'on nomme des durs. A quoi elle ajoute d'être une contrée tropicale, à la ceinture du monde, la plus fiévreuse — de la fièvre de l'or — où la jungle encore dissimule sur des marécages des peuplades féroces. Vers elle je me dirige — car disparue elle est maintenant l'idéale région du malheur et de la pénitence vers quoi se dirige non ma personne physique mais celle qui la surveille — avec une crainte mêlée d'ivresse consolatrice. Chacun des durs qui la hantent est resté viril — comme ceux de la Chine et de la Grinche — mais la débâcle lui enseigne l'inutilité de le prouver. Armand était un homme, avec lassitude. Comme les héros sur les lauriers, il dormait sur ses muscles, il se reposait dans sa force et sur elle. Sa poigne sur la nuque délicate, s'il courbait, brutal, la tête d'un môme c'était par indifférence ou pour n'avoir pas oublié les méthodes et les mœurs sans précautions d'un monde où il avait dû vivre longtemps, d'où je le croyais revenir. S'il était bon, ai-je dit plus haut, c'est pour m'offrir une hospitalité qui comblera si exactement mes désirs les plus secrets

— ceux que je découvre avec la plus grande peine, selon les deux sens de cette expression — mais qui seuls seront capables d'obtenir de moi le personnage le plus beau, c'est-à-dire le plus identique à moi-même. J'aspire à la Guyane. Non plus à ce lieu géographique aujourd'hui dépeuplé, émasculé — mais au voisinage, à la promiscuité enfin, non dans l'espace mais dans la conscience, des modèles sublimes, des grands archétypes du malheur. Elle est bonne. Le mouvement respiratoire qui la soulève et l'abaisse selon un rythme lent, mais lourd, régulier, c'est une atmosphère de bonté qui le commande. Ce lieu semble contenir la sécheresse et l'aridité la plus cruelle et voici qu'il s'exprime par un thème de bonté : il suscite, et l'impose, l'image d'un sein maternel, chargé comme lui de puissance rassurante, d'où monte une odeur un peu nauséabonde, m'offrant une paix honteuse. La Vierge mère et la Guyane je les nomme Consolatrices des affligés.

Armand semblait contenir les mêmes caractères méchants, or si je l'évoque ne surgissent pas d'images cruelles mais les plus tendres, précisément par quoi j'exprimerais mon amour non pour lui mais pour vous. Quand j'eus quitté, comme je l'ai dit plus haut, la Belgique, harcelé par une espèce de remords ou de honte, dans le train je ne songeai qu'à lui et, n'ayant plus l'espoir de l'avoir jamais sous la main ni les yeux j'allais à la curieuse poursuite de son fantôme : le train m'éloignant de lui je devais m'efforcer de réduire l'espace et le temps qui m'en séparaient, les remonter l'un et l'autre par une pensée toujours plus vite, cependant que de plus en plus s'imposait à moi, se précisait — et seule capable de me consoler de la perte d'Armand — l'idée de sa bonté, au point que le train (il traversa d'abord un bois de sapins et peut-être la découverte d'un paysage clair tout à coup, par sa rupture brutale avec l'ombre bienfaisante des sapins, prépara-t-elle l'idée de catastrophe) près de Maubeuge franchissant un pont dans un vacarme effroyable, j'eus le sentiment que, ce pont s'écroulant et le train se coupant en deux, sur le point de choir dans ce soudain précipice, cette seule bonté qui déjà m'emplissait au point de commander à mes actes, eût suffi à rattacher les tronçons, à reconstituer le pont, à permettre au convoi d'éviter la catastrophe. Le viaduc franchi je me demandai même si tout ce que je viens de dire ne s'était pas ainsi accompli. Le train continua sur la voie ferrée. Le paysage de France reculait derrière moi la Belgique.

La bonté d'Armand ne consistait pas à faire le bien : l'idée d'Armand, en s'éloignant de son prétexte osseux et musclé, devenait une sorte d'élément vaporeux où je me réfugiais, et ce refuge était si doux que de son sein j'adressais au monde des messages de gratitude. J'eusse trouvé en lui-même la justification, chez lui l'approbation de mon amour pour Lucien. Contrairement à Stilitano, il m'eût contenu avec la charge de cet amour et de tout ce qui doit s'ensuivre. Armand m'absorbait. Sa bonté n'était donc pas une des qualités reconnues par la morale courante mais ce qui, à mesure que je le pense, suscite encore en moi des émotions d'où naissent des images de paix. C'est par le langage que j'en ai connaissance.

En s'abandonnant avec mollesse Stilitano, Pilorge, Michaelis, tous les macs et les voyous que j'ai rencontrés restent droits, non sévères mais calmes, sans tendresse; dans la volupté même, ou la danse, ils demeurent seuls, se réfléchissant en eux-mêmes, se mirant délicatement dans leur virilité, dans leur force, qui les polit et les limite aussi précieusement qu'un bain d'huile cependant qu'en face d'eux, non entamées par ces présences fougueuses d'opulentes maîtresses se réfléchissent en elles-mêmes et demeurent elles-mêmes, isolées par leur seule beauté. Je voudrais grouper en bouquet ces beaux gosses. Leur imposer le vase clos. Peut-être une irritation fondrait alors la matière invisible qui les isole : dans l'ombre d'Armand qui les contient tous ils pourraient fleurir, éclore, et m'offrir ces fêtes dont s'honore ma Guyane idéale.

M'étonnant que tous sauf un les sacrements de l'Église (le mot est déjà somptueux) évoquent des solennités, le sacrement de la pénitence va prendre enfin sa place dans le cérémoniaire liturgique. Dans mon enfance il se réduisait à un bavardage honteux, sournois, mené avec une ombre derrière le guichet du confessionnal, à quelques prières vite récitées, à genoux sur une chaise; aujourd'hui il se développe selon toute la pompe terrestre : sinon la brève promenade à l'échafaud c'est le déploiement de cette promenade qui va sur la mer et se continue durant toute la vie dans une région fabuleuse. Je n'insiste pas sur les caractères que la Guyane possède et qui la font apparaître à la fin sombre et splendide : ses nuits, ses palmes, ses soleils, son or on les retrouve.

à profusion sur les autels. Si je devais vivre — peut-être y vivrai-je mais cette idée est insoutenable — parmi votre monde qui cependant m'accueille, j'en mourrais. Aujourd'hui que j'ai, gagnant de haute lutte, avec vous signé une apparente trêve je m'y trouve en exil. Je ne veux pas savoir si c'est pour expier un crime ignoré de moi que je désire le bagne, ma nostalgie est si grande qu'il faudra bien qu'on m'y conduise. J'ai la certitude que là seulement je pourrai continuer une vie qui fut tranchée quand j'y entrai. Débarrassé des préoccupations de gloire et de richesse, avec une lente, minutieuse patience j'accomplirai les gestes pénibles des punis. Je ferai tous les jours un travail commandé par une règle qui n'a d'autre autorité qu'émaner d'un ordre qui soumet le pénitencier et le crée. Je m'userai. Ceux que j'y retrouverai m'aideront. Je deviendrai poli comme eux, poncé.

Mais je parle d'un bagne aboli. Que je le reconstitue donc en secret et que j'y vive en esprit comme en esprit les chrétiens souffrent la Passion. Le seul chemin praticable doit passer par Armand et se poursuivre dans l'Espagne des mendiants, de la pauvreté honteuse et humiliée.

J'écris ces notes et j'ai trente-cinq ans. C'est dans le contraire de la gloire que je veux continuer ce qu'il me reste à vivre.

Stilitano avait plus de rectitude qu'Armand. Si je songe à eux, c'est, selon la représentation que m'en accorde mon esprit, à l'univers en extension qu'Armand sera comparé. Au lieu de se préciser et réduire à des limites observables Armand se déforme à mesure que je le poursuis. Au contraire Stilitano est déjà cerné. La nature différente de la dentelle qui les occupa est encore significative. Quand Stilitano osa rire du talent d'Armand, celui-ci ne se fâcha pas sur le coup. Je crois qu'il commandait à sa colère. Je ne pense pas que la réflexion de Stilitano l'eût blessé. Il continua de fumer sa cigarette, posément, puis il dit :

— Tu me trouves peut-être con?

— J'ai pas dit ça.

— J'sais bien.

Il fuma encore, le regard absent. Je venais d'être mis au fait d'une des mortifications — elles furent sans doute nombreuses — qu'avait souffertes Armand. Cette masse de fierté n'était pas composée seulement d'audacieux, ni même d'honorables éléments. Sa beauté, sa vigueur, sa voix, son cran ne lui avaient pas toujours assuré le triomphe puisqu'il avait dû, comme un chétif, se plier à un apprentissage de dentellière, à celui qu'on a coutume d'exiger des enfants à qui l'on ne confie d'autre matière que le papier.

— On dirait pas, dit Robert la tête sur les deux coudes posés sur la table.

— Qu'est-ce qu'on dirait pas?

— Eh bien, quoi, que tu sais faire ça.

Son impolitesse habituelle n'osait pas de front aborder cet homme avec sa misère : Robert hésitait en parlant. Stilitano souriait. Plus que quiconque il devait reconnaître la peine d'Armand. Comme moi il craignait et espérait la question — que d'ailleurs Robert n'osa formuler :

— Où as-tu appris?

Un docker s'approchant la laissa suspendue. Il ne dit qu'une heure en passant près d'Armand : onze heures. Les airs du piano mécanique allégeaient l'épaisse fumée du bar où nous étions. Armand répondit :

— D'accord.

Son visage demeura aussi triste. Les filles ici étant rares, le ton général était cordial et simple. Si un homme se levait de sa chaise c'était en toute simplicité.

C'est plus tard que je me dis en songeant à ses paumes et à ses doigts épais que sortant d'eux la dentelle de papier devait être laide. Armand était trop maladroit pour de pareils travaux. A moins qu'il ne les ait appris au bagne ou en prison. L'adresse des forçats est étonnante. Dans leurs doigts criminels apparaissent parfois de délicats et fragiles chefs-d'œuvre réalisés avec des bouts d'allumettes, des bouts de carton, de ficelle, des bouts de n'importe quoi. La fierté qu'ils en éprouvent a la qualité de la matière et du chef-d'œuvre : elle est humble et fragile. Il arrive que des visiteurs félicitent les bagnards pour un encrier taillé dans une noix comme on félicite un singe ou un chien : en s'étonnant de tant de ruse malicieuse.

Quand le docker se fut éloigné, Armand ne changea pas de visage.

— Si tu crois qu'on peut savoir tout faire c'est que t'es un petit con!

J'invente les mots que je rapporte mais je n'ai pas oublié le ton de la voix qui les prononça. En sour-

dine, cette voix illustre grondait. L'orage tonnait
en frappant d'une phalange légère les cordes vocales
les plus précieuses du monde. Armand se leva, fumant
toujours.

— On y va, dit-il.

— On y va.

C'est par ces mots qu'il décidait qu'on irait se
coucher. Stilitano paya, Armand sortit avec son
élégance favorite : sa démarche pressée. Il marcha
dans la rue. L'aisance était pareille. Sauf que ce soir
il ne prononça aucun des mots, aucune de ses expres-
sions habituels qui le faisaient passer pour grossier.
Je crois qu'il ravalait son chagrin. Il marchait vite,
la tête haute, droite. Stilitano à côté de lui dressait
sa svelte ironie, Robert sa jeune insolence. Près
d'eux, je les contenais, contenant l'idée d'eux-mêmes,
j'étais leur conscience réfléchissante. Il faisait froid.
Ces costauds que j'accompagnais étaient frileux.
Enfoncées dans leurs poches, pour se rejoindre à
l'endroit le plus douillet du corps leurs mains tiraient
le coutil, précisant les fesses, du pantalon. Personne
ne parlait. En arrivant près de la rue du Sac, à Robert
et à Armand Stilitano serra la main et dit :

— Je vais surveiller Sylvia avant de rentrer. Tu
viens avec moi, Jeannot ?

Je l'accompagnai. Nous marchâmes quelque temps
sans parler, trébuchant sur les pavés. Stilitano souriait. Sans me regarder il dit :

— T'es bien devenu pote avec Armand.

— Oui. Pourquoi ?

— Oh, pour rien...

— Pourquoi tu m'en parles ?

— Comme ça.

Nous marchâmes encore en nous écartant de l'endroit où travaillait Sylvia.

— Dis donc?

— Quoi?

— Si j'avais du fric, t'aurais le cran de me refaire?

Par crânerie — et sachant déjà que mon audace ne pouvait être qu'une forme de mon esprit — je répondis oui.

— Oui. Pourquoi pas, si t'en avais un gros tas. Il rit.

— Et Armand, t'oserais?

— Pourquoi tu me demandes ça?

— Réponds.

— Et toi?

— Moi? Pourquoi pas? S'il en a un gros tas. Je refais bien les autres, il y a pas de raison. Et toi, réponds.

Par le changement de temps, de soudain présent à la place d'un imparfait dubitatif, je compris que nous venions de nous mettre d'accord pour voler Armand. Et je savais que par calcul et par pudeur j'avais feint le cynisme en déclarant à Stilitano que je le volerais. Une telle cruauté dans nos rapports devait effacer la cruauté de nos actes dirigés contre un ami. En fait nous avions compris que quelque chose nous unissait, notre complicité ne résultait pas de l'intérêt, elle était née dans l'amitié. Je répondis :

— C'est dangereux.

— Pas tant que ça.

J'étais bouleversé par l'idée que Stilitano avait dû passer outre à l'amitié qu'il échangeait avec Robert pour m'adresser une telle proposition. De gratitude je l'eusse embrassé si son sourire n'eût fait écran. Enfin je songeai que peut-être il avait demandé à Robert la même chose, que celui-ci avait refusée. En ce moment même Robert peut-être tentait-il d'établir entre Armand et lui d'aussi intimes rapports que ceux qui m'unissaient à Stilitano. Mais j'avais la certitude d'avoir élu dans ce chassé-croisé mon cavalier.

Stilitano m'expliqua ce qu'il attendait de moi : que je dérobe, avant qu'il ait eu le temps de la passer en Hollande et en France, la provision d'opium que lui apporteraient les matelots et les mécaniciens d'un « trempboat », battant pavillon brésilien, « l'Aruntaï ».

— Qu'est-ce que tu en as à foutre, d'Armand ? Nous on était en Espagne ensemble.

De l'Espagne Stilitano en parlait comme d'un théâtre héroïque. Nous marchions dans l'humidité glacée de la nuit.

— Armand, faut pas t'imaginer, quand il peut refaire un gars...

Je compris que je ne devais pas protester. Puisque je n'avais pas assez de puissance pour décréter, issues de moi seul, des lois morales que j'imposerais, je devais utiliser les feintes habituelles, accepter d'agir en justicier afin d'excuser mes crimes.

— ... il ne se gêne pas. On en raconte assez sur lui. Tu peux demander à des mecs qui l'ont connu.

— S'il sait que c'est moi...

— Il le saura pas. Tu n'auras qu'à me dire où il l'a planqué. Quand il sera sorti je monterai dans sa piaule

Je tentai de sauver Armand et je dis encore .

— Ça m'étonnerait qu'il le laisse dans la chambre. Il a sûrement une planque.

` — Alors faudra la trouver. T'es trop malin pour pas réussir.

Avant qu'il m'eût accordé l'estime que j'ai dite plus haut, je n'eusse sans doute pas trahi Armand. L'idée seule m'en eût fait horreur. Tant qu'il ne m'avait pas donné sa confiance, trahir n'avait du reste aucun sens : c'était obéir simplement à la règle élémentaire qui dirigeait ma vie. Aujourd'hui je l'aimais. Je reconnaissais sa toute-puissance. Et s'il ne m'aimait pas il me comprenait en lui. Son autorité morale était si absolue, généreuse, qu'elle rendait impossible une révolte intellectuelle en son sein. Je ne pouvais prouver mon indépendance qu'en agissant dans le domaine sentimental. L'idée de trahir Armand m'illuminait. Je le craignais et l'aimais trop pour ne pas désirer le tromper, le trahir, le voler. Je pressentais la volupté inquiète qui accompagne le sacrilège. S'il était Dieu (il avait connu la pitié) et qu'en moi il eût mis sa complaisance, il m'était doux de le nier. Et mieux, que m'y aidât Stilitano qui ne m'aimait pas et que je n'eusse pu trahir. La personnalité de celui-ci, aiguë, merveilleusement servait cette image : le stylet traversant le cœur. La force du diable, sa puissance sur nous résident dans son ironie. Sa séduction n'est peut-être que son détachement. La force avec laquelle Armand niait les règles prouvait sa propre force — et la force de ces règles sur lui. Stilitano souriait d'elles. Son ironie me dissolvait. Enfin elle avait la hardiesse de s'exprimer sur un visage d'une grande beauté.

Nous entrâmes dans un bar et Stilitano m'expliqua ce que j'aurais à faire.

— Tu l'as dit à Robert?

— Tu es fou. Ça c'est entre nous.

— Et tu crois que ça fera du fric?

— Tu penses! C'est un avare. Il a fait une affaire formidable en France.

Stilitano semblait avoir réfléchi à cela depuis longtemps. Je le voyais remonter d'une vie nocturne, passée sous mes yeux et demeurée secrète. Derrière son rire il veillait, il épiait. En sortant du bar un mendiant nous accosta; il nous demanda quelques sous. Avec assez de mépris, Stilitano le regarda.

— Fais comme nous, mon pote. Si tu veux du fric, prends-en.

— Dites-moi où y en a.

— Y en a dans ma poche et si tu le veux va le chercher.

— Vous dites ça mais si vous étiez...

Stilitano refusa la conversation qui risquait de se poursuivre et où lui-même eût risqué de s'affaiblir. Il savait très habilement trancher afin de préciser sa rigueur, donner à son apparence des sections nettes.

— Nous quand on en veut on le prend où il est, me dit-il. On va pas se mouiller pour les cloches.

Avait-il compris que c'était l'instant choisi pour me donner une leçon de sévérité, ou lui-même avait-il besoin de s'établir davantage dans l'égoïsme, Stilitano le dit de telle façon — avec une savante négligence — que ce conseil dans la nuit, dans la brume, prit les proportions d'une vérité philosophique un peu arrogante qui plaisait à mon naturel enclin à la pitié. Je pouvais en effet reconnaître dans cette vérité contre nature une vertu d'attitude capable de me protéger de moi-même.

— T'as raison, dis-je, si on se fait piquer, c'est pas lui qui va en tôle. Qu'il se démerde, s'il a le courage.

Par cette phrase je ne blessais pas seulement la période de ma vie la plus précieuse — encore que dissimulée — je m'établissais dans ma richesse participant du diamant, dans cette ville des diamantaires, et dans cette nuit de la solitude égoïste dont les facettes miroitent. Nous nous rapprochâmes de l'endroit où travaillait Sylvia mais il était tard, elle était rentrée [1]. (Je note que pour sa femme son ironie s'éteignait. Il parlait d'elle sans gentillesse mais sans sourire.) La prostitution n'étant pas en Belgique réglementée comme en France, un mac pouvait sans danger habiter avec sa femme. Stilitano et moi nous prîmes le chemin de son hôtel. Habile, il ne me parla plus de nos projets mais il évoqua notre vie d'Espagne.

— T'avais rudement le béguin, à l'époque.

— Et maintenant?

— Maintenant? Tu l'as toujours?

Je crois qu'il voulait s'assurer de mon amour et que pour lui j'abandonnerais Armand. Il était trois

1. Nous nous éloignâmes en vitesse car c'est un signe connu : quand les putains ne sont pas aux endroits de labeur c'est que les flics sont proches. « Où y a pas les putains y a les poulets », dit un proverbe du milieu.

ou quatre heures du matin. Nous venions d'un pays où la lumière et le bruit sont violents.

— Plus comme avant.

— Sans blague?

Il sourit, et me regarda de biais, tout en marchant.

— Qu'est-ce qui va pas?

Le sourire de Stilitano était terrible. Le souci — comme souvent, et surtout depuis cette époque — d'être plus fort que moi, de surmonter mon naturel, de mentir sur lui, m'avait fait prononcer une phrase qui, encore que dite d'un ton calme, était une provocation. Je devais expliquer, expliciter cette première proposition posée comme les prémisses d'un théorème. C'est, et non l'inverse, de l'explication que devait naître mon attitude nouvelle.

— Tout va bien.

— Alors? Je te plais plus autant.

— Je ne t'aime plus.

— Ah!

Nous passions à ce moment sous l'une des arches du viaduc qui soutient la voie ferrée. Il y faisait plus nuit qu'ailleurs. Stilitano s'était arrêté, et, tourné vers moi il me regardait. Il fit un pas en avant. Je ne reculai pas. La bouche presque sur la mienne il murmura :

— Jean. Ça me plaît que tu sois culotté.

Il y eut quelques secondes de silence. J'eus peur qu'il ne tirât son couteau pour me tuer et je crois que je ne me serais pas défendu. Mais il souriait.

— Allume-moi une pipe, me dit-il.

De sa poche, je sortis une cigarette, l'allumai, en tirai une goulée, et je la plaçai entre ses lèvres au milieu. D'un coup de langue habile Stilitano la déplaça dans le coin droit de sa bouche et, souriant encore, il avança d'un pas, menaçant de me brûler la figure si je ne reculais pas. Ma main qui pendait devant moi, d'elle-même alla vers son corps : il s'émouvait. Stilitano souriait et me regardait dans les yeux. Dans sa poitrine il devait emmagasiner facilement la fumée. Il ouvrit la bouche sans que s'en échappât un flocon. De lui-même et de ses accessoires il n'apparaissait que le cruel. Le tendre et le flou étaient bannis. Je l'avais cependant connu, il y avait peu de temps, en d'humiliantes postures. L'attraction foraine dite Palais des Miroirs est une baraque dont l'intérieur contient un labyrinthe cloisonné de glaces les unes avec tain les autres transparentes. Après avoir payé on entre, il s'agit d'en sortir. C'est alors qu'on bute désespérément contre sa propre image ou contre un visiteur coupé de nous par une vitre. Les badauds, de la rue assistent à la recherche du chemin invisible. (La scène que je vais dire me donna l'idée d'un ballet intitulé 'Adame Miroir.) En arrivant près de cette baraque, unique dans la fête, l'attroupement des gens qui l'examinaient me parut si important que je sus qu'ils y voyaient quelque chose d'exceptionnel. Ils riaient. Dans la foule je reconnus Roger. Il fixait le système enchevêtré des glaces et son visage crispé était tragique. Avant que de l'avoir vu je sus que Stilitano, et lui seul, était pris, *visiblement* égaré dans les couloirs de verre. Personne ne pouvait l'entendre mais à ses gestes, à sa bouche, on comprenait qu'il hurlait de colère. Rageur il regardait la foule qui le regardait en riant. Le gardien de la baraque était indifférent. De telles situations sont habituelles. Stilitano était seul. Tout le monde s'en était tiré, sauf lui. Étrangement l'univers se voila. L'ombre qui soudain recouvrit toutes choses et les gens c'était l'ombre de ma solitude en face de ce désespoir car, n'en pouvant plus de hurler, de se cogner aux glaces, résigné à être la risée des badauds, Stilitano venait de s'accroupir, indiquant ainsi qu'il refusait la poursuite. J'hésitai, ne sachant si je devais partir ou me battre pour lui et démolir sa prison de cristal. Sans qu'il me voie, je regardai Roger : il fixait toujours Stilitano. Je m'approchai de lui : ses cheveux plats mais souples, partagés au milieu, incurvés descendaient de chaque côté de ses joues et se rejoignaient sur la bouche. Sa tête offrait l'aspect de certains palmiers. Des larmes mouillaient ses yeux.

Si l'on m'accuse d'utiliser des accessoires tels que baraques foraines, prisons, fleurs, butins sacrilèges, gares, frontières, opium, marins, ports, urinoirs, enterrements, chambres d'un bouge, d'en obtenir de médiocres mélodrames et de confondre la poésie avec un facile pittoresque, que répondre? J'ai dit comme j'aime les hors-la-loi sans autre beauté que celle de leur corps. Les accessoires énumérés sont imprégnés de la violence des hommes, de leur brutalité. Les femmes n'y touchent pas. Ce sont des gestes d'hommes qui les animent. Les fêtes foraines dans le Nord sont dédiées aux grands gars blonds. Eux seuls les hantent. A leurs bras les filles s'accrochent péniblement. C'est elles qui riaient du malheur de Stilitano.

Décidé, Roger entra. Nous crûmes qu'il se perdrait dans les miroirs. Nous aperçûmes ses brusques et lents retours, sa marche sûre, ses yeux baissés pour se reconnaître au sol moins hypocrite que les glaces. La certitude le guidant il aboutit à Stilitano. Nous vîmes ses lèvres murmurer. Stilitano se releva et, reprenant peu à peu son aplomb, ils sortirent dans une sorte d'apothéose. Ils ne m'avaient pas vu, et libres, rieurs, ils continuèrent la fête, et moi, je rentrai, tout seul. Était-ce l'image de Stilitano blessé qui me troublait ainsi? Je le savais capable de garder la fumée d'une cigarette entière qui, se consumant, s'exprimerait par la braise seule. A chaque aspiration son visage s'éclairait. Sous mes doigts à peine l'effleurant je le sentis bander.

— Elle te plaît?

Je ne répondis pas. A quoi bon? Il savait que ma crânerie venait de faire long feu. Il sortit sa main gauche de sa poche et du bras m'entourant les épaules il me serra contre lui cependant que la cigarette gardait sa bouche, la protégeant d'un baiser. Quelqu'un s'approchait. Je murmurai très vite :

— Je t'aime.

Nous nous décollâmes l'un de l'autre. Quand je l'eus quitté devant la porte de son hôtel il était sûr que je lui donnerais tous les renseignements concernant Armand.

Je rentrai et me couchai dans ma chambre. Jamais, même quand ils me trompaient ou me haïssaient, je n'ai pu haïr mes amants. Séparé par une cloison d'Armand, couché avec Robert, je souffrais de n'être à la place de l'un d'eux, ou d'être avec eux, ou d'être l'un d'eux, je les enviais mais je n'avais aucune haine. Je montai l'escalier de bois avec beaucoup de précaution car il était sonore et presque tous les galandages de bois. Quand il enleva sa ceinture j'imagine que ce soir-là Armand ne la fit pas claquer comme un fouet. Il devait voir sa forte et virile tristesse et sans doute, par quelques gestes silencieux signifia-t-il à Robert qu'il obéît à son plaisir. Pour moi Armand justifiait davantage sa puissance : elle procédait aussi du malheur, de l'abjection. Cette dentelle en papier avait la même structure fragile, peu faite pour votre morale, que les trucs du mendiant. Elle appartenait à l'artifice, elle était postiche autant que les plaies, les moignons, les cécités.

Ce livre ne veut pas être, poursuivant dans le ciel son trajet solitaire, une œuvre d'art, objet détaché d'un auteur et du monde. Ma vie passée je pouvais la dire sur un autre ton, avec d'autres mots. Je l'ai héroïsée parce que j'avais en moi ce qu'il faut pour le faire, le lyrisme. Mon souci de la cohérence me fait un devoir de poursuivre mon aventure à partir du *ton* de mon livre. Il aura servi à préciser les indications que me *présente le passé :* sur la pauvreté et le crime puni j'ai posé le doigt, plus lourdement, et à plusieurs reprises. C'est vers eux que j'irai. Non avec la préméditation réfléchie de les trouver, à la façon des saints catholiques, mais lentement, sans chercher à escamoter les fatigues, les horreurs de la démarche.

Mais comprend-on ? Il ne s'agit pas d'appliquer une philosophie du malheur, au contraire. Le bagne — nommons cet endroit du monde et de l'esprit —

où je me dirige m'offre plus de joies que vos honneurs et vos fêtes. Cependant ce sont ceux-ci que je rechercherai. J'aspire à votre reconnaissance, à votre sacre.

Héroïsé, mon livre, devenu ma Genèse, contient — doit contenir — les commandements que je ne saurais transgresser : si j'en suis digne il me réservera la gloire infâme dont il est le grand maître, car, sinon à lui, à qui me référer? Et du seul point de vue d'une morale plus banale ne serait-ce logique que ce livre entraînât mon corps et m'attirât en prison — non, je précise encore, selon une procédure rapide commandée par vos mœurs; mais par une fatalité qu'il contient, que j'y ai mise, et qui, comme je l'ai voulu, me garde comme témoin, champ d'expérience, preuve par 9 de sa vertu et de ma responsabilité?

Ces fêtes du bagne, j'en veux parler. La présence autour de moi de mâles blessés c'est déjà un grand bonheur qui m'est accordé. Je le signale à peine cependant, d'autres situations (l'armée, le sport, etc.) m'en peuvent offrir un pareil. Le second tome de ce « Journal », je l'intitulerai « Affaire de mœurs ». Je me propose d'y rapporter, décrire, commenter, ces fêtes d'un bagne intime que je découvre en moi après la traversée de cette contrée de moi que j'ai nommée l'Espagne.

DU MÊME AUTEUR

Dans la collection L'Art et L'Écrivain

REMBRANDT.

Dans la collection Folio

Dans la collection L'Imaginaire

POMPES FUNÈBRES.
QUERELLE DE BREST.

COLLECTION FOLIO

Impression Bussière Camedan Imprimeries
à Saint-Amand (Cher),
le 21 juillet 2000.
Dépôt légal : juillet 2000.
1ᵉʳ dépôt légal dans la collection : mars 1982.
Numéro d'imprimeur : 003302/1.
ISBN 2-07-036493-3./Imprimé en France.